王朝拐点

系列

姜越◎编著

商末周初大变局

辽宁人民出版社

© 姜越 2017

图书在版编目（CIP）数据

商末周初大变局 / 姜越编著. —沈阳：辽宁人民
出版社，2018.1

（"王朝拐点"系列）

ISBN 978-7-205-09192-7

Ⅰ.①商… Ⅱ.①姜… Ⅲ.①中国历史—商周时代—
通俗读物 Ⅳ.①K221.09

中国版本图书馆CIP数据核字（2017）第296233号

出版发行：辽宁人民出版社

　　地址：沈阳市和平区十一纬路25号　邮编：110003

　　电话：024-23284321（邮　购）　024-23284324（发行部）

　　传真：024-23284191（发行部）　024-23284304（办公室）

　　http://www.lnpph.com.cn

印　　刷：三河市航远印刷有限公司

幅面尺寸：170mm×240mm

印　　张：15.25

字　　数：220千字

出版时间：2018年1月第1版

印刷时间：2018年1月第1次印刷

责任编辑：常　策

封面设计：侯　泰

版式设计：姚　雪

责任校对：解炎武

书　　号：ISBN 978-7-205-09192-7

定　　价：43.80元

前　言

　　都说历史不会重演，然而商朝历经六百年，至汤的不肖子孙商纣时，一如夏桀荒淫暴虐，结果武王伐纣，再现了商汤伐桀的历史，完成了第二次的改朝换代，周朝代替了商朝。

　　商汤所建立的商王朝，历经初兴、中衰、复振、全盛、浸弱诸阶段后，到了商纣王即位时期，已步入了全面危机的深渊。在纣王的统治下，殷商王朝政治腐败、刑罚酷虐，连年对外用兵，民众负担沉重，痛苦不堪；贵族内部矛盾重重，分崩离析，从而导致了整个社会动荡不安，出现了"如蜩如螗，如沸如羹"的混乱局面。

　　与日薄西山、奄奄一息的商王朝形成鲜明对比的，是国势正如日中天、蒸蒸日上的商王朝西方属国——周。公刘、古公亶父、季历等人的积极经营，使周迅速强盛起来，其势力伸入江汉地区。文王姬昌即位后，任用熟悉商朝内部情况的贤士姜尚，积极从事伐纣灭商的宏伟大业。在政治上他积极修德行善，裕民富国，广罗人才，发展生产，造成"耕者九一，仕者世禄，关市讥而不征，泽梁无禁，罪人不孥"的清明政治局面。他的"笃仁、敬老、慈少、礼下贤"政策，赢得了人们的广泛拥护，巩固了内部的团结。

　　然而文王却在完成灭商大业前夕逝世，其子姬发即位，是为周武王。他即位后，继承乃父遗志，遵循既定的战略方针，并加紧予以落

实。他在孟津与诸侯结盟，向朝歌派遣间谍，准备伺机兴师。与此同时，商朝统治集团内部的矛盾呈现白热化，商纣饰过拒谏，肆意胡为，残杀王族重臣比干，囚禁箕子，逼走微子。武王、姜尚等人遂把握这一有利战机，决定乘虚蹈隙，大举伐纣，最终一战而胜。

周军取得牧野之战的彻底胜利绝非偶然，它不仅终止了殷商王朝的六百年统治，而且还确立了周王朝对中原地区的统治秩序，为西周奴隶制礼乐文明的全面兴盛开辟了道路，对后世历史的发展产生了深远的影响。而其所体现的谋略和作战艺术，也对古代军事思想的发展具有不可低估的意义。

每个朝代的更迭必定会有一些事件被记入史册，而本书正是为了满足广大读者的口味，从浩瀚历史的典籍中，择其精要所在，编撰而成。全文共分为商朝中后期那些事儿、无道暴君数纣王、周族的兴起与发展壮大、武王伐纣、周朝建立与巩固五个部分，详尽地为读者呈现了一份内容丰富的精神快餐，让人们在阅读中可以感受历史的光辉，品尝文化的韵味。

第一章　商朝中后期那些事儿

"盘庚迁殷，武丁中兴，巾帼女将，宰相傅说"这些都是商朝后期达到"中兴"局面的典范。虽说商朝后期有过如此繁荣的景象，然而统治阶级内部的腐化，王权的独断专行，仍然为商朝的逐渐衰落埋下了隐患。

第二章　无道暴君数纣王

尽管商朝后期出现了盘庚、武丁这样的"中兴"明君，可商朝最终还是因为一些君王的无道而逐渐衰落下来。到第三十任商王帝辛的统治时期，商朝已是危机重重，气数将尽。譬如"酒池肉林""炮烙之刑""比干剖心"等成语都是纣王暴虐无道的证明。

第三章　周族的兴起与发展壮大

周族，是对古代姬姓部落的称呼，亦称周人、姬周、先周部落。姬姓先周部落是活动于中原西部黄土高原的一个古老部落。历史上把从周人始祖后稷传至周文王姬昌这一段时间称为先周时期，即周朝建立之前的时期，而周族不断的发展壮大也为以后的周朝建立奠定了基础。

第四章　武王伐纣

周武王即位后，依旧遵循了文王定下的灭商大计，此时，商纣王已经察觉到周人对商朝造成的巨大威胁，决定兴兵讨周。然而，商朝统治集团内部的争斗已经进入白热化的阶段。于是，武王、姜尚等人便把握住这千载难逢的有利时机，大举讨商，一鼓作气推翻了殷商的统治。

第五章 周朝建立与巩固

周人灭商以后，建立了我国历史上的第三个奴隶制王国——西周。武王死后，其子姬诵即位，王叔周公旦掌握着实际权力。当时的形势为"天下未集"，商人及东方各族并未真心承认周的共主地位。所以，周朝政权的巩固，内忧外患的治理便成了当时的重中之重。

第一章

商朝中后期那些事儿

　　"盘庚迁殷，武丁中兴，巾帼女将，宰相傅说"这些都是商朝后期达到"中兴"局面的典范。虽说商朝后期有过如此繁荣的景象，然而统治阶级内部的腐化，王权的独断专行，仍然为商朝的逐渐衰落埋下了隐患。

九世之乱，屡次迁都

 何为九世之乱

商朝自太戊之子中丁即位后，便进入了其中期阶段，也就是著名的"九世之乱"的开始。而之所以称其为"九世之乱"，是因为从中丁开始数，数到盘庚迁殷，中间共经历了九个君王的统治。

中丁在位期间，所做的一件较有影响的事，就是将商的都城由亳迁到了隞。关于隞都的所在，多数学者指为近年来在郑州西北约20公里处发现的小双桥遗址。这处遗址恰好在传说中隞都的地域内，总面积约144万平方米，其中有多处大型夯土建筑基址、祭祀坑和青铜冶铸遗址。其考古学年代大致在郑州二里岗上层的自家庄期，适值郑州商城开始废弃的年代。

由此看来，学者的这种认识是有一定道理的。只是小双桥这处遗址文化延续的时间并不长，它表明隞作为商朝都城的时间很短暂。究其原因，是商朝自中丁开始，就陷入了不稳定的政治局面。

文献记载，自中丁开始，商的都城便出现频繁迁徙的情况：

由于其父太戊的威望很高，所以跟随中丁迁于隞都的大臣很多，而且大都是忠贞之士。所以，天下诸侯不再朝觐亳都，而都来隞都朝拜中丁。亳都仍然处在血腥恐怖之中，由于都只顾争权夺利，那里的河道常年失修，后来年年泛滥成灾，一座辉煌宏伟的都城，就这样渐渐地坍塌了、颓废了。

当然，中丁在隞的日子也不好过。蓝夷看到商朝开始被削弱，于是企图乘机摆脱控制，向商朝发动进攻。中丁发兵征伐蓝夷，虽然阻止了蓝夷的进攻，但由于战争的消耗，商朝的国库更加空虚了。

从中丁开始，出现了"殷人屡迁""不常厥土"的现象。具体的迁都路线，由于文献记载的不同，目前学术界有不同的看法，而比较一致的看法则是：

中丁死，弟弟外壬即位。外壬死，弟弟河亶甲即位。河亶甲在位期间，王室内部的纷争依然继续。他在位三年时，彭国攻克邳国；四年时，征伐蓝夷；五年时，彭国和韦国攻打班国。由于内乱和外患，河亶甲又迁都于相（今河南内黄）。

商朝开国君王商汤

河亶甲死，传位给儿子祖乙。祖乙即位后，迁到了一个新的都城，这个地方《竹书纪年》里叫"庇"，《史记》里叫"邢"，也有记作"耿"的。据各方面考古及古书考证，也就是今天河北邢台附近的地方。

实际上，祖乙在位期间，粉碎了九夷的叛乱，商朝的局势相对比较稳定。祖乙死后，相继由祖乙儿子祖辛和祖辛弟弟沃甲、沃甲侄子祖丁即位。此后，沃甲儿子南庚（与祖丁是堂兄弟）即位。南庚在位期间，把都城从庇迁移到奄，即今天的山东曲阜。南庚死，其侄子阳甲（祖丁的儿子）即位。阳甲三年，西边山戎叛变，商朝更加衰弱。阳甲死后，盘庚（祖丁的儿子）在一片混乱局面中即位。

《史记》记载："自中丁以来，废嫡而更立诸弟子，弟子或争相代立，比九世乱。于是诸侯莫朝。"也就是说，从中丁到外壬，到河亶甲，到祖乙，到祖辛，到沃甲，到祖丁，到南庚，到阳甲，一连九世，为了争夺王位，骨肉相残，非常混乱，使商朝走向衰败，诸侯不再来朝贡商王。由此可见，从中丁开始，商朝出现了"九世之乱"的局面，又走向了衰落。

为什么商朝的王位继承会连续出现这么大的混乱呢？原来商朝的王位继承制度，一般由"父子相传"和"兄终弟及"两种方式相结合。"兄终弟及"是"父子相传"的变例，开始于商汤次子外丙。当初商王汤在位时，本已立长子太丁为太子，但太丁没有来得及即位就死去了。汤死后，汤的孙子（太丁之子）太甲年幼，因此由太丁弟弟外丙继承王位，开创"兄终弟及"的先例。按照"兄终弟及"的继承法，兄死后应由弟继承，直到兄弟中最小的那个少弟死去，才能由长兄之子即位。这种继承制度虽然是"父子相传"制度的辅助形式，但是在中丁以前，则基本上成为一种重要的继承制度。中丁以后，这种制度遭到了破坏。

从中丁到阳甲，前后五代九个商王，都由于当即位的弟弟死去时，不肯再把王位交给长兄之子，因此造成了"废嫡而更立诸弟子，弟子或争相代立"的混乱局面，并由此造成原来臣服于商的一些方国部落乘机摆脱控制，或起兵反叛，或拒绝朝贡，削弱了商朝的统治。其间虽然有祖乙平服了东方夷族，使商的统治一度复兴，但是商朝内部王位的纷争却并没有解决。由于这些原因，阳甲在位时商王朝再度出现衰落，诸侯也不来朝贡。因此，如何结束王位纷争及其造成的混乱局势，巩固并继续扩大商王朝的统治，就成了摆在盘庚面前的严峻问题。

屡次迁都为哪般

对于迁都的原因，以前史学界众说纷纭。归纳起来，主要有以下几种说法：一是"游农"说，二是"游牧"说，三是"水灾"说，四是"去奢行俭"说，五是"王位纷争"说。

先说"游农"说。持这种说法的人认为，商代的农业还属于原始农业，主要是采取"焚田"的方法，来代替使用笨拙的生产工具开辟原野，也就是放火把林莽烧毁，在灰土里播种。他们既不会灌溉，也不懂得施肥，一旦土地自然肥力耗尽，就迁徙到别的地方换地耕种。商族没有夺取天下之前的迁徙也可能跟这有关，但商族夺取天下之后，就不一样了。商族之所以能够夺取天下，那就说明它的生产力和生产关系发展比较快，比其他部落先进，这样才能取得其他部落的拥护和支持。《氾胜之书》还说："伊尹作区田，教民粪种，负水浇稼。"由此可见，早在商汤开国初期，已经懂得施肥、灌溉等耕作技术，这对农业的稳定发展非常有利。事实上，商代的农业已经很发达，从甲骨文可以看出，种植的作物有禾、麦、黍、稷、稻等；跟整田和土地划分有关的有田、畴、井、疆、亩、圃等；耕作工具有木制的耒、耜和牛拉犁等。尽管这些文字是从殷墟里发现的，但生产力的发展总是循序渐进的。虽然商朝时期有"焚田"的记载，但据胡厚宣先生在《殷代焚田说》里的考证，这个时期的"焚田"，是殷人的一种狩猎方式，已经和农业无关。由此可见，"游农"说的论据经不起推敲。

再看看"游牧"说。商族在夺取天下之前，已经迁徙过 8 次。如今又一连迁徙 5 次，迁徙如此频繁，所以就有人认为商族是个游牧民族。况且马车是商族祖先相土发明的，牛车是商族祖先王亥发明的，这些史料又进一步加强了这些人的看法。人们认为，这个民族原先肯定有游牧的成分，不然也不会产生中国历史上马车、牛车的发明者。但商族祖先契是尧、舜的司徒，也就是管理天下普通百姓的官，被尧封于商地。如果商族是个游牧民族，那么尧还会把他封到一个固定地方吗？所以商族一开始也是个以农业为主的部落。再说如果商族是个游牧民族，那么其迁徙应该是每隔两三年，或者三五年有规律的迁徙，而历史上商族的迁徙并没有规律性，有时候很频繁，而有时候又很稀少。从商朝前期的卜辞和考古资料也可以看出，农业是它的主要经营项目。《氾胜之书》记载："汤有旱灾，伊尹作区田。"作区田的目的是便于水浇灌溉，这说明早在商汤时期，商族的农耕技术就已经很先进了。所以，"游牧说"也不符合历史实际情况。

那么，"水灾"说呢？古时候水灾的确很多，但修建一座国都并非容易，它耗费的人力、财力不计其数。特别是在古代，人力、财力都比较贫乏的情况下，一般只要不是国都被彻底摧毁，人们一定会通过生产自救来重建家园，绝不会随便迁徙的。再说迁一个地方，重建一座城市，又被摧毁一次，再迁再建，一连反复五六次，难道说商人专拣河水容易决口的地方来筑城吗？他们未免也太傻了吧。如果有都城被洪水淹没、冲毁的事情发生，这么大的事情，是应该有史料留下来的。但恰恰相反，史学家们根本查不到盘庚之前商朝有都城被洪水淹没和摧毁的历史资料。倒是盘庚迁殷之后，有多次记载洪水泛滥成灾、危及殷都的卜辞留下来，殷商在此之后并没有因为水灾而迁都。从《尚书·盘庚》留下的史料还可以看出，盘庚是从奄都迁到殷都的。迁都之前，人民都十分留恋亳都，这也证明迁都的原因并不是因为"水灾"。还有中丁迁隞，很可能就是从郑州迁到荥阳。荥阳现在仍然由郑州管辖，两地相距很近不说，而且考古勘探出来的荥阳商城接近水滨。如果是因为水灾而迁都，那为什么还要把新城修建在水滨呢？由此可见，"水灾"说不可靠。

"去奢行俭"说呢？持这种说法的人认为，从中丁到阳甲，君王一代比一代贪图享乐，奢侈腐化，不知道稼穑的艰难，不留心民众疾苦，一意追求享乐淫逸。盘庚想抑制这种奢侈腐化的恶习，借以缓和阶级矛盾，于是强迫贵族和民众渡河迁殷（今河南安阳小屯村）。这种说法最早来自墨子。墨子对统治阶级"繁饰礼乐"和贪图享乐深恶痛绝，他主张"兼爱""非乐""节用""节葬"，所以根据自己的理解，认为盘庚迁都是为了抑制奢侈享乐。那么墨子有没有自己的根据呢？肯定是有的。他所依据的就是：一是中丁至阳甲，皆贪图享乐，国家动荡不安；二是盘庚迁都于殷，最初住的是茅屋，非常简陋。其实，根据这两条并不能说明盘庚迁都就是为了抑制奢侈享乐。中丁至阳甲，奢侈腐化是事实。但不迁都，在原来的宫殿基础上扩充改建，这比到一个贫瘠地方平地起家更有利于他们奢侈享乐，而他们中间已经搬迁了4次，所以绝不是为了享乐而迁都。那么，盘庚是吗？理由似乎也不充分。盘庚到殷住茅屋，一来可能是因为搬迁匆促，新城未建，只好先搭茅屋居住；另外一种原因，我们知道盘庚搬迁时，反对的人很多，以至于搬迁几乎进行不下去。盘庚如果到殷，先给自己建立宫殿，让别人在野外忍饥受冻，那么，反对的人一定会更多，盘庚很可能就要倒台。所以盘庚临时搭建茅屋居住，这只是应急措施，并不能说明这次迁都的目的就是为了抑制奢侈腐化。当然，盘庚这次迁都是一个伟大的壮举，就是这次迁都才挽救了商朝灭国的危险，使殷商再次兴旺发达起来，所以盘庚迁都，历来学者对它评价很高。

最后，让我们来看看"王位纷争"说。五迁之中有这方面的原因，但不完全是。据史书记载，中丁之前的太戊时期，商朝政局是清明和稳定的。再者，中丁是在即位之初（元年）即已迁都，故应该排除中丁即位以后发生政治动乱导致迁都的可能性。即使有王位纷争导致的严重混乱局面，也不至于如此频繁地迁都。

每次迁都的原因可能不完全相同，可能有水患的原因，也可能有别的原因，但其主要原因则应该与"九世之乱"有关。在争夺王位的过程中，有的王子为了摆脱政敌的麻烦和骚扰而进行迁都，有的王子为了与政敌相抗衡，在旧都之外，另设立新都，在战胜了政敌之后，因新设都城已具规模，旧都因战乱已经被焚毁，故新都就被确定下来，成为新都城。因此，王位纷争应该是他们反复迁都的主要原因。

盘庚即位之后，殷商的政治、军事以及生态环境等方面的破坏更加恶化，贵族与平民之间的矛盾也更加激化。从《尚书·盘庚》可以看出，当时贵族与平民、贵族和贵族之间的矛盾十分激烈。为了维护商王朝的统治和确保奴隶制王朝的秩序，盘庚毅然决定迁都，一方面可以削弱那些世袭大贵族的势力，从而加强王朝的权力，另一方面借助迁都之举来转移平民的反抗，缓和贵族和平民的关系。

另外，从军事角度考虑，自中丁以来，由于"九世之乱"，商王朝被迫到处迁徙，以至于南庚时偏居于奄。到了阳甲时，商朝也没有振兴起来。继阳甲为王的盘庚，为了振兴先王的大业，就应该把都城迁移到原来商朝的中心区域——殷，这不仅可以建立一个稳定的军事基地，有利于战争的进行，而且也可以使商族统治阶层时时想起祖先的功业，反思自己的行为。

再者，由于生态环境的破坏，也迫使盘庚必须迁都。到盘庚时，商王朝遇到了许多灾害：水泉沉溺，河水泛滥，老百姓流离失所，没有安定的生活。这实质上与生态环境的破坏有关系。盘庚时期，殷人的社会矛盾已经日趋恶化，贵族夺取了大量的土地，聚敛了大量的社会财富。但是他们只知道奢侈腐化，不关心百姓的死活，人民厌倦生产，四散奔逃，从而造成了土地荒芜，土质变坏，生态环境恶化，使得民众的生产、生活、居住等条件更加恶劣，以致在当时频仍的水灾（包括久雨积水和河水泛滥）面前逐渐丧失了起码的抵御能力。如果再不迁徙，那就无法生存下去。

那么新都殷墟（今天安阳）的生态环境如何呢？通过分析可以看出：当时殷墟是前带河、后被山，北有漳、滏二水，南有开阔平原，而洹水流经其间；气候较为温暖，土质松软，周围又有许多沼泽地和丛林，既利于农业，又利于狩猎和手工业；东边的大河虽然常常有泛滥的可能，但是殷墟居于由西向东的缓慢倾斜地带，这样就可以得到大河的益处。新都殷墟既有农牧业资源，也有矿产资源。鉴于上述多种因素，盘庚决定迁都于殷。

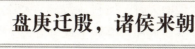

盘庚迁殷，诸侯来朝

❀ 力排众议，盘庚迁殷

盘庚迁殷是商朝历史的一个转折点。不过，这件事情的起初，却

和以前几次王都的迁徙一样，都是为了解决王朝统治的危机，实现社会安定的目的。

盘庚是商朝第 10 世第 18 位国王，是继他的兄长阳甲即位为王的。当时为了巩固商王朝的统治，削弱贵族势力，也为了繁荣商王朝的经济，盘庚决心把都城迁到肥沃的殷地去，但是遭到了贵族和国人的强烈反对。

当迁都的工作一切准备就绪就要出发的时候，已经到了隆冬严寒的季节，有人提出等过了寒冷的冬天，到来春暖和了再出发。盘庚又深入到臣民中进行调查，一般的平民储存的粮食都不多了，他们都希望早日迁都，重建新的家园。但是，在贵族中，多数人则不愿意搬迁。不光敌对势力反对搬迁，就是盘庚的追随者，也有好多人贪图安逸，反对搬迁。这从《尚书·盘庚》三篇里可以清楚地看出来。

盘庚要迁都的消息一传出，就遭到了朝野上下的反对。国人串联起来，到贵族那里去反映问题说："我们搬迁到奄，好不容易才安定下来，现在又要搬迁，为什么不占卜一下再确定呢？先王有事情，都遵从天命，我们为什么不能安居在一个地方呢？我们已经搬过五个国都了呀！我们的国君如果不继承先王敬重天命的优良传统，上天就会惩罚我们，断绝我们的命运，上天希望我们在奄邑这个新国都延续下去，还是劝国君不要搬迁吧！"那些反对搬迁的贵族，借助国人聚众闹事，推波助澜，极力阻止搬迁。

盘庚面对强大的反对势力，并没有动摇迁都的决心。他心里明白，为了赢得胜利，必须借助天时、地利、人和。天时，不以人的意志为转移，而且是彼此共享。人和，要靠主观努力去争取。唯有地利，谁占有它，就属于谁。现在贵族们的势力已经威胁到王权，只有搬迁，才能使他们失去地利。于是，盘庚对来阻止搬迁的贵族们说："你们不要借助小民的话反对迁都！你们把民众召集到朝廷，我要亲自对他们训话。"

民众来了以后，盘庚对他们说："搬迁的方案已经确定，我希望你们克制私心。并不是我不尊重你们的意见，而是你们中间有许多好的意见不奉献给我。当前形势如火如荼，我不采取措施不行啊！"

他接着又说："现在有些贵族不向百姓解释我的话正确的一面，而是借题发挥，掩盖自己的邪恶。我奉劝他们一句，千万不要聪明反被聪明误。我更希望民众不要互相鼓动，蛊惑人心，如果不听劝告，那就不要责怪我不客气了。国家治理得好，是大家的功劳，治理不好，是我的罪过。因此我要用刑法惩处那些坏的，表彰奖励那些好的，希望大家恪尽职守，闭上嘴巴，不许乱说。否则，惩罚到你的身上，就后悔莫及了。"

尽管盘庚态度很强硬，但还是有人反对。于是盘庚改变了语气，循循善诱地继续劝说道："我要你们搬迁，是为了想安定我们的国家。你们不但不体谅国君的苦心，反而产生无谓的惊慌。有人想改变我的迁都主张，这是办不到的。我们现在就像坐在了一条船上，不合作，船就会沉下去。所以我希望大家同心同德，不要散布谣言，破坏搬迁行动。只要你们好好配合我，我会劝说上天降福于你们。你们都是我的子民，我怎么会虐待你们呢？我不但不虐待你们，相反还要帮助你们，养育你们。"

要知道商人迷信，凡事都要先占卜，然后按照上天的暗示来确定行动，所以这个要求是合理的。但盘庚害怕占卜的结果对自己不利，于是又解释说："你们应该相信，如果我贪图安逸，长久住在这里，耽误了国家大事，先王就会给我降下重罪，一定会质问我：'你为什么不对我的子民负责？'如果你们不和我同心同德，一道去谋生，先王也会降罪给你们，他会质问你们：'为什么不和我的幼孙亲近友好？'到那时，上天也会对你们的过错给予重罚。"

盘庚接着又说："你们的祖先曾经服侍过我们的先王，如果你们谁心里怀有恶念，先王一定会告诉你们的祖先，让你们的祖先抛弃你们。到那时候，谁也救不了你们。所以我警告你们，不许轻举妄动，不许互相疏远，一定要顺从我，心里要和和善善。如果有人胆敢心怀恶念，不走正道，胡作非为，我绝不手软，坚决不让他们留下后代，当然也不会让他们在奄都延续下去。我希望你们和我一起，到新的国都去谋生，我率领你们去建立永久的美好家园！"

盘庚恩威并施，总算实现了搬迁的目的。当他一声令下，人们驾起牛车，赶着羊群，浩浩荡荡地出发了。

盘庚迁殷后，先搭建茅屋住了下来，然后才决定宗庙朝廷的位置。大家看到新都殷地一片荒凉，个个怨声载道。盘庚又谆谆告诫大家说："希望你们服从我的命令，不要懒惰。我坦率地告诉你们，我不会惩罚所有的人。我也希望你们不要联合起来，毁谤我一个人。我这次迁徙，是上天要我复兴祖先的美德，光大祖先的基业，奉天命延续你们的生命。我的一切行为都是遵从上天的意愿来做的。从今以后，我不会重用贪财的人，只重用经营民生的人。对于那些能养育民众、谋求他们安居乐业的人，我会格外敬重他们。我已经把好话、恶话都对你们讲清楚了，希望你们要慎重对待。谁都不要贪图享受，聚敛财宝，要争取在经营民生上建立功勋，把恩惠施给民众，这才是和我同心同德。"

行汤之政，诸侯来朝

搬迁之后，反对派贵族失去了原来的优势。盘庚重用自己的亲信，使朝廷上下出现了一个政通人和的大好局面。在盘庚的循循善诱之下，人民情绪逐渐稳定下来，大家开始重新建立自己的家园，很快，殷都就发展起来了。

当人们来到殷地时，那已经是新春初暖的季节。所以盘庚下令，无论是贵族还是平民，都得参加劳动。盘庚自己一直和大家一起干活。为了加快营建新都的进度，夜晚人们点起火把继续干活，洹河两岸被灯火照得一片通红。所以直到现在，安阳居民每到农历正月十五、十六日新春月圆的时候，都要到洹河边踏青游春，同时吃汤圆，晚上悬挂灯笼。这可能是对当年盘庚迁殷的一种纪念了。以后的二百多年，国家一直比较稳定，再也没有迁过都。

而盘庚在政治上的主要措施是"行汤之政"。在殷地，他曾经再次召集臣民发表演说，告诉他们："你们曾经责问我为什么不惜使万民震动迁到这里。现在我告诉你们，就是要顺从上天的旨意，恢复我们高祖成汤的事业，把我们国家从动乱中解救出来。"为了实现"汤政"，他下令在新都用茅草盖屋，减轻剥削，使社会秩序得到安定。政治上选贤任能，惩治恶人，奖励善人，论功行赏，加强和巩固了王权。从这时候开始，王位继承制度基本上稳定下来了。商王朝进入了一个相对稳定的新时期。

盘庚迁殷后的最初几年，由于耕作及时，土壤肥力较好，还能取得较好的收成。但此后由于干旱洪涝等自然灾害时有发生，作物收成没有保证。在这种情况下，盘庚十分注重农业生产。

盘庚把洹水两岸的土地划分成一块块的方田，派出当时叫"小耤臣""多尹"的田官，去指挥督促奴隶和平民的耕作。为提高产量，田官还大量增派奴隶从事耕作，这叫"协田"。"协"是同力的意思，甲骨文中的"协"字就像许多人在一块土地上同时劳动。甲骨文中的"众"字则是日下三人，那像是许多人在炎炎烈日下从事耕种。

每到春天耕种的季节，平民和奴隶整天拼命地干活，但还是忙不过来。当时就有人提出说："我们的祖先王亥教我们学会了用牛拉车，难道我们不能用牛来拉犁吗？"于是，殷人就把牛牵来挽在犁上犁地，结果效果很好，加快了耕作进度。这样，牛耕在殷开始逐步推广开来。甲骨文中的"犁"字一边是牛的形象，一边是犁的形象，就像牛拉犁破土前进的样子。

时间久了，土壤的肥力开始下降。于是，殷人学会了施肥。他们把草木灰、粪便运到农田里，与土壤搅拌在一起，培在农作物的根部。商王还制定了一条法令，如果有人把草木灰随便抛弃在路上，就要被砍去手臂，可见对肥料的重视。

由于这些努力，殷地的农业迅速发展起来。粮食产量也提高了。每年所收获的谷物除了满足人们的口粮需求外，还有了剩余。储存粮食的仓库"廪"，在甲骨文中就是禾穗围成高堆的形象。在殷墟曾发现许多储存粮食的窖穴，不少窖穴里还有谷物腐烂的痕迹。

粮食多了，为了丰富人们的生活，殷人就开始用剩余的粮食酿酒。

从此以后农业生产越来越发展，殷人酿酒饮酒的风气也越来越盛，这在历史上是出了名的。

盘庚在注重农业的同时，也很重视畜牧业。本来商民族很早就以发达的畜牧业著称，到这时候虽然农业在社会生产中占据了重要位置，但是其畜牧业仍然很重要。这时期，马、牛、羊、豕等大的家畜饲养更为发达。殷人养马经验丰富，驯养马的种类很多，甲骨文中记载了许多马的专名。有按毛色分的，有按外形和特性分的。如"马"字旁边加一个"犬"字，可能是像狗一样凶猛的马；"马"字旁边加一个"鹿"字，可能是像鹿一样漂亮的马；"马"字旁边加一个"豕"字，可能是像猪一样肥胖的马。战争时用犬马，田猎巡游时用鹿马，祭祀时多用豕马。

此外，殷人还驯养大象。甲骨文中有"象"字，象的鼻子、耳朵和小尾巴在甲骨文中分外逼真。河南省的简称"豫"字从象，就是人牵象的形象。

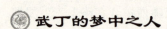

梦得傅说，武丁中兴

武丁的梦中之人

盘庚去世后，他的弟弟小辛即位，继盘庚为商王。当时商又出现衰落。《竹书纪年》中说他名颂。他在位时间很短，仅有三年，应当与他政绩不好有关。接着，由小辛的弟弟小乙即位，小乙比小辛更加昏庸荒淫，商朝也更加衰弱。

小乙名敛。由于他是武丁的父亲，所以在一期卜辞里极受尊崇。关于小乙的卜辞有 500 多条。他在卜辞中的名称除了小乙、父乙之外，还有内乙、祖乙、小祖乙、亚祖乙等。甲骨文有"敛"字，其初文为两人争语之形，或省作一人急语时唾沫飞溅状，这大概就是敛字造字的本义。小乙为什么叫敛？可能与他的性格有关。

小乙儿子很多，其中一个就是武丁。武丁排行第八，他还有七个哥哥，分别为兄甲、兄丁、兄戊、兄己、兄庚、兄辛、兄癸。武丁虽然对父王奢侈荒淫不满，但他是个孝子，他对哥哥们看不惯，经常劝说他们要尊敬父王。小乙发现武丁贤明，想立武丁为太子，几个哥哥听说父王要立老八为太子，便密谋要杀害武丁。武丁得到消息，连夜潜出城外，偷偷逃跑了。他先逃到荒野，没有办法，只好与"小人"们生活在一起。商代"小人"也叫庶民，是属于下层社会的一种贫民。"小人"犯罪，就降为奴隶。

因为"小人"们对国君不满，他们听说武丁是国君的儿子，就密谋想杀死他。武丁得到消息之后，又逃到了河邑。河邑也无法存身，接着又逃到商亳。小乙死

商朝牛形酒斝

后，贵族甘盘等控制了朝廷的局面。《尚书·说命下》记载：武丁"旧学于甘盘"，也就是说，甘盘是武丁的老师。甘盘等人觉得武丁比他的哥哥们贤明，他的哥哥们都不适合做国君，于是决定迎立武丁。

虽说盘庚迁殷，史称"成汤之道复兴，诸侯来朝"，把商王朝带上了一个高峰，然而商王朝自迁殷以后，最顶峰时代，却是武丁时期。当然武丁时期商朝兴盛的原因是多方面的，其中，武丁和大臣傅说之间的紧密配合是很重要的一个方面。关于武丁得到傅说这个贤才的过

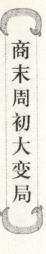
程，有一个"梦得傅说"的故事。

据《史记·殷本纪》记载：武丁即位，想复兴殷商，因为没有得到一个贤相的辅佐，于是，他把政事交给冢宰甘盘、祖己，自己则三年不说话，以考察国风。

武丁是个很有作为的国君，为什么上台之后竟然三年不发号施令呢？原来武丁曾经在大虑山做过苦役，生活在穷苦人之中。由于父王小乙贪图享乐，苛捐杂税繁多，百姓苦不堪言，就有人迁怒于武丁，常常欺侮武丁。其中有个胥糜（奴隶首领）劝大家说："他作为国君的儿子，能和我们同甘共苦，这很不容易，我们应该尊敬他，怎么能欺侮他呢？我希望大家不要这样做，这样做是违背天理的。"

但有人反驳说："谁让他是国君的儿子呢？国君让我们吃不饱，穿不暖，罚我们做苦役，累死累活，我们为什么要对他儿子好呢？"

胥糜接着说："如果他与他的父亲狼狈为奸，他还能到我们这里来吗？他肯定是因为得罪了国君才被罚做苦役的。他为了劝说父亲已经吃尽了苦头，我们为什么还要雪上加霜呢？"

大家觉得这个人讲得很有道理，从此以后，不但不欺侮武丁，而且都对他很照顾，不让他干重活，有好吃的先让他吃。武丁对胥糜很感激。后来他们分别了，就没有再见过面。

武丁当了国君之后，发现朝政很混乱，一时感到束手无策。他想好好观察观察，然后再做出决策。他发现甘盘为人很正直，于是以替父王守孝为名，把国政委托给甘盘代为管理。

三年守孝结束了，武丁仍然不发号施令。君王不说话，大臣们很着急，于是甘盘进谏道："臣听说通晓事理就叫明智，明智的人完全可以制定法则。天子统治万邦，百官承受法式，国君的话就是教命，大王您不说话，臣下就无所适从。"

武丁说："让我做天下的表率，我自觉德行不够，所以不愿意发言。"

武丁非常怀念胥糜，他暗中派人打听胥糜的下落，回来的人告诉他说："那个人正在傅岩筑土护路，最近生了病，身体很不好。"

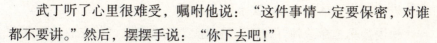

武丁听了心里很难受，嘱咐他说："这件事情一定要保密，对谁都不要讲。"然后，摆摆手说："你下去吧！"

这天夜里，武丁做了一个梦，梦见一位圣人，说他姓傅名说（同"悦"）。武丁仔细观看，原来他不是别人，正是自己要找的胥靡。

第二天早朝，他把自己梦见圣人的事情叙述了一遍，大家不相信。武丁说："你们按照我描述的形象，把它画下来，然后分头去找，我相信一定能找到他。"他还说："你们知道吗？傅者，相也；说者，悦也。天下当有傅我而悦民者出现，这是个好兆头，很可能他就是我治理天下的一位好帮手。"

大家只好按照国君的意思去做，派出许多官员到全国各地去寻找。结果在傅岩这个地方看到一个奴隶，穿着破烂，腰里扎根草绳，正和其他奴隶一起，在筑土修路服劳役。去的人和画像一对照，还真的一模一样。于是把他领来晋见武丁，胥靡没有姓名，武丁为他赐名傅说。

武丁与傅说一连几天进行深谈，觉得傅说的确很有才干，于是正式任命他为宰相。宋代有个诗人叫柴望，他在一首诗歌《梦傅说》里写道：

> 傅说为霖寤寐中，高宗一念与天通。
>
> 后来亦有君王梦，不是阳台便月宫。

这首诗歌赞颂武丁不拘一格地选拔人才，和那些只知道做风流梦的帝王相比实在是高明。

武丁得到傅说，心里非常高兴。他对傅说说："希望你经常来进谏，帮助我修善德行。如果我是铁器，希望你来做磨刀石；如果我要渡过大河，你就做我的船和桨；如果百姓遇到了大旱，希望你来做他们的甘霖。用你的心泉来灌溉我的一颗干涸的心吧！如果药物不猛烈，疾病就无法治好；赤脚走在地上而不看路，脚就会受伤。希望你和朝臣们团结在一起，共同来辅佐我这个国君，使我依从先王，追随成汤，成为人民爱戴的一位国君吧！有你的辅佐，我相信一定会成功！"

傅说回答说："取直木材，离不开墨绳。君主这样从谏如流，一定会成为圣明的君主。君主圣明，愿意接受臣下的劝谏，臣下谁敢不

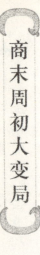

积极进谏，恭听君主的美好教导呢？"

傅说接受王命总领百官，于是向武丁进言说："国家的治和乱在于百官。所以官职不能授给亲近的小人，应该授予那些有才能的人；爵位不能授予坏人，应该授予贤人。凡事应该考虑妥当再行动，行动适可而止。一个人如果夸自己美好，就会失去美德。做事情，事先要有准备，有准备才没有后患。不要开宠幸的先例，不要以改过为耻辱。国君如果能这样考虑问题，政事就不会没有条理。"

有一段时间，武丁向大臣甘盘请教了许多治国的道理，然后就外出巡视了。在外边，他一边巡视，一边坚持学习，但总觉得自己进步不大。从河洲回来之后，他对傅说说："不知道为什么，我总是不见进步。我希望你好好教我。如果我是甜酒，你就做我的酵曲；我是羹汤，你就是盐和作料。你要从各方面指导我，我一定履行你的教导！"

傅说说："你想多学知识，这是你想干大事业的表现。学知识，首先要学好古训，进步才快。建立功业不效法古训，而使国家得到长治久安的，我还没有听说过。所以学习不但要虚心，而且要务实，进步才快。记住这些，您一定会大有长进。至于国事，请大王放心，我已经按您要求，把那些贤俊英才安排在了重要职位上。"

傅说的做法引起一些贵族不满，他们想害死傅说，在他的饭菜里投了毒药。傅说忙了一天，饿极了，于是伸手去抓一块肉吃。这时候，从窗外突然飞来一只鸟，啄了他一口，他痛得"啊呀"一声，忙去赶鸟。当他第二次去拿肉吃时，鸟又来啄他的手背。

傅说犯疑了："鸟为什么连着啄我呢？难道这肉有问题？"为了试鸟，他再次去抓肉吃。这时候，鸟又来啄他。他知道这是一只神鸟，于是装着赶鸟，一直追出门去，直追到一个无人的山坡上，见神鸟栖在一根丝竹上，并呢喃鸣唱："傅说傅说我劝你，吃肉不要用手抓，夹肉就在我足下……"傅说听了神鸟的指点，忙摘了两根细丝竹回到家中。他用两根细丝竹伸进碗中刚想夹肉，就见丝竹冒起一股青烟。他夹起一块肉投在地上喂狗，狗吃了，马上就死去了。

武丁知道了这件事情非常恼火，查出凶手，把他斩首了。从此以后，傅说一直用两根细丝竹夹饭菜，再也没有人敢暗害他了。传说以前人们吃饭都是用手抓，是傅说首先发明了筷子。后来，人们纷纷效仿，用筷子吃饭的习俗也就一代一代传了下来。

武丁见国力强盛，就想出兵讨伐邻国。傅说劝他说："号令轻出，会带来羞辱；甲胄轻用，会引起战争；战争打起来，会耗尽国力。当前的事情是让百姓休养生息，千万不要急于挑起战争，那是国富民强以后的事情。"

武丁就打消了挑起战争的念头，继续专心致志治理国家，修善行德。而且开始组建军队，进行训练，改变了过去临时抽调奴隶和民众的做法。从殷墟出土的甲骨文里，发现有"中师"之名。许多专家认为，武丁时期，已经组建了左、中、右三师军队，开创了军队以"师"为最高建制的做法。

武丁勤政爱民，深受百姓爱戴。他对傅说说："我现在能得到百姓的尊敬，这都是你教化的结果。手足完备，就是成人；良臣具备，就是圣君。从前伊尹辅佐先王夺取天下时说：'我如果不能使我的国君成为尧舜，心里就感到无限惭愧和耻辱，就像在闹市被人用鞭子抽打似的。'只要有一个人做得不对，他就说：'这是我的过错。'所以先祖成汤才受到上天赞美，取得天下！看来，君主得不到贤人，就治理不好国家；贤人得不到圣君，就不会被重用。我们一定要君臣相得，使国家强大起来啊！"

傅说跪下说："我会全心全意报答天子对我的信任，肝胆相照，不遗余力！"

发展到鼎盛时期的商朝

经过武丁君臣治理的商朝国力日渐强盛。武丁在这个基础上展开了对周围不服从商朝统治的方国的征伐。据卜辞提供的资料，武丁时期对异姓方国进行的大小战争不下五六十次，涉及的方国亦有同等数目。这些方国与商都距离远近不等，但以西、北两个方向为主，其最

重要者如：

羌方：位于商王畿的西面，分布较广，举凡晋、陕、豫交界地区皆有其活动踪迹，盖所谓"西戎牧羊人"居内地之一部分。商人对之最为贱视，常加以挞伐，将所获羌人等同牛羊，用作祭祀祖先时的牺牲。甲骨卜辞充满了对羌人用兵的记录，其用兵规模亦同于对土方的征伐，这种征伐一直延续到武丁以后，致使羌人长期视商人为敌，以至周武王起兵伐商，即有羌人作为同盟军参与其事。

土方：居于商的北面。其与商冲突的原因大约是它经常侵扰商的北土及商西北方向的一些同盟小国。卜辞中有两个小国向商王报告土方侵入他们的邑落并掠夺其人口的记载。结合这些小国所处方位及土字读音分析，土方大概就是过去曾与商人为敌的有易（或称有狄）。为了保护臣属的利益，武丁反复对土方进行征讨。仅学者收录卜辞中涉及商与土方发生冲突的词条就达上百条之多。卜辞中述及商人为之征发的兵力，一般在3000人左右，多者达到5000人，包括商王及其妻妇好，都曾亲自率兵前往，可见战事的激烈。

除以上两个方国外，武丁对南土的经营也值得一提。卜辞提到武丁时期所征伐的南土方国有虎方、雱方、归方等，同时提到与商人友好合作者亦有曾、舆、厥（屈）等方国。据考证，这些小国都在江汉流域一带。《诗·商颂·殷武》曾经歌颂道："挞彼殷武，奋伐荆楚，罙（同深）入其阻。"所谓殷武，即商王武丁；荆楚，应指以后楚国居住的江汉一带地区。卜辞提供了武丁确实曾在这一带经营过的证据，这对古史研究是有相当意义的。

通过武力征伐，武丁取得了众多诸侯的臣服。许多原来与商对立的方国转而成为商的臣属。如人们常常提到的沚国，其在武丁初年，曾因与商对立受到商人的征伐，但在武丁中晚期，却屡屡与商亲密合作，协同商人征伐土方、羌方等敌对方国，说明其与商王朝的关系有了根本改善。又如先周族人，卜辞称作周方，在早亦是商人征伐的对象，卜辞有王命多子族暨犬侯等挞伐周方的记录，然而不久以后，周人亦成了商的臣属，或不时向商朝廷送诣各种贡物，而商王也对周族

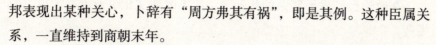

邦表现出某种关心，卜辞有"周方弗其有祸"，即是其例。这种臣属关系，一直维持到商朝末年。

武丁时期，商朝的农业生产也有所发展。据甲骨文记载，当时人们已经知道用粪肥田促进增产，并继续实行"协田"，即集体耕作。武丁时期，在农业发展的基础上，殷王朝国势日益强盛，商业又有了进一步的发展。

人们最早使用的货币是牲畜，到商代开始用贝币。贝是生长在南太平洋温暖海水中的一种软体动物的外壳，质地坚硬，外表光洁，而且有美丽的花纹。贝通过产品的交换运输到商朝后，很受人们的喜爱，加上便于携带，易于收藏，因此很快成了当时流通的货币。人们在使用过程中，将贝中间磨出一个小孔，用绳子串起来，以后每串贝的数目逐渐固定下来，形成一个货币单位"朋"，每朋贝为10枚。

在殷都，以庙宇广场为中心，有着热闹的集市。种田的带着粮食和蔬菜，牧民们赶着牛、羊，手工业人员带着青铜器和陶器等，前来进行交换。殷王朝诸侯国和边境以外的各个少数民族的商人，也常常带着各地的土特产，赶来参加交换和贸易。殷人也经常到外地进行贸易。殷人的商船常常装载着青铜器制品和各种陶器、布帛、酒类等到南方各地销售，换回贝和龟，以及锡矿石等当地的产品。在殷墟出土的青铜器中，不少器物上有这样的纹饰：下面是一只船，船后立着一个人在划水，船头立着一个人，肩上搭着货贝。

商业贸易的发展，促进了各地的经济交流，同时也反映了当时人们向外开拓的艰辛。当时流行着这样一种风俗：人们相见时总要首先询问"它"或者"不它"。"它"有两层含义：一是虫或蛇，一个是肉团或肉疱。当时人烟稀少，草木丛生，虫蛇蚊虻成群。日常生活中人们往往会踩着虫蛇，或被叮咬，被叮咬后会长出又痛又痒的疱疱。尤其那些披荆斩棘、外出经商的人，更是吃尽了虫蛇蚊虻的苦头。因此，人们对于虫蛇蚊虻是非常害怕的。于是，人们见面的时候，首先就互相关心地询问"它"或者"不它"，也就是踩着虫蛇了吗？被蚊虻叮咬了吗？时间长了，逐渐形成了人们见面互相问候的用语。

在政治经济发展繁荣的基础上，武丁时期文化事业也有了很大的发展。

武丁很重视教育和尊重老人。这一时期在殷都建立了大学。殷代设立了各类学校，具备了一套较为完整的教育制度。如《孟子·滕文公》上记载："设为庠序学校以教之。庠者，养也；校者，教也；序者，射也。夏曰校，殷曰序，周曰庠。学则三代共之，皆所以明人伦也。"意思主要是说夏、商、周三代都设立了学校，只是名称不同而已。在谈到教和学互相促进时，大臣傅说说过，教别人，一半也是增长自己的知识；经常想着学习，就能够增进德行。这些都可以看成是当时教育思想的反映。殷商时期人们还很注意养老。如《礼记·王制》说，凡是养老的礼仪，殷人用的是食礼。养老是一种礼仪，目的在于通过这种礼仪引导人们尊重和孝敬老人。举行养老礼的大概情况是这样的：殷人穿缟衣（白布深衣）而举行养老礼；在右学（大学）为国老举行养老礼，在左学（小学）为庶老举行养老礼。

武丁在位长达59年，通过长期不懈的治理及对外征服，他统治下的商朝的势力超过了以往任何一位商王，可以说是商朝发展的鼎盛时期。因此，殷人尊他为"高宗"，后人亦常称之为"圣贤之君"，赞扬他使商朝获得了"大治"。

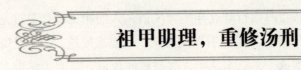

祖甲明理，重修汤刑

❀ 舍弃王位的祖甲

武丁为了防止在他百年之后出现争位之乱，便很早立了太子，太子名叫孝己。孝己以孝闻名，《尸子》记载说，孝己每天夜里都起来五次，看看父王和母后被子盖好没有，如果没有盖好，或者盖得薄了，他一定设法给他们盖好。还要看一看父王和母后枕头的高低，总之，他非常孝敬父母，想尽一切办法让他们休息好。

武丁经常出征，可以说是个马上国王。平时许多朝政都交给孝己来处理。殷墟里发现有许多占卜、祭祀的甲骨文，都能证明太子孝己具有很大的权力，也有很高的威望。

不幸的是，孝己的母亲早早地归了西天。

孝己母亲去世以后，武丁又娶了一位年轻貌美的妻子，武丁对她非常宠爱，后来就续为正妻。第二个王后生子祖庚后不幸也早死。于是，武丁又续立了第三个王后。

商朝社会，原配正妻和后来续为正妻的，死后都要在宗庙中列位供奉。后人祭祀先王时，有的配以正妻同祭。祭祀时称正妻为"先妣"。从商代甲骨文看，武丁的三位正妻分别被称为妣辛、妣癸、妣戊。

武丁对年轻的第三位王后当然更加宠爱。这位王后给武丁生了个儿子叫祖甲，祖甲从小聪明伶俐，夫妇俩把他看作心肝宝贝似的。

王后很想让武丁立自己的儿子为太子，这样，孝己就成了她的眼中钉、肉中刺。孝己出于对继母的孝心，天天到后宫问安。他不来问安还好，越来问安，父王的王后心里越难受。

有一次，祖甲得了病，武丁的王后说是因为孝己来后宫把祖甲吓病的。傅说、甘盘等都不相信，觉得孝己被陷害了，他们劝孝己今后少到后宫去。但孝己至孝，他仍旧像往常一样，到后宫向继母一天三问安。

武丁王后为了达到让丈夫废黜太子孝己的目的，就想出一个很恶毒的阴谋。有一天，孝己来问安之前，她故意把自己的衣服撕破，一副衣冠不整的样子，等孝己进来，她拉住孝己厮打，然后让宫女去唤来武丁，说："太子表面温文尔雅，骨子里却是衣冠禽兽。他平常来到后宫，说是来问安，但那一副色迷迷的样子，分明是黄鼠狼给鸡拜年，没安好心。今天终于原形毕露，调戏起臣妾来了。"说罢，"呜呜呜"地哭了起来。

武丁大怒，废黜了孝己的太子名分，并把他驱逐出殷都。

孝己被赶出国都那天，国人都恋恋不舍，有许多人一直送到郊外。孝己来到荒郊野外，感到走投无路。他觉得自己背着这样一个不清不白的丑名声，走到哪里都说不清楚，于是含冤投河而死。百姓听说孝己暴死野外，前来参加追悼者人山人海。

当孝己死了以后，王后要武丁立祖甲为太子，武丁也有这个意思。但祖甲从小就懂得礼义，明白道理，有是非观念，他劝武丁说："父王怎么能忘记九世之乱呢？九世之乱是怎么形成的？就是因为有的君王有私心，继统不讲秩序，引起骨肉相残。现在大哥不在了，还有二哥祖庚，怎么能不按秩序来呢？"

母亲听了很生气地说："立谁为储君，这是你父王的权力，作为儿子，你无权干涉朝政。"

但祖甲一点也不听，他坚持认为："立长是天经地义。没有规矩不能成方圆。立储出于私心就会引起国家混乱，所以我这不叫干涉朝政，我就是不同意废长立幼。"

"不许胡闹。"母亲制止他说，"你懂什么？古时候帝尧禅让帝舜，帝舜禅让帝禹，天下应该是贤者为君，却论什么长幼？"

"大哥孝己贤明仁慈，举国闻名，你们为什么还要给他强加罪名废黜他的太子名分？"祖甲不平地质问道。

母后怕他再说出不好听的话，于是气呼呼地说："事到如今，你还替那衣冠禽兽辩护，你这个忤逆不孝之子，给我滚出去！"

听了祖甲的话，武丁有些犹豫不决。无奈王后枕头风吹得厉害，武丁也觉得祖甲比祖庚更懂事，于是想来想去，还是决定立祖甲为太子。他把自己的意见告诉大臣们，傅说、甘盘等都反对他这样做。这样，事情就被搁置下来。

偏偏祖庚听说这个消息以后，有点沉不住气。为了能够得到太子地位，他在贵族中到处行贿游说。结果被武丁知道了，武丁很生气，

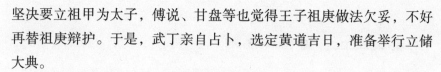

坚决要立祖甲为太子，傅说、甘盘等也觉得王子祖庚做法欠妥，不好再替祖庚辩护。于是，武丁亲自占卜，选定黄道吉日，准备举行立储大典。

举行大典这天，方国诸侯、文武百官、巫男巫女都聚齐了，场面十分隆重。一切都准备就绪了，但就是找不到立储对象——祖甲。武丁派人城内城外到处都找遍了，连个人影都没有。

后来才有人报告说："祖甲为了让父王立哥哥祖庚为太子，自己决定出走不回来了。"

祖甲母亲听了，号啕大哭不止。她一边哭，一边诉说："我怎么生了这么一个不懂事的孩子，你走了，让母亲怎么活下去呀？"说罢，觅死觅活地一头向柱子上撞去。

本来非常喜庆的气氛，一下子被搅和得一塌糊涂，武丁急忙让宫女搀扶她回后宫歇息。王后走了以后，大家面面相觑，不知道该怎么收拾这场面。

武丁心想，这么多诸侯千里迢迢来到京城，如果就这样打发他们回去，不知道会传出多少流言蜚语呢！如果有人添油加醋，甚至以讹传讹，那对朝廷极为不利。他思来想去，权衡利弊，临时改变主意，典礼继续举行，改立祖庚为太子。于是击鼓奏乐，立储大典照常进行。

祖庚万万没有想到，自己就这样糊里糊涂地当上了太子。

祖甲逃出京城，甘愿和庶民生活在一起，作为王子，他能做到这一点，难能可贵。祖甲生活得很快活，但他哪里知道，父王武丁的心里有多么凄苦！三个儿子，长子被逐，死于野外。现在自己最疼爱的小儿子逃得无影无踪，能不伤心吗？可怜武丁英武一世，到老来却郁郁而终。

武丁死后，祖庚即位。直到这时祖甲才回到朝廷。祖庚非常感激弟弟祖甲，因此能够听从祖甲的意见，继承了"武丁中兴"的事业，积极开拓，遵行礼制，是一个积极、孝悌的奴隶制君主。在他统治的数年间，商代的经济文化和国力都十分强盛。

登上王位，重修《汤刑》

祖庚死后，祖甲即位。祖甲因为曾经长期生活在平民之中，了解下层平民的疾苦，所以思想上产生了比较大的变化。即位之后，能对小民施以恩惠，特别是对鳏寡孤独者给以照顾，得到人民的衷心拥戴。他修订了历法，对殷人最为看重的占卜之道加以种种限制。到了晚年，为了防止国内奴隶主贵族对人民过分地剥削和压迫、贪得无厌地向邻近方国索取财物，祖甲下令重新修订《汤刑》这部祖宗的刑法。中国最早的刑法，是夏朝制定的《禹刑》和商朝制定的《汤刑》，它们都是以这个朝代的第一位帝王来命名的。

这两部刑法的全文虽然已经失传，但它的有些条文还散见于许多古书中。从这些条文中我们还可以看到当时统治者制定刑法的用意和它的严厉程度。如祖甲这次修订《汤刑》，在这部刑法中，加进了贵族官僚因贪婪剥削而引起诸侯不满和人民反抗的，也要加以惩处的规定。但是这样一来，由于损害到了许多奴隶主贵族的利益，所以招致奴隶主贵族的反对，商朝内部矛盾日益尖锐。

总之，武丁、祖庚和祖甲父子三人统治的100余年里，商朝的统治力量和国威远播四方，诸侯来朝，远近纳贡，百姓安居乐业。这一时期，是商王朝历史上一段太平盛世的年代。

因此周公曾经赞扬说："自殷王中宗，到高宗，到祖甲，以及到我周朝周文王以来，这四个人都是德行高尚的名王。"在周公看来，祖甲是商代名王之一。这是对祖甲几项重大举措的充分肯定。

然而《国语》则说："玄王勤商，十有四世而兴。帝甲乱之，七世而陨。"祖甲往后数至七个世代，即到纣王的时候，殷商就衰落灭亡了。

同一个帝王，历史上的评价差异为什么这么大？为什么周公对他评价那么高，《国语》又评价这么低？我们觉得周公的评价应该说是比较公正的，他抓住了祖甲的大节，不以小眚掩大德。周公是奴隶制向封建制过渡时期的一个重要人物，周公"制定礼乐"，对封建社会的建立，起到了十分重要的作用。周公在"制礼作乐"改制中，肯定借鉴了祖甲的许多做法，所以，他对祖甲特别推崇。

《国语》为什么称祖甲为"乱君"？这很可能是祖甲的举措与商朝的奴隶制社会制度发生了激烈碰撞，造成了一定的混乱，"矫枉过正"。历史上的重大变革都是阻力重重，祖甲当然也不会例外。问题是祖甲在没有取得变革重大胜利之前就去世了，而他的继承者既没有将这一变革继续进行到底的远见卓识，又没有冲破变革阻力的魄力和勇气，使祖甲的变革中途夭折，给商王朝的继续发展带来了负面影响。

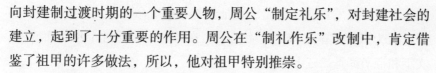

短命帝王，辛丁征伐

短命帝王廪辛、康丁

商王朝的统治虽然在祖甲末年因统治阶级内部的矛盾有所削弱，但没有引起大的混乱，仍然是处在一个相对稳定的时期。祖甲以后的商王是怎样一个状况？《尚书·无逸》中说道："自时厥后，立王生则逸；生则逸，不知稼穑之艰难，不闻小人之劳，惟耽乐之从。自时厥后，亦罔或克寿，或十年，或七八年，或五六年，或四三年。"就是说自祖甲以后，商王都是些贪图安逸的人，根本不懂得种庄稼的艰难，不知人民的劳苦，专一地荒淫享乐，因此自那以后，往往都是些短命的商王，长的只有十来年，短的只有三四年。其实这只说对了一半，祖甲以后的六个商王奢侈享受，不知民间疾苦，从甲骨文中由大量的田猎卜辞可以看出来。但是，说他们都是些短命的商王，就不是事实了。因为只有廪辛、康丁、帝乙三王在位时间未超过十年，而武乙、文丁和帝辛都是二三十年。

 ## 廪辛、康丁屡次征伐

祖甲死后，儿子廪辛即位。武丁时期，曾经打败羌方。羌方一部分成为殷商的俘虏，一部分则西逃到今陕、甘一带。到了廪辛时期，羌方重又崛起，并联合羝方、昝方等方国，不断侵扰商朝边境，常使商朝戍军遭到损失，成为商朝用兵的目标。廪辛在位的时候，多次发兵征伐。

廪辛死后，康丁即位，继续对羌、羝等方国进行征伐，并征调卫、虎、受等十几个诸侯国协同作战，这说明商朝当时的势力还很强大。

廪辛、康丁针对羌方部落剽悍等特点，战前进行了周密的谋划和部署：一面命边境戍军配合王师待机而动；一面组织精锐部队，适时抗击羌方进犯。由于采取了防御与攻击相结合的战略战术，抗击羌方的战争取得了重大的胜利。康丁擒杀了羌国方伯，占领了羌方部分土地，并派出与王族关系密切的逐、何等部族戍守收服的失地。但廪辛和康丁在位时间都不长，特别是康丁，在位仅仅一年就死去了，所以没有能够把羌方彻底消灭，这给商朝留下了后患。

武乙征伐，暴雷震死

出兵征伐，巩固统治

康丁死后，儿子武乙即位。康丁是商朝最后一位兄终弟及的君王。从此以后，商朝变成了父终子继的直系君王继统法。

武乙在位期间，西部的羝方、旨方等方国部落又联合起来扰乱商朝边境。他出兵征伐，取得了胜利，俘虏了几千人。当时，居于江淮地区的夷人也强盛起来，他们"分迁淮岱，渐居中土"，威胁着商王朝的后方。同时，居住在豳（今陕西旬邑）地的周人，也因为遭受到西北戎狄部落的威胁，在部落首领古公亶父率领下迁居于岐山之南的周原（今陕西岐山），国号曰"周"。周族为了寻求商王朝的保护，就开始与商王朝来往。

周族在寻求商王朝保护的时候，武乙正处在南北为患的时期，也希望西北有一个同心同德的战略伙伴，所以给周族以很大的支持。在商朝大力支持下，周族开始崛起。周人首领古公亶父派遣儿子季历到殷商朝拜，武乙赏赐周族土地30里，玉10珏，马8匹。从此，周的势力不断壮大。

被霹雳击死的武乙

安定住西北之后，武乙先后三次出征东南地区，抑制了夷人势力，使商朝重新出现一个稳定的局面。应该说武乙早期，对巩固商王朝做出了一定的贡献。

武乙是个很有个性、很有想法的人。他对天帝鬼神产生了怀疑，常对臣子们说："我是国王，唯我独尊，这世界上哪有什么天帝鬼神啊？"

但大臣、巫祝当然不同意他的观点。武乙企图进一步加强王权，当时巫祝势力极大，经常假借天意钳制武乙的行为，武乙便想方设法打击巫权。有一次，他命工匠雕了一个木偶，状貌威严，冠服齐整，称作"天神"。然后与天神赌棋，命令一个巫臣代替木偶，作为天神来与他赌博。连赌三局，天神皆输。武乙指着木偶大笑说："你既然是天神，怎么会输给我，如此不灵验，还配称作天神？"于是，命令左右痛打木偶，以此来惩罚天帝。

商朝的铜铙

又有一次，武乙颁布了一道新的政令，一群旧臣贵族激烈反对，他们说："这不符合天神的意志。"

武乙拈弓搭箭，射向天空，空中竟然淋淋漓漓淌下一阵污血。武乙对大臣们说："天神也挡不住我的弓箭，谁还能挡得住？"

原来武乙在颁布新令前，知道会遭到旧大臣的反对。为了对付他们，就让人用皮革做了一个大袋子，里面盛满了牲畜的鲜血，悬挂在空中，武乙用箭射穿了皮囊，血自然会流下来。武乙"革囊射天"，反映出在殷商王朝的中后期，神圣不可侵犯的天帝权威开始发生动摇，世俗王权在与巫权的激烈斗争中更加强化，同时也反映了随着生产的发展，人们战胜自然灾害的能力也在逐步增强。

武乙敢于藐视天帝鬼神，这让大臣们对他产生了一种畏惧感，人们对天帝鬼神的迷信开始淡化，这应该说是一种进步。武乙酷爱狩猎，经常沉溺于游猎之中。有一次，武乙到河渭之间去田猎，天空突然乌云滚滚，电光闪闪，雷声隆隆。而且乌云越来越浓密，一时天黑得伸手不见五指。巨雷霹雳，震得如山崩地裂似的。

等天空放晴，大臣们发现武乙被霹雳击死，其尸体惨不忍睹。武乙本来死于自然现象，但因他对"天神"百般污辱，激起了群臣的不满，于是，武乙的不正常死亡，就给迷信很深的商人提供了关于他触怒"天神"而受到诛罚的借口，那些大臣对他反对得更加起劲。

虽然武乙死后，大多数商人仍旧崇信鬼神，但以武乙"射天"等行为作为开端，商朝社会中开始出现怠慢鬼神的现象，并且这种现象还越来越突出。这是社会发展、商人认识上取得进步的结果，具有进步意义。这也是商王为摆脱鬼神控制而对社会上的鬼神观念和神权势力进行的攻击。这种现象的出现也预示了商朝的神权政治在朝王权政治转化。可是由于那时鬼神观念和神权势力强大，这也被看成是商朝亡国的主要因素之一。

第二章

无道暴君数纣王

尽管商朝后期出现了盘庚、武丁这样的"中兴"明君，可商朝最终还是因为一些君王的无道而逐渐衰落下来。到第三十任商王帝辛的统治时期，商朝已是危机重重，气数将尽。譬如"酒池肉林""炮烙之刑""比干剖心"等成语都是纣王暴虐无道的证明。

聪明颖悟，神勇不凡

只知享乐，不知疾苦

帝辛，商朝的最后一个国君，也就是大名鼎鼎的商纣王。

商纣王本名叫受。受者，相付也。帝乙认为他是天帝赐给他的儿子。因为受、纣二字古音相同，所以受又叫纣。古书中也有称受为寿或受辛的。后来受继承王位，人们称他为纣王、商纣王或殷纣王。不过纣王并不是帝乙的长子，长子叫微子启（宋国开国远祖），二哥叫微仲（仲衍）。照惯例，立嫡立长，应该是子启继位，然而事实却并非这样。当时三兄弟的母亲，也就是当时的王后，在生帝辛两位兄长的时候，还不是王后，扶正以后，才生的帝辛。

帝辛贵为王子，自幼受宠，吃穿用都是人世间的精品，少不了锦衣玉食。营养充足，发育自然很好，体力和智慧都超出普通儿童。他活泼好动，所到之处，听到的都是赞扬声，看到的都是恭维相。在帝辛幼小的心灵中就有高人一等的优越感。

帝辛很小的时候就知道享受。即使睡觉时也不躺在床上，由两个漂亮的女奴抻着一张兽皮，帝辛躺在兽皮中间，让女奴晃悠着兽皮，咿咿呀呀地哼着小曲才能入眠。醒来时，帝辛看着汗涔涔的女奴，十分开心，咧着小嘴儿笑。他还有个怪脾气，专挑漂亮的女奴抱着他玩，若是看到长相丑陋、脏兮兮的女性，就又哭又抓，说什么也不让她抱一下。

帝辛蹒跚学步的时候，常常闹着要看宫中的歌舞百戏。有一次，

女奴抱着帝辛看两个男奴角斗博戏，当看到其中一个男奴被打得鼻青眼肿倒地时，帝辛竟攥着小拳头回头打女奴的脸，直到将女奴打倒，他才高兴地拍着手笑了。

《尚书·无逸》上说："生则逸，不知稼穑之艰难，不闻小人之劳，唯耽乐之从。"这就是帝辛生活的真实写照。

帝辛是商王帝乙的宠儿，王后的心肝宝贝，衣来伸手，饭来张口，吃、住、行一切都有奴隶伺候，无拘无束，尽情玩乐。帝乙每当在殿前宫中饮宴的时候，帝辛总是闹着坐上座，要吃要喝。开始，帝乙逗着帝辛喝酒，用手指蘸着酒给帝辛吃，也许那时的酒不辣，帝辛觉得吮吸帝乙手指上的酒不过瘾，伸手抓过一爵就喝干了。帝乙和王后见了，乐不可支，他们认为，帝辛生在王宫，贵为王子，吃喝玩乐是天赐之福、理所当然之事，只有奴隶才不会享受。

帝辛就是在这样的家庭环境中度过了安逸的童年。

智商颇高的帝辛

帝辛先天智商很高，聪明颖悟、灵敏多才、机智勇敢、能言善辩。帝辛幼儿时期便能出口成章，以此而闻名。

有一天，帝乙要去农田视察，问占卜的贞人："今天有没有雨？"管占卜的贞人拿来一片龟甲，口中念念有词，先在龟背上用青铜凿凿出一个椭圆形的槽，再用铜凿钻一个圆槽，接着，点燃香火，烤灼凿钻的地方，龟板上便出现了不规则的裂纹，这就是所谓的征兆。贞人根据不同形状的纹理征兆，预言未来。

贞人占卜后说："兹云其雨。"帝辛看贞人占卜，只觉得好玩。听贞人说今日有雨，他不信，便问贞人："今日雨？其自东来雨？其自西来雨？其自北来雨？其自南来雨？"

贞人虽然被帝辛问得张口结舌，但是很佩服帝辛的文采，于是在甲骨上刻下了这段话。这片甲骨一直流传到今天，人们读了这段话，觉得其排比押韵，不失为一首好诗。殊不知，它出自帝辛之口。在那个人类童年的时代，作出这样的诗章，实在难能可贵。

长到 7 岁的时候，帝辛便与大哥启、二哥仲衍一起习文练武了。

一日，当时最有文化的史官教启、仲衍、受三人学习文字。史官搬来几大片龟甲，手握青铜刀，在每片龟甲上分别刻出一行，作为范字，然后让启、仲衍、受仿照刻出。

启和仲衍学刻甲骨文字十分认真，一刀一笔一丝不苟，刻出的文字工整清楚。史官见了，不停口地夸奖。再看帝辛，只管拿着青铜铸成的小刀玩耍，眼见两个哥哥已经刻完，他才动手，一边读着，一边刻着，霎时间，一行歪歪斜斜、几不成字的刻文便呈现在史官的面前。

史官见了，摇了摇头说："字不成形，人不成器。字本来是很好看的，你怎么把它刻成这个丑样子呢？"

帝辛说："学习文字，知音，达义，记事而已。好不好看有什么要紧！为什么把时间浪费在刻字上面呢？雕虫小技，丈夫不为。"

听了帝辛的话，史官无可奈何，指着甲骨片上的一个字问："我让你学刻'鸟'，你却刻出这样一个字（甲骨牌上刻着的字为'鸡'），这是什么字？怎么讲？"

帝辛看了，自知刻错，却不认错，狡辩说："鸟是天上飞的，这个字叫'鸡'，是地上跑的，就是把天上飞的鸟用手抓回来养着吃肉的。"

史官说："仓颉并没有造这个字啊。"

帝辛说："仓颉没造的字，我们就不能造吗？仓颉生活的时候，鸟在天上飞得高，他没抓着。现在，我们抓住了这些鸟，就可以养起来，给它起个名字，叫鸡有什么不妥的呢？"从此，家养的鸟就叫鸡了。

帝辛见史官词穷，面露难色，心中十分得意，又追问说："史官大人，当初仓颉是根据什么造出字的呢？"

史官说："仓颉是根据世上各种事物的形象造出了各种不同的字。仓颉很了不起啊，没有仓颉，我们就没有文字了。"

帝辛说："字，怎么造都行。我学完的几千个字里，仓颉造马、

驴、骡字都有四条腿，牛、羊两个字怎么没有四条腿呢？鸟本来有两条腿，为什么造成了有四条腿的字呢？"

史官被帝辛问得哑口无言，只得向帝乙禀告："受，聪明颖悟，巧言善辩，文字已经学会。小人德薄才疏，再教他，已经无能为力了，恳乞辞去师职。"

帝乙准奏，然后命帝辛学习武功。从此，帝辛专与力士角斗，整日舞刀弄枪，游玩嬉耍，乐得逍遥自在。

● 舞蹈九牛，天下人无不叹服

帝辛18岁时，身材高大，体格魁伟，不仅容貌漂亮，而且孔武有力，真是风流倜傥，一表人才。论文才武力，天下人无不叹服。

在商代，狩猎是商王贵族们进行军事训练和游乐的重要活动。他们使用的狩猎工具主要有骨、蚌和青铜制成的箭镞，陶、石制成的弹丸，以及网坠、钩叉等。据甲骨卜辞所记，当时能被狩猎的野兽种类和数量都是相当惊人的。捕获的猎物主要有鹿、豕、狐狸、獐、犀牛、虎、熊和大象。最多的一次狩猎，获鹿162头，飞禽348只。狩猎的方法，有猎犬、田车追逐，有弓矢射击，有陷阱诱捕，等等。

帝乙经常带着文臣武将打猎，帝辛每次狩猎都奋勇当先。这天，帝乙带着众人正追逐一只野兔，身边的一名武将飞马射箭，野兔一下子被射死在地，人们齐声喝彩。突然，丛林里跳出一只斑斓猛虎。

武将正要再射的时候，帝辛说："且慢，用箭射不算能，你若空手打死那只老虎，我才服气。"武将听了，一是不敢违抗王子的话，二是年轻气盛，便跳下马来，赤手空拳去擒老虎。只见老虎吼叫着扑来，只一下便咬断了武将的喉咙，武将立时毙命。

帝辛见了，哈哈大笑，趁人们惊恐之际，早已跳到老虎身后，飞起一脚，踢中老虎后腰。老虎疼痛，一跃而起，向帝辛扑来，帝辛伸手攥住老虎的两只前爪，躬身用力一抡，便把老虎摔出一丈多远。没等老虎起来，飞步上前，跨上虎背，揪住虎头，一阵乱拳，只把那斑斓老虎打得瘫死在地，方才站起身来，招呼众人："还不快来，将虎抬回去剥皮!"帝乙和文武百官见了，个个惊叹不已。狩猎归来，帝乙传令："在郊外举行一年一度的受年盛会。"

受年，是指由于天地神祇的福祐而获得丰收。在受年大会上，帝乙主持举行"登尝"之礼，就是用一年来新收获的谷物，首先荐于宗庙，让祖先尝新。甲骨卜辞中有"王其登米"，就是商王用新米荐享祖先的记载。"登来且乙"，就是用新收获的麦子荐享祖乙的记载。新收获的粮食经过祖先"尝鲜"之后，便归王公贵族享用了。当时的麦子不是磨成面来做面食吃的，而是煮成"麦饭"来吃。粮食多了，吃不完，便酿成美酒，除了祭祀祖先而外，就是"群饮"。所以，在受年大会上，人们都尽情地大吃大喝一顿。同时还要表演各种音乐舞蹈。

商纣王像

在今天的受年大会上，舞人表演的是"八阕"之舞。由三个舞人操着牛尾巴，"投足以歌八阕"。众人击掌唱和，十分热闹。

帝辛看得高兴，连喝三杯稻米酿制的醴酒，高声叫道："人随牛舞，其蹈无状。我今日要让牛随人舞。"说着，走下堂来，拨开舞人，并九牛之尾，攥在手中。九头牛向前拉，帝辛向后拽，像拔河一样，帝辛与九牛较劲儿。只听帝辛大吼一声，将九头牛拉得向后连连倒退，踉跄而舞。九牛或坐或起，任凭帝辛摆布。只看得诸侯百官目瞪口呆，

人人屏声敛气，忘了喝彩。

只见帝辛舞罢九牛，九牛大汗淋漓，匍匐在地，战栗不已，只是呼哧呼哧地喘着粗气。再看帝辛，满面红润，哈哈大笑，大踏步地回到座席上，端起满樽醴酒，一饮而尽。自此以后，人人皆知帝辛有九牛之力，无人可及，大邑商内外，没有谁敢与帝辛较力的。

其实帝辛力大不假，但并没有九头牛的合力那么大，所谓有九牛之力，只是形容而已。

 帝辛即位，扩建商都

◎ 帝乙薨，帝辛即位

公元前 1076 年，商王帝乙病危。帝乙在位九年而崩，幼子辛即位。当此之时，祖甲的礼制改革已逐步取得了正统地位，嫡长继承制的王位传承已取代兄终弟及制而成为主流。因此，微子启虽然是帝乙的长子，并与帝辛是一母所生，但因为其母生微子时地位尚低，故微子为庶出。而其母为后以后，生辛，故其为嫡出。此即太史所谓"妻之子""姜之子"的由来。帝辛的即位，对微子启的打击可想而知。且微子启素有贤名，其朋党亦颇众，几与帝辛成抗衡之势。故而终帝辛一世，微子一派始终是最坚决的反对派，阴谋诡计，无所不用其极。在帝辛的强力打压下，铤而走险，通敌卖国，与周人内外勾结，不惜一切代价地颠覆帝辛政权。其手段卑鄙也面目可憎，只看商亡后的表现便一目了然："周武王伐纣克殷，微子乃持其祭器造于军门，肉袒面缚，左牵牛，右把茅，膝行而前以告。"这副无耻之极的奴才相，千百年来无出其右者。司马迁如此揶揄，亦是鄙其为人。因而既然"微子启、胶鬲与周盟"，早已通敌作了内奸，又刻意做出如此做派，真可谓无耻之尤！

另一方面，由于祖甲礼制改革而受到打击的，不仅仅是微子。王族中的箕子、比干亦是礼制改革的坚决反对者。因为按兄终弟及制，他们都是有机会登上王位的。而拜嫡长继承制之赐，则彻底断了念想。这些心怀怨念的王族大臣，在对待礼制改革上，是与微子一派同仇敌忾的。虽然目的未必尽然相同，但掣肘、削弱、打击帝辛方面却是一拍即合。这些王族勋贵与微子一派或分或合，虽不像微子一派那样丧心病狂，通敌卖国，但却是帝辛实实在在的反对派。故而，帝辛虽名义上是王族的最高代表，实际上在王族得到的支持是十分有限的。

此外，自盘庚以降，商族贵族离心离德已日渐难制，商王的祭祀、行政、军事难以展布，因而至帝祖甲时，废贵族公议，形成君主集权，加大王族势力。但受商代以氏族为社会基本组织单元的社会现实的影响，贵族的势力仍是难以抑制的。这些贵族都有自己的基本势力，商帝亦难以拔除。故而在商王强势时可以压服，一旦商王稍弱便各自为政，乌烟瘴气。因此，自帝武丁以后，商王朝"圣贤之君六七作"，大部分时间商王是强势的。然而，帝辛继位时，由于王族的分裂和微子一派的疯狂，这些贵族亦蠢蠢欲动。

帝辛扩建都城

商朝自盘庚迁殷，建成大邑商城，占地 25 平方公里，洹水蜿蜒从城中流过。引洹水掘成护城河，河宽 7 米到 21 米，河深 5 米到 10 米。城中建成王宫，南北宽 13.6 米，东西长 65 米，称作"大庑"。

根据历代史书记载，商代从商汤到帝辛（商纣王）的 18 代 30 个商王，先后曾将 8 个地方作都城。其中朝歌是商朝最后一个都城。

最早迁都"沫"（朝歌）的是商代第 22 王武丁（商高宗），

《史记·周本纪·正义》有："纣都朝歌，在卫州城东北七十三里，朝歌故城是也。本沬邑，殷王武丁始都之。"武丁是一位很有作为的君王，他开创了"武丁盛世"。他在位59年，其中一段时间是以沬（朝歌）为都城的。

其后，第27王武乙（商武祖）再次以沬为都。《今本竹书纪年疏证》曰："武乙三年自殷迁于河北，十五年自河北迁于沬。"

商朝第29王帝乙（商德王）再次把都城迁到"沬"。民国时期的甲骨文考证大家罗振玉考证："迁沬必在帝乙之世"（罗振玉：《殷墟书契考释》）。郭沫若也说："帝乙末年必有迁沬之事。如无此事，不唯旧史料中有多少事实成为子虚，即卜辞中有多少现象也无从说明"（郭沫若：《卜辞通纂》）。

帝乙死后他的儿子帝辛（商纣王）继续以"沬"为都，在平定东夷大获全胜后，将"沬邑"改名"朝歌"，取意"喜迎朝阳，高奏凯歌"。《史记·周本纪·正义》曰："帝乙复济河北，徙朝歌，其子纣仍都焉。"

对纣王以朝歌为都城，我国两千多年来直至清末的历史经典著作几乎众口一词，没有人提出过疑义。从《尚书周书》《竹书纪年》，到《史记·周本纪》《史记·卫康叔世家》《汉书》，所载史实均可证明纣都朝歌。《后汉书》，汉刘安的《淮南子》《晋书》，北魏郦道元的古代地理名著《水经注》，唐代地理志《括地志》《旧唐书》，唐人对《史记》的注疏、正义，唐代李吉甫的《元和郡县图志》，宋人编撰的《续博物志》，北宋地理总志《太平寰宇记》，清人徐文靖对《竹书纪年》的注疏，以及明清两代众多版本的《河南通志》《淇县志》《卫辉府志》等，都毫不含糊地确认朝歌是殷纣帝都。

近现代罗振玉的《殷墟书契考释》，白寿彝的《中国通史纲要》，郭沫若的《中国通史》《中国史稿》，范文澜的《中国通史简编》等，也都对此作了充分的肯定。

据古文献记载，扩建大邑商"宫中九市，车行酒，骑行炙"（《帝王世纪》）。建筑工程浩大，要求楼台亭榭雄伟豪华，是要花费大量人力和财力的。

扩都，是头等大事。帝辛又传旨四方诸侯，有人出人，有力出力，有物出物，保证扩都顺利施行。于是，天下怪石美玉、珍禽异兽齐集大邑商。崇侯虎将这些贡物，分别填塞在宫馆苑之中。按殷民六族：条氏、徐氏、萧氏、索氏、长勺氏、尾勺氏，各处其所。在崇侯虎藤鞭的抽打下，奴隶和众人死的死、亡的亡。甲骨文上记的"丧众"就是指奴隶逃亡，经常发生。

有一次，崇侯虎把干了一天活计的奴隶圈进了栅栏里，然后用铜链子锁住。半夜，天降大雨，奴隶们又累又饿又冷，便撞倒栅栏，集体逃亡了。崇侯虎睡梦中听得有人喊叫，急忙起来，冒雨巡视栅栏中的奴隶，发现逃了一栏奴隶，便连夜追赶。到天亮的时候，在草丛中捉到两个跑得慢的奴隶，便用锁链穿透肩胛骨拉回工地，当着众人的面，把这两个奴隶剖开肚子，掏出肠子，用剀肠的酷刑杀一儆百。其他奴隶见了，触目惊心，只愿拼命地干活累死，也不愿被剀肠而死。崇侯虎督工扩都，三年终于告成。回旨帝辛，帝辛大悦，传旨文武百官、四方诸侯，即日清早，齐集九间大殿，同庆扩都工程胜利竣工。

镇压贵族，平定鬼方

 血腥镇压，废除世袭

帝辛即位时，先王留给他的是一个残破的河山和破败的政局。国内，他要面临已经崩溃的经济，不断出现的奴隶起义和来自王室、大贵族集团以及以大祭祀为首的宗教神权集团对他权力的挑战。对外，他要面对从四面八方涌入的外族入侵。在这种危局下，年轻的帝辛表现出超凡的才智、勇气、高超的政治手段和冷酷残暴的铁腕。史料记载，帝辛聪明机智，智慧过人，而且身材健壮高大，力大无穷，可以"手格猛兽"。在先王老臣的辅佐下，年轻的帝辛开始了他砺志强国的历程。

首先是选拔贤能。在帝辛的支持下，一批有才能的从中下层管理和善战的将领被重用，首开从平民而非贵族中简拔干部之先河。在能臣如微子、比干的辅佐和京城宿卫将领的支持下，帝辛开始对内进行大刀阔斧的改革。首先是针对王室、大贵族集团。当时的规定是奴隶主贵族"世袭"制。王室成员和大贵族从中获得巨大利益。获得利益后的王室成员和大贵族为了保护既得利益经常干预政务。为此，帝辛采取大胆改革，废除了以往贵族的世袭权利并收回了他们的领地。丧失领地就意味贵族以及王室成员再也无力组织起与中央的对抗。

利益受到损失的王室成员和大贵族进行了激烈的反抗，甚至发动了武装叛乱，而且还勾结以大祭祀为首的宗教神权集团。在商代，国家要经常进行祭祀活动。凡事都要进行占卜，大到对外用兵，小到杀一只鸡都必须通过占卜"问神"，因此宗教神权集团的权力极大。以大祭祀为首的宗教神权集团经常用占卜等宗教手段干涉朝政，严重威胁到王权的稳固。为此，帝辛进行了坚定的宗教改革。他惩处了一批为非作歹的宗教人员，同时明确规定政、教分离，宗教不得干预国家世俗政治事务。而这就危及了宗教集团的利益。为此，以大祭祀为首的宗教神权集团一方面利用宗教手段进行反帝辛宣传，煽动叛乱，另一方面则公开勾结贵族集团进行武装叛乱。面对两股敌对势力的勾结，帝辛毫不手软，进行了空前血腥的镇压。大批贵族和包括大祭祀的神职人员被处决，都城内血流成河。忠于帝辛的神职祭祀被任命为新的大祭祀。至此，王室、大贵族集团以及以大祭祀为首的宗教神权集团受到毁灭性打击，再也无力对君王构成威胁。消灭上层对手后，帝辛开始整顿国内经济，鼓励生产，减少赋税和劳役。国家经济逐步得到改善，国力得到提高，而这就为他下一步对外行动做好了准备。

🔵 征伐鬼方，征服羌族

帝辛即位时，商王朝面临着来自四面八方的入侵。这其中包括北方的鬼方、西方的羌、南方九苗以及中原王朝的世敌东夷。为了抗击外敌，帝辛进行了军事改革。首先是提拔一大批新将领，随后是大规模扩充军队尤其是战车和象阵。在军事实力强大后，帝辛开始对外大举用兵。当时商朝要面对来自多个周边民族的入侵，而这种中原地区的中央王朝与少数民族政权之间的战争早在夏代就已经开始了，到帝辛时期已经持了近千年。

由于夏、商时期中国中原地区中央王朝属于典型的部落制国家，也就是说一个民族或一个部落就是一个国家，作为中央王朝的夏、商其王国能直接实际控制的面积很有限。王朝除了自己的直接领土外还控制着很多由其他民族或部落建立的"方国"。这些方国在王朝强大时臣服于中央王朝，在王朝势力衰弱时则与王朝对抗，属于"时战时和"。而且当时的民族、部落情况极其复杂，作为中原地区中央王朝的夏、商始终处于周边各部落、民族的包围中，因而经常与这些周边势力发生战争。尤其是商代，这种外部侵略更加强烈，曾经迫使王朝先后5次迁都。整个商王朝历史就是一部商人与周边民族的战争史。这种情况到帝辛时期发展到顶点。当时对商王朝构成直接威胁的周边势力主要有四股，包括鬼方、西羌、南方九苗以及中原王朝的世敌东夷等。而帝辛完成内部整顿后对外发动战争的第一个目标就选择了北方的宿敌鬼方。

鬼方是中国当时北方游牧民族，在商王朝北方，属独立的方国，位于今中国陕西东北部、山西北部和内蒙古南部靠近今河北、山西的地区。鬼方对商王朝的入侵从王朝建立一直到灭亡从未中断过，鬼方问题是困扰历代商王的重大难题，双方之间进行了600年之久的战争。商帝武丁为消除北方隐患，曾举倾国之力发兵2.3万人发动大规模的讨伐鬼方的战争。

《周易》载："伐鬼方，三年克之"。部分鬼方人在武丁时期王朝强大的武力打击下暂时臣服于商朝，但更多的鬼方人在首领的带领下依仗北方游牧民族特有的优势向更北的方向也就是今内蒙古地区迁徙，这造成其势力没有受到致命打击。商王武丁死后，由于君王无能，商王朝再次陷入内乱，造成王朝无暇北顾，鬼方趁机再次崛起并开始不断入侵商朝，到帝辛时期达到顶点。于是，帝辛将他第一次对外战争的矛头指向鬼方。约公元前 1070 年，帝辛起本国族兵约 1 万，加上附属方国的军队共约 1.5 万人，御驾亲征北伐鬼方。

经过多年恢复和整顿，商军实力得到极大增强，新式战车、青铜兵器——铠甲、盾牌、远程弓弩等新式武器大量装备军队。而已经衰落多年的商军象阵在帝辛的强力干预下再次复兴。现代考古证明，在中国商代，今天的河南地区的气候、地理环境与今天大为不同。当时的河南地区温暖湿润，遍布丛林。在丛林中繁衍生息着大量中华犀牛、中华象等野生动物。其中大量的中华象属于当时的普遍物种。

根据从商王武丁的妻子妇好墓和其他商代墓葬出土文物和甲骨文的考证，商朝时期，中原人已经掌握了一整套成熟的捕捉、驯养、使用大象的技术。当时大象在商朝是仅次于马匹的重要家畜。

据甲骨文记载，商人在各个方面广泛使用大象。他们用大象拖载物品，还用大象耕田。最重要的是，商人将捕获的公象组织成专门用于作战的象阵。这是有明确的历史文字记载的中国历史上第一支战象军。而商王朝也是中国历史上唯一一个大规模驯养、使用战象的中原中央王朝。与同时期南亚印度的战象相比，商军战象已经披挂了由犀牛皮或牛皮和硬木制成的护甲，属于世界上最早的甲胄战象。作战时，商军常用的战术就是首先用远程弓弩对敌进行远程打击，随后在远程火力掩护下，象阵发起冲击。

战象背部战楼上的士兵远用弓箭射击，近用长柄青铜戈击杀对手。同时驾驭战象用象鼻、象牙去攻击敌人，而战象四周始终有步兵跟进以掩护战象免受对方步兵袭击。在象阵发起冲击后，战车群将在象阵后方跟进，然后散开追击、包抄溃散的敌军。最后是步兵冲击占领阵地。商军象阵实力在帝辛时期达到顶点，拥有战象千余头，是当时东亚地区最强大的象阵，也是中国历史上中原中央王朝所拥有过的最强大的象军。商军向北出今河南，穿越河北、山西南部，到达鬼方。整个战争中，作为王朝最高统治者和军队最高统帅的帝辛每次作战都披挂铠甲，亲自驾驭他那辆镶嵌有黄金宝石的战车，挥舞青铜长戈冲在最前线。在统帅勇武举动的鼓舞下，商军士气大振。而鬼方面对强大的商军，尤其是商军历史上最强大的象阵，其防御顷刻土崩瓦解。帝辛在正面进攻的同时，派兵向鬼方大后方远距离迂回，以切断其退路，目的就是避免重蹈武丁伐鬼方时期鬼方主力远逃北方的覆辙。结果，在商军强大攻势下，经过 5 年左右的战争，商军的包抄战略取得成功，鬼方向北逃窜的希望彻底破灭，部族军队主力基本被商军摧毁。至此鬼方彻底崩溃，部落上层统治集团内部发生大规模流血政变，亲商势力上台，坚决反商的原部落首领被杀后被"献首"于商王，鬼方正式战败投降。帝辛为永绝后患，采取分割瓦解的战略，将原来相对完整的鬼方分为昆戎、洛泉、昆夷、绲夷、串夷等多个小部。分别委派忠于商王朝的贵族执掌，同时留下了一支由商王朝本族中央军和始终坚定地忠于商王朝的方国军队组成的约 1000—1500 人的商军在当地长期驻扎以震慑鬼方。至此，威胁中央王朝近 600 年之久的北方强敌鬼方彻底灭亡，从此退出历史舞台。战后，少部分留居原地的鬼方人后来融入西戎，春秋时期发展为林胡、东胡等北方少数民族，在战国时期最终发展成为中国历史上北方第一个强大的游牧民族——匈奴。而大部分鬼方人开始不断被内迁至中原地区，逐步与华夏族融合到了一起，成为中华民族大家庭中的一员。至此，经过帝辛也就是纣王的努力，今天的山西中部和北部、陕西北部、内蒙古南部靠近今河北、山西的地区正式纳入中国版图，构成日后中原王朝北部领土的重要组成部分。

帝辛也就是纣王征鬼方的事件经过周朝及后世的无数艺术加工和渲染，最终演变成为中国古典文学名著《封神演义》中"大商太师闻仲征争北海"的故事，远征的主角也从真实的帝辛被人为地篡改为

"人造英雄"闻仲，纣王对中国版图做出的巨大贡献也就这样被抹杀了。这里简提，不作他述。

平定北方的宿敌鬼方后，帝辛开始将目光投向中原王朝的西方宿敌羌。这里所说的西羌并不是今天中国西北的羌族。当时"西羌"是一个很广义的概念，是商人对当时商王朝西方的众多游牧民族的通称。西羌与鬼方一样也是商朝的宿敌，双方之间的战争同样进行了数百年。但与相对统一的鬼方相比，西羌由于分属很多不同的部落和民族，因此对商的威胁力要小些。帝辛对西羌的战争一方面是为打击入侵者，另一方面是为掠夺财富和奴隶。西羌的文明程度很低，经济、科技和军事实力等与商王朝相比存在很大差距，加之内部分散，因此商军对西羌的战争进行得非常顺利。伴随战争的不断进展，大批财宝和战俘被掠回商朝。尤其是大批战俘的到来给商朝带来大量奴隶，而大量奴隶劳动力的加入极大地增强了商朝国内农业和手工业的发展，对外战争的胜利使经济开始进一步繁荣。最终，商军基本征服了大部分西羌部族。

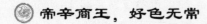

好色帝辛，妲己入朝

帝辛商王，好色无常

纣王还有他的另外一个大毛病，那就是好淫乐，图享受，纵酒无度，沉迷音乐。

商朝后期的几个国王毫无作为，百姓处于水深火热之中。商朝最

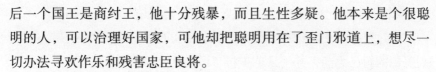

后一个国王是商纣王，他十分残暴，而且生性多疑。他本来是个很聪明的人，可以治理好国家，可他却把聪明用在了歪门邪道上，想尽一切办法寻欢作乐和残害忠臣良将。

纣王即位后，不仅修建游乐园，而且还不断地从民间征集美女。

商纣王手下有一个叫费仲的人，此人没有什么才能，却会溜须拍马，深受纣王喜欢。他给纣王献计说：苏护侯有一个美丽动人、能歌善舞、窈窕可爱的女儿妲己。纣王一听非常高兴，立即下命令，要苏护侯将妲己送到宫中。

苏护侯听到这个消息之后，坐立不安，他怎么忍心将女儿送入虎穴呢？谁都知道商纣昏庸无道，女儿一旦入宫就等于毁了幸福。苏护侯左思右想，不知怎么办才好。他想抗旨不遵，又觉得没有力量抵抗，即使有力量抵抗，那样必招致满门抄斩之祸。恰好这时，女儿妲己给父亲请安，问父亲为何这几日心神不定，老侯爷便把事情从头到尾和女儿说了一遍。妲己不仅长得漂亮，而且聪明过人，她眼珠一转计上心来，对父亲说道："我们只要从民间找一个漂亮女子，让她顶替我，不就没事了吗？"

苏护侯一听大喜，忙派人去民间选美女。选来选去，选出了一位绝色佳人。这女子十分漂亮，而且娇媚动人，无奈家境贫寒，父亲为了生存，只好将女儿卖给苏护侯。苏护侯给了女孩家里很多钱财，并让此女更名为妲己，而且不许对外人讲此事。这位美艳女子只好认命，穿戴好苏护侯给的衣裳和首饰，坐上车，由苏护侯亲自送到宫中。纣王一见这个冒名的妲己如此娇媚动人，心头大喜，立即重赏苏护侯，还封妲己为王后。

妲己进入帝辛的生活领域时，正是商朝国力如日中天的时候，那时新的都城正在风光明媚、气候宜人的朝歌（今河南淇县）建造起来，四方的才智之士与工匠也纷纷向朝歌集中，形成了空前的热闹与繁荣。

纣王自得妲己之后，朝朝宴乐，夜夜欢娱，对妲己言听计从。同时，厚敛赋税，把殷都向南扩大到朝歌，向北扩大到邯郸、沙丘

（今河北平乡东北），在这广大地区修建离宫别馆、苑囿台榭。

不过根据正史的记载，是纣王征伐有苏部落（今河南温县），俘获到美艳的妲己为妾，并不是苏护将自己的女儿献给纣王的。

从命名方式来看，"妲己"的结构与壮族女性的名字结构完全一致。直到现在，壮族民间的年轻女人之名，前面都冠以"妲"字，称为"妲某"。所以，"妲"是壮族年轻女性名字通用的冠词，只不过不同的地方有不同的写法而已。有的地方把"妲"字写成左女右大，有的则写成"达"字，但读音都念dá。这种命名方式，绝非后起，极可能是从远古流传下来的。所以，妲己很可能是远古时代壮族先民骆越的年轻女子。可能因为她长得美貌，就被骆越王进贡给商王了。这个商王可能就是商纣王。纣王"好酒淫乐"，所以很宠幸妲己，唯妲己之言是从，"酒池""肉林"就是因她而起的。由于妲己得到商纣王的宠幸，其家乡也因此沾光。马头的商周古墓中虽然发现了许多石范，但就当时瓯骆社会的生产力来说，其青铜文化似乎还达不到能铸造精美的铜卣那么高的水平。所以，马头一带发现的铜卣、铜盘等，应来自中原，而不是当地铸造的，有可能就是商纣王的赏赐。

狠毒妲己

相传妲己不仅荒淫狐媚，而且性情残忍，怂恿纣王设计出种种令人触目惊心的残忍酷刑，以欣赏别人被凌迟折磨至死的情景来刺激自己的欲望。

有一天，纣王与妲己在鹿台上欢宴，三千六百宫妃嫔聚集在鹿台下，纣王命令她们脱去裙衫，赤身裸体地唱歌跳舞，恣意欢谑。纣王与妲己在台上纵酒大笑。一些宫中的宫女，掩住脸流泪，不肯裸体歌舞。妲己进谗言于纣王，应该施以严刑，才能够让宫人们看到君王的天威。

纣王问："什么才称得上是严刑呢？"妲己说："依小妾之见，可以在摘星楼前，在地上挖一个方圆数百步、深高五丈的大坑，然后将蛇蝎蜂虿之类丢进穴中，将这些宫女投入坑穴，被百虫噬咬，这叫作虿盆之刑。"

纣王大悦，立即照妲己的话做了一个虿盆，将这72名宫女一齐投入坑中，一时间坑下传出揪心的悲哀号哭。纣王大笑："要不是爱妃的妙计，不能灭此叛妾！"

纣王好酒淫乐，寸步不离妲己，妲己所称赞的就以之为贵，妲己所憎恶的就加以诛灭。纣王又在朝歌与邯郸之间纵横数千里内，每隔5里建一所离宫，每隔10里建一个别馆，与妲己同乘逍遥车，白天在车上欢谑，夜里张灯结彩，管弦歌韵，做长夜之饮。一天，他俩正在摘星楼上欢宴，时值隆冬，天寒地冻，远远地看见岸边有几个人将要渡河，两三个老年人挽裤腿正在水中走，但一些年轻人却逡巡不敢下岸。

纣王问妲己："河水虽然冰寒，但老人尚且不畏，年轻人却那么怕冷，这是怎么回事？"

妲己回答："妾听说人生一世，得父精母血，方得成胎。

商纣王时的妲己

若父母在年轻时生子，那时他们身体强健，生下的孩子气脉充足，髓满其胫，即使到了暮年，也耐寒傲冷。假如父老母衰时才得子，那他们的孩子气脉衰微，髓不满胫，不到中年，便怯冷怕寒。"纣王极为惊讶："竟然有这种事？"

妲己说："大王不信的话，就将此一起渡河的人，砍断他们的胫骨看一看便知。"纣王就命人将过河的几个人活捉到楼下，一人一斧断去两腿，果然老年的那些人髓满，年少的却骨空。

　　纣王大笑说："爱妃料事如神！"妲己说："妾不但能辨老幼的强壮，即使妇女怀孕是男是女，妾一看就知道！"纣王问："怎么才能知道？"妲己说："这也与父母的精血有关，男女交媾时，男精先至女血后临，属于阴包阳，因此会生男；如果女血先至男精后临，就属于阳包阴，生下的孩子必为女。"

　　纣王不信，妲己曰："大王不信妾的话，可以搜取城中的孕妇验证。"纣王立刻令兵士捉数十个孕妇，集中在楼下。妲己一一指着说，哪一个怀的是男胎，哪一个怀的是女胎。纣王令人剖开孕妇的肚子视之，果真像妲己说得那样。

梅伯直谏，炮烙施行

梅伯直谏不成

　　苏妲己善淫，商纣王纵欲，商纣王对妲己宠爱至极，言听计从。妲己爱听靡靡之音，对那些艳歌淫曲，整天聆听，犹嫌不够，纣王便使人作些新淫曲，编排些裸体舞。

　　纣王修建了一个方圆3里、高过千尺的鹿台，这座鹿台的地基用水里的鹅卵石铺底，上面用巨大的岩石雕刻了猛兽或是用青铜铸成细花密镂的铜像，作为柱基，背上驮着金丝丹漆的文梓木柱，柱子上驾着龙飞凤舞的雕梁，四壁都镶嵌着明珠白璧，地上铺着绵茵软席，正室叫琼室，琼室的门用白玉砌成，名为玉门，鹿台的宫室里边则住满和贮藏了各路诸侯进献的美女和珍宝。

纣王还把殷都从安阳向南扩大到朝歌，向北扩大到邯郸、沙丘，在这一地区内大建离宫别馆，恣意享乐，也就是在这里，他演出了一场遗臭万年的"酒池肉林"的丑剧，所谓"肉林"，就是把肉悬挂在树上，人们可以随便伸手取食，在纣王聚众取乐的那一天，命令成群的男女赤身裸体在酒池肉林之间嬉戏，纵情狂欢，个个喝得烂醉如泥，通宵达旦。纣王也根本不理会朝政，整天陪着妲己寻欢作乐。

太师杜元铣，仕商，三世老臣，是司天监太师。素秉忠良，披肝沥胆。

相传杜元铣对纣王的行径，看在眼里，忧在心中，他千思百虑，一心想要离间纣王与妲己的爱恋，使纣王心系朝政。但是杜太师见纣王迷恋妲己，整日不上朝，自己没有机会面见，左思右想没有办法，后来突然想到殷人迷信，何不借鬼怪狐魅之说来讽谏纣王改邪归正呢？于是连夜奏上一本，通过丞相商容，转到纣王手里。只见奏本上写道：

臣执掌司天台官杜元铣启奏商王：臣闻之，国家将兴，祯祥必现，国家将亡，妖孽必生。臣掌司天，夜观天象，见怪雾妖气笼罩后宫，日盛一日，冲天贯日，祸患不小。臣窃思，自妲己入宫以来，朝纲紊乱，文武百官难近君王，百姓失望。君王所恋妲己，实为千年狐狸精转世，望商王以社稷为念，速除妲己，重振朝纲。臣惶悚待命，冒死上书。

纣王看完奏章，从头到脚反复审视妲己，妲己看纣王看自己的眼神很奇怪，不知发生了何事，纣王便把杜太师上奏把妲己比作狐狸精要求处死的事情，告诉了妲己。妲己一听立刻泪如桃花雨，辩驳道："自古以来，男人误国，皆赖女人之罪，说女人是狐狸精，是祸水，其实，都是无稽之谈。先祖武乙，鞭打天神，射天流血，妖言不起。今杜太师又捏造妖言惑众，欺骗君王。君王若听杜太师之言，就除掉臣妾吧！"说完，掩面痛哭不止。

纣王一看美人伤心落泪，顿觉心疼，安慰妲己，自己不会听信谗言，妲己一听哭得更厉害了，纣王于是下令将杜太师斩首示众，妲己这才破涕为笑。丞相商容接旨之后，哀叹不已。无奈王命如山，于是

将杜太师脱去官服，绑缚午门。大夫梅伯见状，问明事情的原委后，同丞相商容一起到寿仙宫求见纣王。

纣王见商容和梅伯直闯后宫，十分不高兴，道："杜元铣掌管司天，不能尽职，却妖言惑乱军民，紊乱视听，欺君枉上。身为大臣，不想报国酬恩，反而诈言苏侯之女是狐狸精，欲除君王所爱，按律当斩。"

梅伯用尧舜为例，说治国不但要应天顺民，言听文官，计从武将，并且应每日上朝与百官共议治国安民之道，去谗远色。呵斥纣王半载不朝，乐在深宫，朝朝饮宴，夜夜欢淫，不理朝政，不容谏官，听信美人谗言，残害忠良。

纣王见梅伯竟敢教训自己，恼羞成怒，于是就拿梅伯擅闯后宫治罪。

站在纣王身边的妲己听梅伯一口一个妖妇地攻击自己，早气得柳眉倒竖、咬牙切齿了，觉得如果不杀了梅柏，实难消自己的心头之恨，于是谗言纣王，梅伯是假借维护社稷之名，沽名钓誉的死硬派，不能简单地砍头处置，应先上枷锁，关进土牢，再作处置，这样才可以杀一儆百。

于是纣王听从了妲己的话，不但立即给梅伯上枷，送进土牢关押，而且下令斩了杜太师。

丞相商容见纣王盛怒，不可劝说，于是面对纣王跪倒在地，以君王年轻有为，聪明果断，自己已经是残烛之年为由，请求辞官归乡，以度晚年。商容本意是用辞职来提醒纣王，不可诛杀大臣，堵塞谏官言路。没想到，纣王听商容辞职，并不介意，随口就批准了。商容心里顿生悲凉，于是泪流满面，自归故里去了。

炮烙梅伯，众人欷歔

专制制度的显著特征是蔑视人道，将被统治阶级的生命及其载体视若草芥。专制制度的另一特征是，即使是统治阶级的大多数成员，其生命比起最高首领来，也是随时可被剥夺的。

在专制制度之下，肉刑十分受重视，而且花样百出。由于专制制度不能保证各级领导人的素质，尤其是无力保证最高领导人的素质，又无法对其权力进行有效的制约，必然导致政治腐败，君王放纵；而后便是"治乱世用重典"的盛行，在肉刑上再增加恐吓力度，以恐怖、血腥维持统治的苟延残喘。

纣王就正是这样的君王。

朝中的良臣贤士们常常竭力劝谏封王，要他放弃这种荒淫的生活。纣王却根本听不进去，且强词夺理，把劝谏者大骂一顿，但贤良之臣仍不时劝谏纣王。纣王为了封住大臣们的口，使用酷刑警告大臣。纣王宣布了 6 种刑罚，颁行天下，专门镇压所谓以下犯上、图谋不轨、谋反等行为：

一、炮烙之刑：用炭火将铜柱烧红，令犯人爬行柱上，即堕炭上烧死。

二、剖腹之刑：针对女犯人。即将犯人肚腹剖开，其痛苦而不能马上死去。

三、裂刑：剖开胸部，取犯人的心脏、肺脏。

四、殖刑：将人杀死后剁成肉酱。

五、炙：用火烧烤犯人。

六、脯：将犯人杀死，去其内脏，然后风干做成肉干。

当时有不少百姓，仅仅因为说了几句纣王无道的话，传到纣王那里，纣王便立即命人把他们抓来，施以炮烙之刑。纣王还召来诸侯群臣观看这种酷刑，众诸侯大臣吓得目瞪口呆，大气都不敢出。炮烙之刑又改造为用一根黄澄澄的铜柱矗立在地上，在铜柱上涂上油脂，施刑时，由四五个宫奴鞭打着将百姓赶至铜柱边，然后在四周燃起火来，火势渐渐逼近，百姓别无生路，只好攀沿铜柱，向上爬以避火。铜柱上涂有油脂，滑不容手，一爬就掉下来，只好急忙抓着柱子再爬。铜柱逐渐热了起来，百姓哀声惨叫不绝，一直烧到皮焦肉枯，跌在火里，烧成焦炭一团。纣王和妲己看着这些人挣扎哀呼的惨状，用以取乐。

梅伯因向纣王谏言而得罪了妲己，妲己因此怀恨在心，觉得杀了梅伯就太便宜他了。于是进言于纣王道："我大邑商朝，青铜冶铸技艺高超，世人有口皆碑。可令冶铸作坊百工长，铸一铜女柱，放于九间大殿，高2丈，圆8尺。上、中、下用3个火门。火门里烧炭。将那妖言惑众、利口侮君、不遵法度、无事生非者，剥去衣服，用铁索绑缚在铜女柱上，令犯人与铜女柱口对口，脸贴脸，腹挨腹，手脚相合。一声令下，上面火门炭红，犯人口脸先焦。然后中门炭红，烙其五脏六腑，最后下门炭红，四肢尽成灰烬。若治奸猾之臣、沽名钓誉之辈，专事鬼神妖言邪说、侮辱女人为狐狸精者，非此刑不足以缄其口。"

纣王听了，十分高兴，并把此刑具取名为'炮烙'，然后，纣王召侍御官传旨，命冶铸百工长，7日之内造出炮烙刑具，不得有误。

冶铸百工长是商朝青铜冶铸业的长官。青铜冶铸业是商朝手工业中最重要，也是最先进的一个部门。冶铸的青铜器不仅品种、数量繁多，而且工艺水平也相当高超。主要青铜器有礼器、兵器、生产工具和生活用品。

所谓礼器，又叫彝器。冶铸作坊出产的青铜礼器有鼎、鬲、簋、豆、盘、盂以及爵、角、觚、斝、盉、卣、尊、觥等。青铜兵器主要有戈、矛、剑、戟、斧、钺、镞等。生产工具主要有斧、锛、斤、凿、刀、锯、锥、钻、削等，还有铜铙等打击乐器和铜镜等生活用具。

这些青铜器造型生动奇特，刻镂的各种动物和人体浮雕塑像，十分精致美观。其中四羊尊堪称绝世之作。这是一件方肩尊，四角附着四只向外半伸的羊身，羊角蜷曲着。四羊尊的四壁以蟠龙为饰，双角龙头点缀在每两只羊头之间，布局新颖，雕镂精美，别具匠心。此物至今尚存。

冶铸百工长管理的铸铜作坊，总面积10000平方米。从事冶铸的奴隶有上千人。他们用陶质的大口尊、大口缸或草拌泥制成的炼炉，也用一种叫"将军盔"的坩埚来炼铜，这在当时是很先进的。今人根据商代出土的青铜器分析，平均含铜85.94%，锡11.7%，铅0.84%，

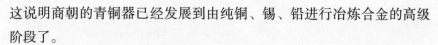

这说明商朝的青铜器已经发展到由纯铜、锡、铅进行冶炼合金的高级阶段了。

冶铸百工长奉命制造铜女柱，不敢迟误。第一道工序就是制模型。先用泥土制成模型，模型经过焙烧以后，再贴泥片进行翻范。2丈高的铜女柱，需要将许多块组合范拼合成一个整体，其技术复杂精巧是可想而知的了。最后一道工序是浇铸。由于铜熔液冷却得快，必须在短时间内一次浇铸完成。铜女柱2丈高，圆8尺，需要800多公斤铜液。一个"将军盔"坩埚，一次只能熔铜12.5公斤，需要70多个"将军盔"坩埚同时熔铜液，如果每个坩埚用4个人操作，光是熔铜液就需300人左右。冶铸百工长指挥着上千人昼夜不停地干，终于在第七日，一次将铜女柱浇铸成功，回旨纣王。

纣王闻报大喜，传命运来九间大殿陈设。届时，纣王携妲己来到九间大殿，文武百官也齐集上殿。只见一个黄澄澄的铜女柱，赤裸裸地立在大殿东侧。身高2丈，腰围8尺。头、胸、臀后有三个火门，两只脚各踏一个轮子，可以推移行动。纣王看了一回，心中高兴，称赞妲己聪慧过人，所想出的刑具，不但神奇美妙，而且可以当作镇国治世之宝，并立刻传旨将梅伯拿来，试行炮烙。不一时，执刑官从牢狱中将梅伯提出，用锁链牵到大殿阶下。文武百官只见梅伯蓬头垢面，浑身泥土，不知为何如此模样。

梅伯见到纣王不但不跪，反而破口大骂纣王昏庸，听信妖妇之言，商朝先王基业，早晚毁于一旦。

纣王大怒，传令左右："炮烙梅伯！"执刑官如狼似虎，剥净梅伯衣服，用铁索将梅伯绑在铜女柱上，梅伯身体各部位对着铜女身体各部位。这时，上门炭火烧起，大扇子扇起风来。不一时，铜女头红了，梅伯的头、嘴、脸也红了。接着，中门、下门炭火依次烧起来，可怜梅伯，由头到脚，皮焦骨酥，顿时化为灰烬。文武百官见梅伯惨死，九间大殿里臭气熏天，人人呃逆，呕吐不止，个个心惊胆寒，卷舌不言。微子启、仲衍、比干、黄飞虎等欷歔哀叹不已。

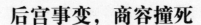

后宫事变，商容撞死

妲己遭训斥，怀恨在心

纣王炮烙梅伯，百官虽然心中愤怒，但是却没有人敢出面谏言了，都唯命是听，纣王耳边清静了许多，自然是十分得意，夸赞妲己想法制造出的铜女炮烙，是治国的奇宝，并在宫中大摆宴席，为妲己庆功。

纣王命人在寿仙宫摆上酒肴，和妲己传觥换斝，笙鼓杂奏，箫管齐鸣，并观看奴隶角斗。有酒有肉，又有美色，并且有奴隶角斗给自己观看，纣王心中自然是无比惬意，不知不觉就夜深人静了。一阵晚风，把钟鼓乐声传到中宫。中宫姜王后，是东伯侯姜桓楚的女儿，纣王的原配。有两个儿子，大儿子名叫殷郊，已经立为东宫王储，小儿子叫殷洪，年纪还不大。

西宫黄妃，是黄飞虎的妹妹，纣王即位商王之后纳的妃子，膝下还没有子嗣。姜王后听到钟鼓乐声，询问侍女，何处深更半夜地在鼓乐不息，侍女回禀说是君王与苏美人在寿仙宫饮宴还没有散席。

姜王听了之后，心里十分愤怒，心想自从妲己进宫之后，商王就很少来中宫了，最近又听闻炮烙梅伯，想必一定是妲己那贱人引诱君王肆行无道，越想越觉得妲己是个十足的祸害，于是便命宫女挑灯引路，自己朝着寿仙宫奔去了。

这个时候，纣王已喝得醉意蒙眬，两眼眸斜，倚躺在床上。见姜王后夜半来到，不知何事，但也十分难得，于是命妲己歌舞一曲助兴。

姜皇后坐下之后，一句话也不说。妲己走上前给姜皇后行礼。然后便轻舒两袖，霓裳摆动，旋转起舞，香风鼓起罗裙，令人眼花缭乱；下腰如春风折弯杨柳，袅娜多姿，看得人赏心悦目。钟鼓管弦齐奏，妲己又展歌喉，清音徐吐，甜润清亮，使人耳目一新，如醉如痴。纣王听得悦耳，看得兴起，拍着手只管叫好，不知不觉又喝了三大斝酒。

妲己舞罢歌停，宫娥侍女附和纣王一齐喝彩。姜王后却视而不见，充耳不闻，表情十分的不高兴。

纣王见妲己歌舞如此美妙，大加赞赏，转过头但见姜王后面无表情地坐着，心中十分不高兴，于是便询问姜王后观看了妲己的歌舞之后为何还表现出闷闷不乐的表情。

姜王后闻言离座，跪在地上，陈述君王之道，责怪商王整日荒淫酒色，不理朝政，并且听信妇人之言，炮烙朝中忠贞的大臣，希望纣王改过自新，能够亲近良臣，远离美色，罢歌舞，戒酗酒，勤理朝政，不要把聪明才智用在歪门邪道上。然后起身拂袖离去。

纣王一听又有一个人教训自己，心中十分的不耐烦，又见姜王后拂袖而去，十分恼怒，骂姜后不识抬举，自己令苏美人为她歌舞取乐，她不但不感谢，反而说三道四，心想如果姜皇后不是中宫，必定用金瓜击死，以泄心中的愤怒。然后又命妲己歌舞。

妲己却跪在地上，流着眼泪不肯歌舞，纣王问其原因，妲己声泪俱下地说自己担负不起误国的罪名，再行歌舞，一定会遭到姜后谴责。

纣王听妲己一席话，恼上加怒，劝慰妲己不必多忧虑，只要好好地伺候自己，明日便废除姜王后，立妲己为王后。

妲己听了之后，破涕为笑，然后便又高歌曼舞起来，通宵达旦不息。

姜王后离开寿仙宫，回到中宫，耳中鼓乐声还是没有停止，思前想后，不能入眠，坐到天明，天刚一亮，就传令让各宫妃朝见中宫。西宫黄妃早到，给姜后行礼之后，正要与姜后说话，这时宫女禀报妲己前来觐见。

姜王后听见妲己觐见，于是便停住谈话，宣见妲己。妲己进宫之后，向姜王后施礼朝拜，然后又拜向黄妃，黄妃"哼"了一声，不再理会妲己。

姜王后责怪妲己，自入宫后，与君王在寿仙宫不分昼夜地淫乐，借助自己的容貌，花言巧语，迷惑圣聪，使其沉迷酒色，诛杀大臣。如果以后痛改前非，引导国君走回正道，便保其无事，否则便以中宫之法处置。然后才让妲己退下。

妲己忍气吞声地听着姜王后教训，满脸羞臊，郁郁不乐地回到寿仙宫，怎么也咽不下这口恶气。于是，妲己便密召费仲进寿仙宫，让左右的侍女都退下，让费仲为她出谋划策除掉姜王后。

费仲见妲己有这想法，不禁吓出一身冷汗，站立不稳。妲己便以高官厚禄诱惑费仲，费仲想了想，以回去考虑为由，辞别了妲己。

回到府中之后，费仲魂不守舍，越想越怕。那姜王后是轻易能除得了的吗？姜王后的父亲姜桓楚，坐镇东鲁，手下猛将如云，雄兵百万。姜王后的兄长姜文焕勇冠三军，有万夫不当之勇，这件事情事关重大，如果有一点差错，自己就死无葬身之地了。然而常言说，官大一级压死人，枕边风吹死人。如果不遵苏美人旨意去办，她必定会怀恨在心，在纣王耳边吹风，自己就会受炮烙之刑，真是左右为难，不知如何是好。费仲紧锁双眉，一连三天，茶饭不思，坐立不安，如芒刺在背，终日欷歔不已，但是却毫无办法。从前室走到后室，在正屋里徘徊的时候，猛然抬头，见护院姜环正在督工劈柴，想出了一个计谋，于是把姜环叫到大厅。

姜环是费仲收养的心腹爪牙，膀阔腰圆，力气大，并且十分勇敢。曾经因为斗殴伤人，被抓进牢房，费仲见他勇猛，就把他救出来让他为自己护院。姜环进屋之后，费仲便问姜环自己待他如何，姜环自然说费仲待他恩重如山，如果有什么需求，自己一定赴汤蹈火在所不辞。

费仲便附在姜环耳朵边密语一番，并嘱咐这件事情关系重大，无论如何不能走漏风声。并保证如果事情成功了，自己一定保证姜环荣华富贵享用不尽，于是姜环便按费仲的话，制造了一个悲剧。

后宫事变，姜王后遭挖双目

姐己在寿仙宫侍奉纣王，淫乐嬉戏，变着花样玩耍。姐己身心并用，献媚撒娇，施展浑身解数，吸引取悦纣王。在纣王兴奋的时候，姐己一改往日的态度，十分严肃地说："君王迷恋妾身，已数月不曾临朝了，愿君王听妾良言，明日临朝议事，以应文武百官之望。"

纣王听了，将姐己抱在怀里，仔细审视一回，觉得姐己不但生得美，更有贤妃圣后之德，于是决定临朝听政，以报答姐己的美意。

第二天，纣王早早起床，传旨上朝。左右侍卫护驾，红灯高挑，香炉升烟，鸣锣开道，出寿仙宫、过龙德殿，拐弯抹角，来到分宫楼下，正走之间，楼角处蹿出一人，披头散发，手执青铜斧钺，像饿虎扑食一样，直奔纣王，举钺就向纣王劈去。

纣王大惊，早有侍卫等用戟矛架住斧钺，一拥上前，七手八脚地将刺客拿住，绳缠萦绕，五花大绑，拖到九间大殿门外，等候发落。

纣王又气又恼，一进九间大殿便怒气冲冲地斥责比干和武成王黄飞虎，宫中守卫安排不严，让自己路遇刺客，受到惊吓。

黄飞虎主管朝歌守卫，平时都是亲自巡察防卫，并没有发现有奸细之类的人闯入，心想莫非宫中有人作乱不成？

比干也赶紧走上前去劝慰商王不要动怒，一定把此事查个水落石出。商王此时已经十分生气了，这时费仲自告奋勇，力言一定为纣王把此事勘问清楚，以报君王平日的宠信之恩，于是纣王便准许了。

费仲遵旨之后，走出大殿，就地审讯，没有用刑便审问出刺客的姓名乃姜环，因纣王宠爱姐己，荒于酒色，姜王后曾谏言不听，怀恨在心。于是便令他伺机行刺，事成后王储继位，封其高官厚禄。

记下供词之后，费仲进殿回旨，百官静听原委，费仲却故意迟迟不说，等到纣王问起，装作惶恐的样子，跪在地上道："此事关系重大，君王赦臣无罪才敢说。"

纣王性急，于是赦免费仲无罪，要他如实回答。

于是费仲便按事前安排好的话，告诉纣王刺客叫姜环，是东伯侯姜桓楚的家将，潜在姜王后中宫已经多时，受姜王后指使，意在此机行事，行刺商王，以侵夺王位，立王储殷郊为商王，姜王后垂政，姜桓楚为丞相。幸亏君王受皇天祖宗庇佑，洪福齐天，擒住了刺客，谋逆才得以败露。

纣王听完之后，气得大发雷霆，不但传旨废除中宫姜后，而且令西宫黄妃严刑勘问回旨。然后非常恼怒地退了朝，奔回了寿仙宫。众文武百官都议论纷纷，都觉得事出蹊跷，真假难辨，都不敢离朝散去。

圣旨传到中宫，姜王后如五雷轰顶一般，悲声不绝，连呼："冤枉、冤枉！是哪个奸贼生事，陷我于不赦之罪？可怜我入宫数载，侍奉纣王，生儿育女，克勤克俭，不敢怠慢，哪有半点谋逆之心啊？"

西宫黄妃见了姜后也觉得事情蹊跷，无奈君王执意说王后派姜环刺君，奉旨勘问，虽然觉得不合情理，有失夫妻情意，但也不得不执行。

姜后之父官居极品，位在三公之上。儿子已经是储君。即便再蠢，也不至于刺杀君王，做出这样大逆不道的事情吧，明眼人一看就知道这是陷害，另有阴谋。

妲己对这事情当然是心知肚明的，于是一边迷惑纣王，一边煽风点火，说姜皇后目无尊卑，仗着家族势力不把纣王放在眼里，要纣王杀之以绝后患。

黄妃调查多日，觉得这定是有人陷害，姜后服侍纣王多年，贤德贞淑，并没有过错，姜后的父亲贵为当朝重臣，儿子又是未来的储君，如此这样，有什么理由弑杀君王呢？就算是一个笨到极点的人也不会做出如此愚蠢的事情来，何况是从小有着良好教养的姜后呢？于是向商王禀告，希望能够详查，还姜后一个清白。纣王听了黄妃的分析，觉得也不是没有道理。

妲己害怕纣王听信黄妃的话，彻查此事，发现漏洞，更重要的是，不除去姜后，自己就要永远活在她的统治之下，过着屈辱的生活，于是便告诉纣王不要被姜后的温柔外表给迷惑了，如果谋杀君王的计划成功了，事成之后对姜氏一族的利益非同小可，事情现在败露了，他

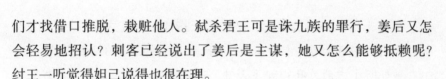

们才找借口推脱，栽赃他人。弑杀君王可是诛九族的罪行，姜后又怎会轻易地招认？刺客已经说出了姜后是主谋，她又怎么能够抵赖呢？纣王一听觉得妲己说得也很在理。

黄妃竭力地为姜后辩解，告诉商王王后是君王原配，后宫至尊，万姓国母。自古以来三皇五帝都不会诛杀自己的原配，即使有大错，也不过是贬谪而已。哪有对未来天子的母亲宫中行刑、谋害的道理呢？

妲己见黄妃将矛头对着自己，恨得咬牙切齿，恨不得连黄妃也除掉，于是再进谗言，说："商朝自从先祖成汤定刑法以来，君王尚且不能够谋私，胡作非为，何况是王后呢？刑法是治罪的最好武器，如果黄妃不是与姜氏串通同党，就应该施用刑罚。而眼睛是心灵的窗口，心中所想，眼睛必然流露。如若挖去姜后的双目，她必然会十分惧怕，如果她惧怕那么自然就会供出实情。"

纣王觉得主意很好，于是便命令黄妃再次去审。

黄妃又气又急，见到姜后之后泣不成声，告诉姜后，妲己在商王面前进言，如果不招供，便要挖去一只眼睛，黄妃含泪劝说姜氏低头认罪，以免受挖目之痛。

姜后听了之后，虽然觉得委屈，但是觉得如果自己冒认谋逆弑君之罪，就会陷自己的父亲于不忠不义，让自己的儿子无颜做好未来的君王，被人们所不齿，于是誓死不认。

这时，刚好传旨官又来催问黄妃，为了不为难黄妃，姜后摘下头上的玉簪，挖出一只眼睛，投在玉盘之中，血染衣裳昏死过去了。

黄妃悲痛交集，一面叫人扶着姜后，一面让传旨官捧着一只血淋淋的眼睛，到寿仙宫见纣王。纣王看见玉盘中姜后的眼睛，尽管血水淋漓，但是眸子还在闪动，不禁想起姜氏平日那一湾清水、满目秋波来，心中十分不忍。

虽然如此，但是事情已经到了难以回头的地步了，如果不让姜后招认，那么满朝文武就会知道是自己诬害了姜后，这让自己还怎么立足于朝堂呢？于是再次询问妲己，如何才能让姜后招供。

妲己铁了心要置姜后于死地，于是说："可用一青铜炉，内设十孔，可容十指。炉内放炭火，把姜氏十指插于十孔之中，她若不招，煽红炭火，炮烙十指。十指连心，姜氏痛苦难熬，不怕她不招供。"

黄妃听了之后，吓得魂飞天外，连忙跪地求饶，劝说商王挖去姜后的眼睛已经铸成了大错，不能一错再错。纣王却不理会黄妃，而是让黄妃按照妲己的话去做。

黄妃急忙去见姜后，把纣王与妲己说的话，说给姜后听。姜后听了之后血泪满面，说不清的委屈，这时行刑官已经来到中宫，姜后拒不招认，于是行刑官便炮烙姜后的十指。姜王后手焦骨枯，十指生烟，不一会儿便昏死在地。

中宫变乱，早有人报信给王储殷郊、殿下殷洪。兄弟俩正在下棋，听说母亲惨遭酷刑，摔了棋子，跑去跪在地上哭泣。姜王后听到儿子的哭声，大叫："吾儿替娘报仇，申冤雪恨……"话还没有说完，便哽咽气绝。

王储殷郊见母亲气绝身亡，拔出青铜剑，誓言一定要杀死妲己，为母亲报仇。这时，纣王与妲己在寿仙宫等人回旨，但等了很久却不见黄妃回话，却看见侍卫晁田、晁雷慌忙闯入宫来，告诉纣王，王储正拿着剑闯入了寿仙宫，要杀妲己，为母亲报仇。

纣王一听十分愤怒，命令晁田、晁雷去取他们首级。这时候，殷郊、殷洪正在西宫。黄妃告诉他们皇宫不适合他们继续待下去了，让他们速速离开。

黄妃把王子送走之后，觉得十分悲伤，不知道将来的处境又是怎样，想到绝处，心一横，牙一咬，悬梁自缢了。晁田、晁雷搜到西宫，没有找到王子，却见黄妃吊死在梁上，慌忙跑回去禀告纣王。

纣王听说黄妃自缢身亡，毕竟也是夫妻一场，于是命人用棺椁盛殓安葬。然后命令晁田、晁雷二人去九间大殿擒获两个逆子，就地正法。这时，殷郊、殷洪正在九间大殿，向文武百官哭诉自己的母后因受刑而身亡，以及纣王派晁田、晁雷追杀的经过。

殷郊求文武百官、王公国戚做主，帮助他们兄弟两个。

武成王黄飞虎觉得，王后不清不白而死，王储又面临不保的处境，自己如果坐视不管，就枉为人臣，于是建议百官鸣鼓，请出商王议政，以保住王子平安无事。

大夫杨任却不赞同了，他说："君不正，邪佞生。近来，纣王斩杜元铣、炮烙梅伯，今又诛妻灭子，一意孤行。我等凭口舌进谏，必无济于事。"

微子、箕子、比干等一朝文武听杨任一说，人人长吁短叹，都无计可施。九间大殿里，空气像是凝固了一样，令人窒息。

这时候有人高呼喊叫："纣王失政，尔等何故作儿女之态？待我等保王储去东鲁借兵，除了昏君吧！"话还没有说完，两个彪形大汉抢过殷郊、殷洪，背起便走。这两个人原来是镇殿大将军方弼、方相二人。

等待晁田、晁雷赶到九间大殿时，方弼、方相已经背着王子逃出朝歌东门了。晁田、晁雷空手而回。纣王十分愤怒，命令速速前去捉拿，无论如何也要把他们抓住。晁田说："方弼兄弟力大无比，勇猛异常，我两人怎是他的对手。臣举荐武成王黄飞虎，可以济事。"纣王于是传旨，命令黄飞虎带兵速去追拿方弼、方相及殷郊、殷洪。黄飞虎领旨之后，也没有带兵将，一个人出九间大殿，快马加鞭跑出朝歌东门去了。

方弼、方相分别背着殷郊、殷洪，一口气跑出20多里路，正想要坐下来休息，却被黄飞虎赶上。殷郊、殷洪看见黄飞虎立马跪在地上，诉说自己母亲的不白之冤，父皇听信妲己这个妖女的谗言，不辨是非，希望武成王发慈悲之心，网开一面。方弼、方相也乞求武成王不要伤害殷郊、殷洪两兄弟，愿意以首级赎罪。

黄飞虎考虑再三，实在不忍心，于是解下腰里的盘缠，命殷郊、殷洪两兄弟去找老丞相商容想办法吧。

黄飞虎回到朝歌复旨，撒谎说自己追出城70多里，遇到了三岔路口，不知道他们从哪里逃了，怕商王着急，于是赶紧回来复命了。纣王一听没有捉到逆子，于是又给黄飞虎派了殷破败、雷开两名将领和300骑兵，要求日夜兼程地捉拿他们兄弟二人。

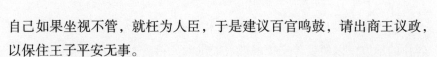

黄飞虎回到府里之后，急忙叫来家将黄仁，火速地赶往老丞相商容住的地方，以便妥善安排殷郊、殷洪两兄弟。

黄仁走了之后，又过了两个时辰左右，黄飞虎才调集老弱病残300骑兵，叫殷破败、雷开去捉拿方弼、方相和王子，殷破败、雷开领命出城去了。

商容撞柱而死

方弼、方相保护着两位王子，沿小路向东奔走，太阳已落西山的时候，来到一个村庄，看见一个须发全白的老人，扛着锄头正要归家。殷郊认得是这人正是老丞相商容，赶快上前施礼，商容觉得奇怪，两个王子怎么跑到这里来了呢？

殷郊从头到尾将后宫变故细说一遍。商容顿时感到悲伤，然后安慰两个王子，自己明日就进宫面见商王，求个公道，然后领殷郊他们一帮人进府里，安排他们吃住。

商容与殷郊等正吃饭的时候，黄仁满头大汗，上气不接下气地跑进府说：“武成王传话老丞相，殷破败、雷开领300骑兵星夜赶来捉拿储君。请老丞相速做安置。”

众人都大惊失色，不知道怎么办才好。商容对于商王的无知感到十分悲痛，命令方弼、方相二人分别保护两个王子，殷郊投奔东伯侯姜桓楚，殷洪投奔南伯侯鄂崇禹，然后要他们分别告诉东伯侯姜桓楚、南伯侯鄂崇禹，调两路人马，送储君回朝，锄奸洗冤。然后自己回到书房写了一折奏书。

殷破败、雷开带着老弱残兵，虽说是骑着马，但是却非常缓慢，到第二天清晨，才追到丞相商容府第。等他们到达的时候，两个王子早已经走了，商容自觉愧对先皇的嘱托，于是要求跟随殷破败、雷开进城回旨，殷破败、雷开无奈，只好带商容回城复命。

文武百官看见商容归来，不禁走上前去询问情况。商容责怪众臣，眼看纣王失政、荒淫昏乱，却不加阻止，不进忠言，当为朝廷着想。

比干说：“太师闻仲北征袁福通去了。余等在朝，皆因纣王与妲己日夜在寿仙宫，不理朝政，有事传旨，君门万里，难得面谏。”

商容一听，摇头叹息，心想自己蒙受先帝之恩，如不能够进忠言，实在是难报先王在天之灵。然后命令执殿官鸣钟击鼓，声音响彻宫殿上下。

纣王这时在寿仙宫，因为后宫的事情而烦恼，听见催鼓临朝，十分不高兴，起驾上殿。见商容身着白色麻衣，腰系麻绳，跪在地上。纣王见是自己早已批准归故里颐养天年的商容，十分不高兴，一般臣子没有君王的召见，是不能够擅自闯入王宫的。

商容作为忠良之臣，早已经顾不得个人生死了，见纣王到来，双手呈上自己赶写的奏章，只见写道：

臣商容具奏：为朝廷失政，三纲尽绝，伦常乖僻，社稷颠危，祸乱滋生，隐忧百出。臣闻，君王以道治国，以德治民，克勤克俭，毋敢荒怠，祭祀上帝，孝敬祖宗，国家社稷才能安稳。想初即位时，勤政忧民，内外整肃，咸加四海，九州宾服，真可与尧舜相比。不意君王近来不修政道，沉溺酒色，昼夜淫乐，信妲己害后宫，杀储君而绝先王宗嗣，毫无仁爱之心；忠正直言者，竟遭炮烙惨刑，全无君臣之义。步夏桀后尘，商朝基业将毁于一旦矣。臣不避斧钺之诛，进逆耳忠言，请君王速诛妲己于宫中，申姜王后不白之冤，赦储君回朝，斩奸邪于市，吊忠谏惨刑酷死之魂，拨乱反正，清肃后宫，整饬朝纲。诚如是，文武欢心，百姓仰服，商朝基业稳如泰山，老臣虽死而犹生。

纣王见商容在奏章上大肆地说自己无道，十分愤怒，把奏章摔在地上，喝令武士将商容推出去，金瓜击顶。商容是先王器重的人物，极受先王的尊重和赏识，哪曾受到过这样的屈辱啊？这样的处置法显然是对自己的一种侮辱，于是手指纣王，大骂一番，感叹先王创下的几百年基业，成汤锦绣江山，就要断送在这无道昏君手里了。

纣王听到商容当着文武百官的面骂自己，更加恼怒，立即喝令武士拖出求以炮烙治商容的罪，没有想到的是，商容一头撞在大殿石柱之上，脑浆崩裂而死。尽管这样，商王觉得还是不解心头之恨，于是

命令武士将商容的尸体拖出去，抛到荒郊野外，这才拂袖离开了宫殿。

正当纣王要散朝回宫的时候，班中大夫赵启觉得如果自己做贪生怕死之徒，有负商朝衣食俸禄，于是进言纣王，说："昔成汤神圣，尚用伊尹；武丁聪明，尚用傅说。今君王自恃才能，奋私智，杀谏官，绝丞相，爱美人，弃原配，贪淫乐，坏朝政，上辱祖宗，下绝民望，不配人君。"

纣王认为自己身为一国之君，应该主宰世界，而这些大臣却屡次以下犯上，心中的怒火早已经无法控制，不等赵启把话说完，便命人剥去了赵启的衣冠，绑在铜女柱上，点燃上中下三个火门，不大一会儿，赵启便筋断皮焦，骨消肉化，九间殿内烟飞气臭。大臣们见了，吓得魂飞魄散，个个惶恐不安。

在商代国家制度中，占统治地位的是以商王为中心的奴隶主贵族的集权专制统治。到帝辛即位以后，王权得到了强化，达到了商王一人独裁垄断的程度，虽有贵族百官议事会和国人大会，也只是王权的工具而已。因此，随着纣王权力的强化，他的脾气也越来越大，喜怒哀乐都决定着人们的死活。

纣王眼见炮烙了赵启，这才觉得消了气，于是便当众宣布，册立妲己为中宫王后。

大臣们才看过赵启被炮烙的场景，谁也没有胆量再去进言阻止，只好附和纣王英明。纣王这才觉得满意，离开了宫殿。

商朝服饰

重用邪佞，诛杀贤能

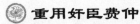

重用奸臣费仲

　　大凡一项决策出台，百姓只见举措实施，但是却并不知道商王做出的每项决策都不是在大殿上和大臣们商议而做出的决定，而是在同姐己在后宫饮酒作乐的时候，甚至是在床上嬉戏的时候便做出了事关重大的决策。

　　纣王从九间大殿回到寿仙宫的时候，姐己是满面春风，纣王把自己封姐己为中宫王后的事情告诉了姐己，姐己一听顿时欣喜若狂，心想自己终于取得了后宫统治的地位，为保全自己争得了第一步。

　　商纣王虽是性情残暴，荒淫无道，但他也是一个谋略家、政治家，据正史记载，商纣王博闻广见、思维敏捷、身材高大、膂力过人，刚继正统时，国家一片慌乱，纣王继位后，重视农桑，社会生产力发展，国力强盛。由此看来他并不是一个只会吃喝玩乐的庸人。

　　纣王虽然宠爱姐己，但是朝中大部分臣子都视姐己为妖女，恨不得立马除掉。加上每日姐己在纣王耳边煽风点火，说朝中大部分的大臣都是些装腔作势的小人，名义上是为国家打算，实际上都是为了自己利益着想。实际上姐己也另有打算，虽然自己已经贵为皇后，但是朝中势力大都不属于自己掌控，她的企图很明显，希望纣王在朝中培植一些党羽来支撑她的地位。

　　但纣王显然就不是这么妇人之见了，朝中大臣对于他立姐己为后无一人反对，这还是他能够掌控的，他唯一放心不下的是四方诸侯，四大诸侯统御四方多年，势力根深蒂固，一旦他们拥兵自重，那后果可是不堪设想的，特别是东伯姜桓楚，如果知道了姜后含冤而死，勾结各路的诸侯，起兵造反，杀到朝歌来，那就不好办了。

姐己虽然不懂这么多朝中的事情，但是她却知道谁会给自己带来利益，于是她向纣王推举了费仲，说费仲是一个出谋划策的良士，纣王一听立刻召见了费仲。

纣王告诉费仲自己刚刚册立姐己为后，但是害怕四方诸侯不服，拥兵造反，问费仲有什么好的主意。

这时费仲就出了一个馊主意。什么馊主意呢？他要纣王以议政的名义下旨，召集四镇大侯伯，然后把四镇大侯伯骗进朝歌，全部给杀了，如果四个镇侯伯都死了，他们的下属就会群龙无首，就没有人敢在猖狂闹事了，这样一来纣王便可以安稳地坐自己的江山了。

纣王听了费仲的话，赞赏姐己有眼光，找了这么一位智囊，然后立刻发了四道密旨，亲自点了四个使官，分别往东西南北四方，召集姜桓楚、鄂崇禹、姬昌、崇侯虎等进朝歌商议政事。

就是因为这个馊主意，从此种下了祸乱的种子，生出许多的是是非非来。

各诸侯驿馆畅饮

在商朝，"百僚庶尹"事在朝廷，黄尹、咸戊、师盘、雀、亘、郭以及贞人、卜人是古文献上所讲的"内服"。"邦伯师长"如侯虎、攸侯、先侯、周侯、竹侯、井伯、易伯、于方伯等是古文献上所讲的"外服"。

在所有"外服"的诸侯中，东伯侯姜桓楚、南伯侯鄂崇禹、西伯侯姬昌、北伯侯崇侯虎四镇诸侯势力最大，他们对纣王的反叛或服从，决定着商朝的统治。纣王是个聪明人，他深知外服诸侯的重要，必须把他们牢牢地控制住，顺我者昌，逆我者亡。纣王对诸侯采用的是强硬的武力征伐政策。

东鲁毗邻东海，十分富裕，东伯侯姜桓楚是商纣天下八百镇诸侯之首，贵为国丈，享受着无比尊荣，为人正直、刚强。是纣王的元配夫人姜王后的父亲，总镇东鲁二百路的诸侯。

西伯侯姬昌为人忠直，驻守西岐，西邻幅员辽阔的高地草原，凶蛮的戎狄人曾在那里出没，经西伯侯的数度征讨，戎狄大部已经西迁。势力也是相当强大。

北海是崇侯虎的封地，而崇侯虎为人骄奢淫逸，又百般讨好纣王，北海人在其统治下生活得十分艰辛。然而，崇侯虎胞弟崇黑虎却为人方正，对于兄长的作为，他已是劝说多次，但是兄长总是不理会他。兄弟之间存在着很大的隔阂。

南疆人自给自足，再加上鄂崇禹的治理，南疆人生活得比较顺心。南疆人一向淳朴并且齐心，鄂崇禹为人城府很深，妲己入朝他早已经听说，朝野的变化他也只是静观，并不多说。

接到纣王的密诏后，四个诸侯都来到了朝歌的驿馆休息，诸侯相见客套是避免不了的，于是便摆酒宴，叙家常。由于西岐路途不但遥远，而且难走，所以姬昌最后才到，见三个诸侯已经到了，便爽朗地自罚了三杯。四个人在一起说说笑笑的。没过多久便已经是醉意朦胧了。

南伯侯鄂崇禹是个心直口快、疾恶如仇的人，平日里他就与崇侯虎不和，借着酒兴，说崇侯虎借扩建大邑商的机会，剥削百姓，并且和费仲这种小人勾结。

崇侯虎听了之后，气得七窍生烟，觉得自己也是四大诸侯之一，大家都是平起平坐的，他有什么资格教训自己呢？

姬昌怕因此再挑起事端，赶紧劝慰崇侯虎说："自古道：'有则改之，无则加勉。'鄂侯的忠告虽然逆耳，实则是为你好。你不感激，反而怪罪他人，是不知礼也。"

崇侯虎听姬昌也这样说自己，一肚子闷气，没想到的是，鄂崇禹拿起盛酒用的鸮樽，朝自己的脸砸了过来，鸮樽是用青铜铸造的，外

第二章　无道暴君数纣王

形虽然像鸮，有脚也有翅膀，但是边缘却十分锋利，刚好砸在崇侯虎的鼻子上，不一会儿就血流如注了。崇侯虎哪里咽得下这口气啊，抓住鄂崇禹就开始打。

东伯侯姜桓楚责怪他们两个，在朝中喝酒闹事，没有一点诸侯的样子，崇侯虎知道自己没有人缘，只好自认倒霉，捂着鼻子休息去了。

剩下的三位侯伯，把酒席重新整理了一下，又喝了起来。

在商朝，不但纣王能喝酒，上到诸侯下到平民，几乎没有不会喝的。三个人边喝边谈论，不知道纣王那么着急召集他们入朝有什么事情？驿馆中一人看见三人喝得热闹，叹息一声说："可惜没有明日了。"

西伯侯姬昌正在喝酒，但却听得明明白白的，大声地问谁在说话，但是却没有人回应。

姬昌于是就命将领把驿馆中人统统都给推出去杀了，大家都连连叫苦，只好说出刚才那话是刘九说的。姬昌把其他的侍从和酒奴都遣走，把刘九留下，细问为什么刘九要说那样的话，如果要是不说实话，就推出去给杀了。刘九这个人，胆子非常小，于是便把自己听到的后宫的事情详细地说了一遍。东伯侯姜桓楚听完之后，知道自己女儿被纣王冤死，气得当场就口吐鲜血，昏倒在地。

姬昌和鄂崇禹急忙把姜桓楚救起，并商议各自写一个奏本，等到面见纣王的时候，为姜王后讨一个公道。

东南伯侯惨死，姬昌被囚

纣王知道四大诸侯应诏来到了朝歌，第二天便早早地升殿，文武百官以及四大诸侯都前去拜见。

纣王一见姜桓楚，便开始问罪，姜桓楚自然不认了，自己坐镇东方，平日里奉公守法，有什么罪呢？

他自己反而有一肚子的话要问纣王，为何要杀害自己的女儿，炮烙忠良的贤士，逼得自己的外孙无处可逃？

姜桓楚把自己的奏章呈上去，希望讨一个说法，纣王看也不看，就把奏本摔在地上，并责骂姜桓楚和姜王后私底下串通企图谋杀君王，并说人证物证俱全，这种大逆不道的罪可以诛九族了，说着命令武士把姜桓楚拖出去杀了。

西伯侯姬昌、南伯侯鄂崇禹、北伯崇侯虎一看，急忙阻止，递上自己的奏章，希望商王明察实情，姜桓楚并没有教唆自己的女儿弑杀君王。纣王存心要杀各路诸侯，哪还有心思看他们奏本？

亚相比干说："君为臣之首脑，臣为君之耳弓。君王不看臣本，即行处置，是谓虐臣。虐待臣下，文武百官不服，君臣之道绝矣。乞君王看本再议。"说着转上奏本。

纣王无奈，只得看本，只见姬昌、鄂崇禹、崇侯虎联名奏道：

臣等闻圣王治天下，务实勤政，不事台榭坡池，亲贤远奸，不沉湎酒色，唯敬天修德，拱手而天下太平，万民乐业。今君王青年得志，即位以来，未闻美举，怠惰朝政，信谗远贤，沉溺酒色。姜后贤淑有礼，并不失德，却无辜受酷刑身亡；妲己凭姿色惑君，反宠立正宫。屈斩太史，有失司天，刑杀大臣，有失股肱。造炮烙杜忠谏之口，信谗言杀子不慈。臣等乞君王贬费仲、恶来，斩妲己，庶几天心可回，万民可安。否则，亡国无日矣。臣等不避斧钺之诛，冒死直谏，乞君王纳谏。

纣王看了之后，觉得他们实在是不像话到了极点，喝令武士把其他三个诸侯也捆绑起来，一起杀了。

恶来觉得四个诸侯触犯了君威，罪不可赦，应该杀一儆百。恶来同他的父亲一样，虽然都属于那种才干突出的人，但只知忠于君王，是个不知黑白、不辨是非对错的人

费仲这时候急忙上前去，极力保崇侯虎，说崇侯虎一直对商王忠心耿耿，为商王卖力，今天之所以犯糊涂和其他三人一起联名奏本，不过是随帮唱影，不是出于内心。君王如果把自己的心腹与乱党一同看待，那以后就再也没有人为君王效力了。

纣王见费仲保赦崇侯虎，于是就赦免了崇侯虎的罪行。

文武百官见纣王特赦崇侯虎，比干、黄飞虎、微子、箕子、仲衍等一帮忠臣，不能眼睁睁地看着商王把国家的大臣都给杀了啊，一来

大臣是君王的左膀右臂，割断了左膀右臂，也不利于国家的发展，况且这些大臣都辅佐过先王，为商朝江山立下过汗马功劳；二来三方诸侯势力根深蒂固，若是杀了这几个诸侯，诸侯之子领兵造反，引起征战，人民必定处于水深火热之中。

纣王也是考虑到如果诸侯的儿子们勾结起来，攻打朝歌，自己便没有安静的日子过了，又见比干、黄飞虎、微子、箕子、仲衍等人跪在地上，于是便赦免姬昌不死，把他囚禁在朝歌。

但为了发泄心中怒火，纣王不顾众人的劝说下旨处置了鄂崇禹和姜桓楚，鄂崇禹是直接人头落地，因为纣王对姜桓楚十分痛恨，下令把他手脚钉在砧板上，由刀斧手乱刀齐下，像剁饺子馅一般，将东伯侯剁成了肉酱，这种酷刑名叫"醢尸"。东伯侯姜桓楚功高两朝，遭到如此的酷刑，南伯侯鄂崇禹正直贤能，无辜就被杀了，自然是激起了各路诸侯的不满。从这以后，东、南反叛，战争不断，国家就没有过过安静的日子了。

东南叛乱，纣王东征

得知死讯，其子反叛

纣王杀了南伯侯鄂崇禹、东伯侯姜桓楚，囚禁了西伯侯姬昌之后，认为从此以后"外服"再也没有忧患了，自己可以江山稳坐了，于是便在寿仙宫和妲己饮酒作乐。却不知朝中文武百官都在背后议论，朝廷腐败，君王昏庸，必定会引来臣子造反。

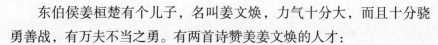

东伯侯姜桓楚有个儿子，名叫姜文焕，力气十分大，而且十分骁勇善战，有万夫不当之勇。有两首诗赞美姜文焕的人才：

顶上盔，朱缨灿；龟背甲，金光烂。大红袍上绣团龙，护心宝镜光华现。腰间宝带扣丝蛮，鞍傍箭插如云雁。打将鞭，吴钩剑，杀人如草心无间。马上横提斩将刀，坐下龙驹追紫电。铜心铁胆东伯侯，保周灭纣姜文焕。

顶上盔，攒六瓣；黄金甲，锁子绊；大红袍，团龙贯；护心镜，精光焕；白玉带，玲花献；勒甲绦，飘红焰；虎眼鞭，龙尾半；方楞铜，宾铁煅；胭脂马，毛如彪；斩将刀，如飞电。千战千赢东伯侯，文焕姓姜千古赞。

姜桓楚被纣王召去朝歌之后，姜文焕一直坐镇东鲁，但是心里却十分不安，坐卧不宁，不知道父亲这次去朝见纣王是凶是吉，心中十分烦闷，便带领一队人马出了城门，去了西郊狩猎，以此来排除心中烦闷。来到郊野之后，姜文焕发现一只野鹿，野鹿看见有人立刻钻进了树林，一下子跑得无影无踪了。姜文焕在马上，四处张望，忽然见有人从树林中钻了出来。

姜文焕仔细一看，这个人满脸的灰尘，衣衫也十分破烂。再一看才知道是自己的外甥殷郊和方弼。姜文焕立刻下马，向殷郊施礼，并询问发生了什么事情，怎么沦落到如此模样。

殷郊认出是姜文焕，立刻放声大哭了起来，把商王听信妲己谗言、诬陷自己母亲的事情一一跟姜文焕说了。

殷郊说完之后，又开始大哭起来。姜文焕听了之后，气得牙咬得直响，感叹姐姐贤德能干，与纣王乃是结发夫妻，从来没有犯过错，没想到纣王听信妲己的谗言，杀了姐姐，心中暗暗发誓一定要为姐姐讨回一个公道。

想到这里，姜文焕才想起，自己的父亲去了朝歌也迟迟没有回来，恐怕也是凶多吉少了，于是赶紧携带殷郊和方弼回府去了。这时候姜桓楚的随行家将闯进了议事堂，一见姜文焕和东鲁文武百官，便开始放声大哭，并说了南伯侯被斩首，老侯爷也被纣王"醢尸"而死

的事情。

这一句话说出，东鲁文武全都目瞪口呆，姜文焕悲愤交加，自立为东伯侯，竖起反商大旗，是八百路诸侯中第一个造反的，与此同时姜文焕还给南伯侯鄂崇禹之子鄂顺写了一封信，信中说：

南都少伯台鉴：近闻纣王无道，信谗任奸，不修政道，祸乱朝纲，专权胡为，近佞远贤，沉湎酒色，日事歌舞，纵奸设谋，陷害中宫，炮烙十指，严刑身亡。宠信妲己，君道乖僻，追杀储君，灭绝人性，自绝商祚宗嗣，仁爱全无，炮烙大臣，坑害诸侯，乃父枭首，吾父醢尸，全无君臣大义，罪比夏桀。自古以来，无道昏君，未有如此者。古语说："君逼臣反，臣不得不反。"如今储君已逃至东鲁，我等应扶匡正义，起兵整饬朝纲，直捣朝歌，诛杀昏君，拥立储君，成就大业，以报国恨家仇。否则，我等坐以待毙，早晚亦被暴君加害，宗室不保矣！望阁下纳言，起兵伐纣。东侯伯姜文焕再拜言。

商朝时，长江流域广大地区分布着许多"群蛮""百濮"等湖南、湖北部落和方国。南伯侯鄂崇禹坐镇南都（今荆楚一带），控制着庸、卢、彭、濮、楚、邓等部落。其地在商代尚未开发，沼泽遍布，森林繁茂，野兽成群，所以《华阳国志》记载："巴师勇锐，歌舞以凌殷人。"可见南夷之人英勇善战，把打仗视为儿戏一般。

南都自成汤建立商朝以来，时服时叛，直到武丁中兴，才彻底臣服，向商王朝拜进贡。

鄂顺听到父亲无缘无故被杀的消息之后，非常愤怒，于是，亲自率领两万多人马，杀到三山关去了。姜文焕收到鄂顺已经出兵的消息之后，立马召集了四万人马，杀向朝歌。

纣王率军东征

随着商朝奴隶制度的发展，商王朝内部贵族之间以及与各诸侯方国之间矛盾日益激化。作为国家政权的支柱，军队也得到了发展壮大，纣王控制着强大的武装力量。

商王朝的军队既庞大武装又很精良。士兵穿着青铜甲胄，手持戈、矛、戟、斧、钺、刀、箭、盾牌，用来进攻和防御。这时铜盔也广泛地使用了。战马和战车也是当时主要的作战工具。商代作战，主要目的是通过战争获得财富，掠夺战俘做奴隶，扩大势力范围。帝辛就曾经与父王帝乙征讨过夷方、盂方。所以他对战争并不陌生。加上自己力大无敌，对打仗就特别感兴趣。

东鲁姜文焕、南都鄂顺叛商，声势十分浩大，势如破竹，攻城略地，早有消息传到朝歌。武成王黄飞虎忧心忡忡，一旦征战，苦的又是黎民百姓了，一边传令让将士严加防范，一边急忙进寿仙宫把这件事情告诉纣王。

黄飞虎进寿仙宫禀告纣王的时候，纣王正在和妲己寻欢作乐，知道姜文焕自己封自己为东伯侯，带领四万兵马攻取游魂关；南伯侯鄂崇禹的儿子鄂顺自己封自己为南伯侯，带兵杀向三山关时，反而很不以为意。

纣王这样自信也不是没有根据的，纣王的父亲没有什么太大的本事，但是纣王确实有真本领。据史书记载，商纣王能文能武，十分的勇猛，纣王接手江山的时候，面临着各个威胁，当他开始统治商朝后，社会生产力得以很快发展，国家也因此而非常的强盛，他对个人的能力是十分自信的。

这刚好是一个展示自己的君威的最好时机，于是纣王决定亲征东、南两地。亲征之前他还亲自占卜，命人取来龟甲，首先在甲背上用青铜凿成一个椭圆形的圆槽，再用铜凿在椭圆形的圆槽边上钻一个圆圈，然后拿来艾蒿，用微火烤灼凿钻的地方。没过多久，龟甲正面现出了不规则形状的裂纹。纣王看着这些纹理，十分高兴，认为这是好的征兆，胜利不在话下。

于是传旨给各镇的诸侯，聚集在黎地（在今山西黎城），举行大规模的阅兵典礼。黎地离朝歌不远，纣王事先派亲军卫队，布置了一个威武雄壮的盛大会场。然后穿着铜盔铜甲，拿着青铜大刀，骑着高头大马，率领全副武装的商军来到会场，检阅自己的兵力。

纣王见各地诸侯方国除了西岐、东鲁、南都以外都来了，于是当众宣布，要求诸侯根据各地实际情况，不论是粮食、牛马、猪羊、鸡犬还是珠宝玉器、布匹武器，一律提前加倍上缴，以保证东征军用需求。

然后根据作战需要，纣王又将部队分成步卒（步兵）、多马（骑兵）、多射（车兵）三种。分派完毕，纣王摆旗列阵。每个方阵为一个作战单位。前锋为左中右3队骑兵，中间为5辆战车，分左、中、右3组，中间1组3辆，左右各有1辆，共计5辆战车，车上有驭者1人，甲士3人。

驭者居前，击杀者居左右两厢，射者持弓矢居中。战车后面是步卒，右手持利刃，左手持人面青铜盾牌，分左、中、右3列纵队。这样骑兵、战车与地面步卒密切配合，冲锋陷阵，所向披靡，就像今天各兵种协同作战一样，十分厉害。

战争需要利器。纣王又异想天开，把江淮丛林中生长的大象捕来，调养驯服，既做驮运工具，又做进攻敌人的特殊武器。

《吕氏春秋·古乐》说：“商人服象，为虐于东夷。”就是指这件事。纣王创编成一支象队，十分威武，可谓空前绝后的创举。

纣王调兵遣将，准备就绪，率领百万大军，威风凛凛、浩浩荡荡地出了朝歌城，杀向了东鲁。

同年农历九月九日，纣王率东征大军到达顾地（今河南范县东南），当时正是重阳，赏菊饮酒的好时间，于是在顾地停驻了6天。然后从顾地出发，十月到达商地（今河南商丘）。商地是殷人的祖先建都的地方，在这里商纣王祭祀了祖先，进行了较长的时间休整，然后向东出发经彭（江苏徐州）到了攸（江苏睢宁西北）。

纣王率军到达攸邑以后，便与攸侯喜的部队会师。纣王在攸邑休整了10天。“王从侯喜”，命攸侯喜为先锋官。十四日纣王率军到达前线阵地，在售地安营扎寨。第二天，战事十分的紧张，纣王身先士卒，率军与东都盟国林方作战。激战一天，日暮鸣金收兵时，俘虏了林方很多的士卒，器物堆满了战车。

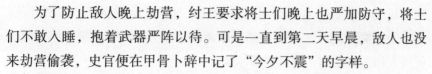

为了防止敌人晚上劫营，纣王要求将士们晚上也严加防守，将士们不敢入睡，抱着武器严阵以待。可是一直到第二天早晨，敌人也没来劫营偷袭，史官便在甲骨卜辞中记了"今夕不震"的字样。

事过8天，纣王扫平了林方，挥军南都，势如破竹，一举击溃鄂顺2万军队，鄂顺保着殷洪向大南方逃得无影无踪。于是纣王占领了他的地方。

不久之后纣王率军东进，姜文焕4万人马全军覆没。姜文焕只好带着储君殷郊躲到海岛去了。

这次东征，纣王整整花了一年时间，行程将近万里，每到一处都留下镇守将士，沿途播下了殷商文化的种子，也促进了各民族的融合。纣王回到朝歌，统计俘虏有"亿兆夷人"，财宝更是无法计数了。纣王此次东征可谓满载而回，胜利而归了。

于是，纣王召集文武百官，齐聚祖庙，举行了盛大的告庙典礼，这就是甲骨卜辞上所载的"告于大邑商"的事。为了纪念这次东征，表彰象队所向披靡的赫赫战功，纣王命人特铸了雕象祭告于祖庙。满朝文武百官对纣王刮目相看，百官都祝寿，高呼："万寿无疆！"盛况空前。

荒淫无度，昼夜不停

 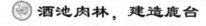

这次御驾亲征，大大增长了纣王的见识，提高了纣王的威望，同时也暗暗滋长了他骄横与逸乐的情绪。东征归来之后，纣王又开始了

吃喝玩乐。苏妲己善淫，商纣王纵欲，对妲己宠爱至极，言听计从，妲己爱听靡靡之音，她对那些艳歌淫曲，整天聆听，犹嫌不够，纣王便使人作些新淫曲，编排些裸体舞。

纣王修建了一个方圆 3 里，高过千尺的鹿台，这座鹿台的地基用水里的鹅卵石铺底，上面用巨大的岩石雕刻了猛兽或是用青铜铸成细花密镂的铜像，作为柱基，背上驮着金丝丹漆的文梓木柱，柱子上驾着龙飞凤舞的雕梁，四壁都镶嵌着明珠白璧，地上铺着绵茵软席，正室叫琼室，琼室的门用白玉砌成，名为玉门，鹿台的宫室里边则住满和贮藏了各路诸侯进献的美女和珍宝。

纣王还把殷都从安阳向南扩大到朝歌（今河南淇县）向北扩大到邯郸，沙丘（今河北平乡东北），在这以地区内大建离宫别馆，恣意享乐，也就是在这里他演出了一场遗臭万年的"酒池林肉"的丑剧，所谓"林肉"就是把肉悬挂在树上，人们可以随便伸手取食，在纣王聚众取乐的那一天，命令成群的男女赤身裸体在酒池肉林之间嬉戏，纵情狂欢，个个喝得烂醉如泥，通宵达旦。帝辛也根本不理会朝政，整天陪着妲己寻欢作乐。

帝辛不理朝政，整天陪着妲己在酒池肉林寻欢作乐的消息传出之后，惊动了文武百官，于是他们冒着生命危险力劝纣王。纣王虽然心里不高兴，但是众怒难犯，不得不悻悻地回朝歌临朝。

回朝之后，纣王也无心上朝，每天都是应付了事，妲己见纣王精神倦怠，不怎么高兴，于是便又出了一个主意。妲己说君王是天底下最尊贵的人，应该享受最尊贵、富贵的东西，因此需要建造一个宽广的宫苑，一来显示天家的富贵之气，二来可以收集天下的奇珍异宝供帝王把玩，纣王听后十分高兴，但是转念一想，如此宽广的宫苑，工程一定非常浩大，害怕遭到文武百官的阻挠。妲己一看纣王露出为难的表情，于是便讽刺纣王，有权有势，却像一把银样镴枪头，中看不中用。纣王最忌讳别人说自己不行，尤其在女人面前，一定要表现出丈夫、君王的气魄来，于是便下定决心，要建造一个鹿台。

史书记载："厚赋税以实鹿台之钱。"纣王建鹿台七年而就，工程之大不言而喻。

鹿台是淇园八景之一，谓之"鹿台朝云"。古时候，四周群峰耸立，白云绕环，奇石嶙峋，婀娜多婆，藤蔓蓊郁，绿竹猗猗，松柏参天，杨柳同垂，野花芬芳，桃李争艳，蝶舞鸟鸣，鱼戏蛙唱。台前卧立有几排形似各种走兽的巨石，恬静安然，犹如守候鹿台的卫士。台下一潭泉水，相传古时深不可测（一纺垂丝线放入潭中仍未到底）。池水清澈见底，面平如镜。微风吹拂，碧波粼粼。风和日丽的早晨，彩霞满天紫气霏霏，云雾缭绕，整个鹿台的楼台亭树时隐时现，宛如海市蜃楼，恰似蓬莱仙境。

殷纣王最终决定建造鹿台。一是为了固本积财，长期地驾驭臣民，二是为了讨好妲己，游猎散心。建造鹿台的时候商纣王命令姜尚监工，姜尚竭力劝阻纣王，纣王一怒之下差点杀了他，姜尚没有办法，只好辞官而去，最后纣王把这项工程交给了心腹崇侯虎。崇侯虎忠实地执行纣王旨意，兴师动众，召集各地有名的工匠，搜刮百姓的钱财，整整用了七年时间，一座豪华壮丽的工程才算竣工，还建造了宫殿楼榭数百间。斗拱飞檐，雕梁画栋，富丽堂皇，豪华异常。

建造鹿台中死伤人丁无数，百姓们怨声载道。鹿台的建造为殷商灭亡敲响了丧钟。有诗云：

> 剥民膏脂作台堤，作起台堤日已西。
>
> 牧野师兴苏困苦，朝歌戈倒望云霓
>
> 九州宝货劳心贮，一旦灰尘战马蹄。
>
> 想是积财冤未散，晓来犹如乱云迷。

不知今日是几何

鹿台建成之后，纣王十分得意，在鹿台大摆宴席招待群臣，数不尽的山珍海味以及美酒佳肴，让文武尽情地享受，还命令乐师师涓奏曲助乐。

师涓是商朝著名的大乐师。传说，师涓是天才的音乐家，作曲和

演奏的水平十分高超。古书中说他："拊一弦琴，则地祇皆开；吹玉律，则天神俱降。"可见师涓的技艺达到了出神入化的程度。

纣王听着美妙绝伦的乐曲，喝着稻谷酿出的美酒，不知不觉一连三日过去了。纣王沉浸在这酒肉和乐曲的世界里，并且下令文武百官不准离开宴席，陪他在鹿台玩乐，如果有违抗圣命的，就拖出去斩了。百官只得陪着纣王一杯一杯地饮酒，很多大臣不胜酒力，喝得烂醉如泥，狼狈不堪。

纣王又命令妲己歌舞助兴，妲己向来会讨纣王欢心，于是身着薄纱裙，系着两条丈余长的丝帛彩带，翩翩起舞，带子随着人旋转，彩带舞成一团，十分漂亮，大臣们也看得眼花缭乱的，加上早已经喝得醉意蒙眬了，都拍手称赞，就这样不知不觉七天七夜过去了。

纣王问文武左右，现在是什么时候了？文武左右都喝得东倒西歪的，哪还记得，于是纣王就询问记忆力最好的箕子。箕子见百官都已经喝醉了，纣王也已经喝得昏昏沉沉不知年月了，自己要是说知道，一定会惹来祸端，就假装也喝醉了，骗纣王说自己不知道。纣王听了心中高兴，哈哈大笑，继续饮酒作乐。

纣王的兄长微子多次亲谏纣王，见"纣终不可谏"，便谋于太师箕子、少师比干。箕子认为"今诚得治国，国治身死不恨；为死，终不得治，不如去"。微子便远离纣王逃到微。"微"是微子的封国，原在今山西省潞城县东北，后微子又迁到山东梁山西北，所以那里也称为"微"。周武王灭商后，微子持祭器造于武王军门，肉袒面缚，左牵羊，右把矛，膝行而前，向武王说明自己远离纣王的情况。周武王很受感动，乃释其缚，"复其位如故"，仍为卿士。约公元前1063年，周公以成王命封微子国于宋，即今商丘一带，微子成为宋国国君、始祖。

纣的叔父箕子也对纣的暴政早有不满，他装成疯子，混在奴隶之中。纣王发现后，命武士将其囚禁起来。

姬考献宝，释放姬昌

 伯邑考献宝，代父赎罪

　　羑里城是一处龙山至商周时期的文化遗址，文化层 7 米，羑里城也是我国遗存下来的历史最悠久的国家监狱遗址，是"西伯（即文王）拘羑里而演周易"的地方。周文王名姬昌，是商末周族领袖。他广施仁政，引起殷纣王的猜忌，被纣王囚于羑里。姬昌被囚 7 年，将伏羲八卦推演为六十四卦，著成《周易》一书，于是羑里便成为《周易》（史称中华文化之源）的发祥地。后人为纪念这位伟人，在城址上修建了文王庙，成为人们朝敬先贤周文王的圣地。《史记·殷本纪》："纣囚西伯（即周文王）羑里。"

　　羑里在今河南汤阴县境，是商朝的一座著名的监狱。高大的围墙里，关押着无数戴桎梏的战俘和罪犯。西伯侯姬昌被纣王囚禁在这座监狱里，关了 7 年。古书上说，姬昌有"四乳二十四妃，生九十九子"。虽不可考，但有长子伯邑考、次子姬发，却是真有其事。西伯侯姬昌朝商被囚以后，伯邑考主持西岐政务。

　　伯邑考生性敦厚仁爱，是一个孝子。西伯侯被囚之时，周的群臣当然万分焦急。伯邑考是文王的长子，当他得知父亲被囚羑里时，就决定去朝歌觐见纣王，希望能救出父亲。大臣散宜生听说此事后极力反对，他认为纣王昏庸无道，身边老臣之言尚不在意，以伯邑考的资历，前往朝歌，无异于飞蛾扑火，自寻死路。伯邑考说："我看纣王

是个好色好利的人，不如就送他一些美女和金银财宝，也许他能让我父亲回来。"

大夫散宜生知道纣王性情暴虐，故而姬昌想前去朝歌的时候又再三地嘱咐，无论他遇到什么情况，都不能冒昧地去朝歌，以免惹来灾祸。长公子是一个性格温和的人，朝歌那地方就是虎穴狼窝，长公子若是去了不是自寻死路吗？于是竭力地劝阻伯邑考，如果是担心父亲，可以派一个信得过的得力士卒去探听一下消息。

姬昌现在生死不明，作为儿子不能尽孝道，伯邑考心中备受煎熬，虽然知道散宜生是为自己着想，但是父亲有难，自己身为长子，又岂能够在家安逸度日？于是下定决心去朝歌，伯邑考为了营救父亲，带了七香车、醒酒毡与白色猿猴三样异宝，献给纣王。

伯邑考上车东去，一路走来，过了五关才来到了渑池，渡过黄河孟津，不到一天时间，便进了朝歌城。到了朝歌之后，伯邑考便找人打听丞相比干的府第，先去拜见了比干。比干听说西伯侯姬昌的大儿子远道而来，急忙把伯邑考迎接回府第。伯邑考见了比干之后，立马跪下感谢比干力保自己的父亲，才免于死罪，然后说自己这次前来是带了祖传的三宝，希望能够取悦商纣王，放自己的父亲一马。

比干听后询问伯邑考带了哪三件宝贝要进贡给商王，伯邑考说自己不但带了始祖古公留下来的七香车、醒酒毡、白面猿，外备有莘氏的美女。

比干又问这些宝贝有什么作用？伯邑考说七香车是轩辕氏黄帝破蚩尤的时候建造的，遗于北海，是自己的先祖古公亶父得到的。人坐车上，不用找人推，要它向东它便向东，要它向西它便向西，并且有淡淡的香气。醒酒毡，是大禹传下来的，当时仪狄制作的酒，让大禹经常醉倒，躺在这个毡子上，不用一个时辰，就会神清气爽。白面猿是自己祖先在桑林捕获的，虽然是一只猴子，但是却通晓人性，并且会三千小曲、八百大曲。听见音乐自己会跟随跳舞，尤其擅长在掌上舞蹈，非常有趣。

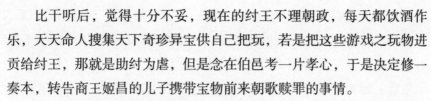

比干听后，觉得十分不妥，现在的纣王不理朝政，每天都饮酒作乐，天天命人搜集天下奇珍异宝供自己把玩，若是把这些游戏之玩物进贡给纣王，那就是助纣为虐，但是念在伯邑考一片孝心，于是决定修一奏本，转告商王姬昌的儿子携带宝物前来朝歌赎罪的事情。

第二天早上比干早早地起来，穿戴整齐之后，到鹿台去朝见纣王。纣王正在饮酒作乐，看见比干没有经过通传就前来鹿台，心中不太高兴，但又念在比干是王叔，忍住没有发火，询问有什么事情。

比干告知商王，姬昌的儿子带着宝物来到了朝歌，希望能够替父亲赎罪。纣王听说带着祖传的宝物，于是召见了伯邑考。不大一会儿，御侍官就带着伯邑考上鹿台朝见纣王。伯邑考见了纣王之后拜倒在地，纣王见伯邑考风姿儒雅，一表人才，眉清目秀，唇红齿白，言谈举止十分有礼，于是便有几分喜欢，让伯邑考起来说话。

伯邑考谢恩之后，诉说了对纣王不杀父亲的感恩，自己冒昧地前来，也是为了能尽孝道，希望纣王给自己这样的机会，让自己替代自己的父亲赎罪。

纣王见伯邑考态度十分诚恳，言辞也很悲切，称得上是一个忠臣孝子，于是便询问妲己的意见。

妲己在一边已经观察伯邑考很长时间了，没有进宫的时候就听说这伯邑考擅长音律，精于弹琴，而且见伯邑考长得又如此俊美，心中也不免喜欢。于是便怂恿纣王，让伯邑考弹一首曲子听听。古时候都很重视孝道，姬昌被困在牢狱里受苦，伯邑考哪有心思弹琴为乐？于是借口自己弹得不好，怕玷污了商王的耳朵，拒绝弹琴。

这商王也不是一般的人，天生就是个奇才，不但文武双全，而且通晓音律，他想从伯邑考的琴声中听听这伯邑考是不是真的忠于自己，于是便告诉伯邑考要是他弹得好了就会赦免姬昌罪行。伯邑考这才弹了起来。

伯邑考果然是个操弄琴艺的高手，轻奏一曲，让人如临仙境一般，纣王听后十分开心，于是便设宴招待伯邑考。

席间，妲己一直在偷偷地观察伯邑考。伯邑考正值青春年少，容姿俊雅，风流倜傥，仪表非凡。而纣王由于纵欲过度，满脸横肉下垂，形容枯槁，面目黪黑，与伯邑考相比，相差实在是太远了，心中不免有些想法，看见纣王听了伯邑考的琴声之后这么高兴，顿时想出了一个主意。她先是赞叹伯邑考的琴声美妙，宫中的乐师中都没有这样的人才，其后感叹如果伯邑考回到西岐之后就再也听不到这么美妙的琴声了。纣王觉得有道理，十分可惜，这时候她趁机建议把伯邑考留在朝歌几日，教自己弹琴，等到自己学会了，也可以天天弹奏这样美妙的乐曲给纣王听。

纣王听后十分高兴，赞称妲己不但聪慧过人，而且时刻为自己着想。

于是让伯邑考当琴师，教妲己琴技。妲己本身就不是为了学琴，而是以弹琴为借口来接近伯邑考，学琴的时候三心二意，而且不中规中矩。无奈伯邑考是忠良之后，从小便忠于礼节，不愿做这种欺君罔上的丑事，伯邑考看出妲己的想法之后，便一再地拒绝妲己，这惹得妲己不痛快了，于是妲己便诬告伯邑考弹琴的时候轻薄自己，

纣王是何等地宠爱妲己，对她的话言听计从，但是并没有发现伯邑考做了什么不敬的事情，于是便命令伯邑考又弹奏了一首曲子，但是纣王却发现"俱是忠心爱国之意，并无半点欺谤之言"，所以他觉得无法降罪。

妲己见纣王无有加害之心，就改让伯邑考展示三宝。首先出场的就是白面猿猴，此猴千年得道，颇具灵性，善三千小曲、八百大曲，能够随着乐曲起舞，琴声一响，便自顾自地舞了起来，逗得纣王哈哈大笑。

但是猿猴毕竟是只猴子，不是人，所以还是犯了错，扑到纣王跟前了，这成为一个机会，妲己说这是行刺，纣王马上要把伯邑考扔到蛋盆里，但伯邑考的解释却让纣王转怒为喜，他说，一是虽然猴子成精了，但毕竟是畜生；二是猴子爱吃水果，而您的桌案上那么多果品，它跳过去实在正常；三是猴子手里没有匕首，不能叫行刺啊。

纣王觉得伯邑考的话也不是没有道理，但是妲己不乐意了，伯邑考那样轻视自己，自己如此倾国倾城，他却不放在眼里，这口怒气无论如何也咽不下去。

伯邑考一心想要救出自己的父亲，但是见纣王整日让自己弹琴取乐，又事事听从妲己，心中自然是十分愤怒。

所以当纣王让他再弹一首曲子的时候，他借助曲子咒骂妲己是祸水，骂纣王无道，听信妇人的谗言，终日荒淫无道、荒废朝政，等等，纣王一听十分恼怒，立刻下令要武士把伯邑考拉出去斩了。妲己觉得这样就太便宜了伯邑考，并且听说伯邑考的父亲姬昌被人称为圣人，而且通晓八卦，于是建议纣王把伯邑考剁成肉酱，做成饼，赐给姬昌吃。纣王本身作为大商的一国之君，还没有被称为圣人，而姬昌却被称为圣人，心中自然是十分怨恨。于是便听从了妲己的建议，把伯邑考剁成肉酱并做成饼，命人给姬昌送去。

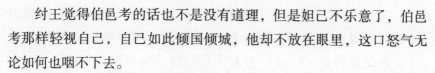

姬昌食子，心如刀绞

姬昌在被拘羑里的这7年里，足不出户，发愤治学，苦心钻研，把伏羲氏的八卦推演为六十四卦，著《周易》一书，以此推测自然和社会的变化。此书为千古杰作，也为后来儿子武王攻打天下，建立了理论指导的依据。

《周易》一书包含天文、地理、数学、哲学、兵法等多方面，里面的内容，是中华文明史的发展源头之一。东汉郑玄《易论》认为"周"是"周普"的意思，即无所不备、周而复始。而唐代孔颖达《周易正义》认为"周"是指岐阳地名，是周朝的代称。有人认为《易经》流行于周朝故称《周易》，亦有人依据《史记》的记载"文王拘而演周易"，认同《易经》乃周文王所著。然而在几种较早期的文献，例如《论语》《庄子》《左传》中却只称《易经》为《易》，"周易"之名最早见于《周礼》；然而《周礼》的年代，学者还有争议。所以，就文献而言，"周"应该是后来加上去的。若以《周礼》的系统来看，"三易"的名称皆无朝代名，所以《周易》的"周"解释为"周普"和其他两种占筮书比较能够相应。然而夏代是否有《连山》、商代是否有《归藏》也都还是问题。两书很可能也是"古史积累说"所言的现象。所以比较肯定的是，《易经》或《周易》原来只称为《易》。

历史文献上说，姬昌有一天在狱中闲坐，心中十分不安。经过推算得知儿子的遇害之后，姬昌心如刀绞，但是却不敢声张，于是便作了一首诗来表达心中的悲痛："孤儿孝忠义，朝贡赎亲灾。未入羑里狱，先登纣王台。抚琴舞白猿，守节被醢醯。可怜少年客，哀哉复哀哉。"

姬昌作完诗之后，早已经是泪流满面了，这时候典狱官带着圣旨来到牢狱，姬昌跪在地上。姬昌虽然心中痛恨纣王，但是身在囹圄，只能低头朝拜。

恶来把龙凤膳盒摆在姬昌面前，说是纣王念及姬昌忠心，长期居住在牢狱这种地方，心中十分不忍，将前几天打猎时捕获的鹿，做成了肉饼，赐给姬昌，以示皇恩浩荡。姬昌强忍心中的悲痛，赞美纣王忧国忧民，遭受鞍马奔波的辛苦，赐肉饼给自己，心中十分感激，含着泪连吞了两个肉饼。

恶来本是受纣王之命，来看看姬昌是不是像众人说的是个圣人，懂得《周易》数算，一看姬昌饥不择食，狼吞虎咽，心想，谁说姬昌是个圣人呢？

姬昌明明知道是自己儿子的肉，但是却不得不强忍住悲伤吞下去，并让恶来转告纣王自己心中的感激之情。

恶来看见姬昌饥不择食的样子，感到庸俗不堪，没有一点男子汉的气概，于是立马回朝中复旨，告诉商王姬昌不但饥不择食地连吞了两个肉饼，并且还说，自己是一个有罪的人，已经蒙纣王的不杀之恩了，如今又让纣王受鞍马的辛苦，亲自狩猎做肉饼给自己吃，心中的感激无法言喻。

纣王听完恶来的话，觉得十分可疑，问费仲说："姬昌善演先天

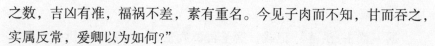

之数，吉凶有准，福祸不差，素有重名。今见子肉而不知，甘而吞之，实属反常，爱卿以为如何？"

费仲也说，依自己看，这其中必定有诈。姬昌演绎《周易》，预测得十分精准，不会不知道那是自己儿子伯邑考的肉，可能是因为害怕自己不吃，会招来杀身之祸，所以才装作不知道，勉强地吃下去，是不得已才吃的。并赞成纣王是个聪慧的帝王，不会相信姬昌的表面作为。

纣王思忖再三，还是觉得不对劲，常言道："虎毒不食子"，姬昌被人们称为圣贤，哪有圣贤忍心吃自己儿子的肉的？

费仲又在旁边添油加醋：姬昌虽然外表看起来忠厚义气，但是却是个老奸巨猾的人，这种人善于伪装自己，一般人很难觉察，能够被瞒过，但是绝对不能把他给放了，关在牢狱时间长了，虽然不会致死，但是可以磨磨他的锐气。一旦让他回到西岐，他必定会调动西岐军队，发动战争，为他的儿子报仇，成为纣王江山的一大危害。

纣王觉得恶来的话有道理，但是自己对于姬昌的行为实在是琢磨不透，于是决定卜筮来解决质疑。

卜筮，是商代人向鬼神请命断疑、用来决定人们所作所为的巫术活动的总称。卜用龟甲，筮用蓍草，卜筮并用。在当时人们看来，通过卜筮向鬼神请命，比人的决定更有说服力。

古人认为，经过神圣的求卜过程，那些自然物也就获得了神圣的象征意义，它们呈现出来的形状不是人为的结果，而是神灵和上苍的赋予，是神灵的启示或告诫。

我们从现存的殷商甲骨卜辞可以看出，商代人卜筮活动极其频繁。上至国家大事，下至日常生活琐事，无不向鬼神请命。一年到头、一天到晚，差不多在任何时间、任何地方都要卜筮。有的在庙堂，有的在出行旅途之中，走到哪里就占卜到哪里，往往一件事一而再、再而三地从正面、反面不厌其烦地卜问。但是，主持卜筮活动，有权传达鬼神意志的只有贞人、卜人和商王等少数奴隶主。而最终裁决权由商王掌握。因此，所谓神鬼的意志，实际上还是纣王的意志，神权的背后还是王权至上。

据《尚书·洪范》记载，箕子告诉武王，"天乃锡禹洪范九畴"，九畴"七日明用稽疑"。稽疑之法，"汝则有大疑，谋及乃心，谋及卿士，谋及庶人，谋及卜筮。汝则从，龟从、筮从，卿士从，庶民从，是之谓大同。身其康强，子孙其逢吉。汝则从，龟从，筮从，卿士逆，庶民逆，吉。卿士从，龟从，筮从，汝则逆，庶民逆，吉。庶民从，龟从，筮从，汝则逆，卿士逆，吉。汝则从，龟从，筮逆，卿士逆，庶民逆，作内吉，作外凶"。

这就是说参与决策的是五种意见，卜和筮是其中两种。古代卜筮军国大事时有三条原则：一是先筮而后卜。古人认为物先有象而后有数，龟为象，筮为数。卜筮时先以蓍草筮，如得吉数，不必再卜，如不吉，再卜其象。二是卜筮不过三。古人卜筮是为了求吉利，但有时并不是一卜就能得到吉兆，一卜不吉可以再卜、三卜，三次卜筮得到的如果仍不是吉兆，就不能再进行第四次。古人认为，即使进行第四次得到了吉兆也不灵验了。因此，通常情况下卜三次还不是吉兆的话，要进行的事情就暂时中止，待择吉日再卜。这就叫卜筮不过三。后人常说事不过三，当是从"筮不过三"意而来。三是卜筮不相袭。卜筮是先筮而后卜，筮之不吉，可以再卜，如果卜之还不吉，就不能再筮。古人认为卜为象，筮为数。物先有象后有数，象数不能倒置。因此，即便卜之不吉，可以再卜，但却不能筮。

纣王对卜筮是很内行的，但是占卜之后，商王还是犹豫不决，不知道是对自己有利，还是对西伯侯姬昌有利，心中十分烦闷。

🌀 收受贿赂，欲放姬昌

纣王醢刑伯邑考的消息传到西岐的时候，姬发正在和西岐的文武百官议事，听到哥哥的噩耗之后，悲呼一声，就口吐鲜血昏厥了过去。西岐文武急忙把姬发救起，但是姬发已经气得浑身颤抖，说不出话来了。

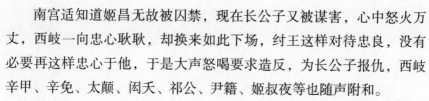

南宫适知道姬昌无故被囚禁，现在长公子又被谋害，心中怒火万丈，西岐一向忠心耿耿，却换来如此下场，纣王这样对待忠良，没有必要再这样忠心于他，于是大声怒喝要求造反，为长公子报仇，西岐辛甲、辛免、太颠、闳夭、祁公、尹籍、姬叔夜等也随声附和。

南宫适（生卒年不详），名适，字伯达，是最早见于文献（《周书·君奭》）的南宫氏名人，是南宫氏的始祖。南宫适身历文王、武王、成王三世，是周族创业时期的重要谋臣和大将，为周朝的开国元勋，裂土受封。

姬发昏厥过去，这时才缓过气来，不知道怎么办才好，在吵闹之中，唯有散宜生还保持着冷静的头脑，他大喊一声，让大家保持安静，然后对当前的局势做出了明智的分析。

散宜生责怪南宫将军等只知道披坚执锐，疆场厮杀，有勇无谋，却并不知道西岐从先祖开始，历代都向商朝称臣，这是什么原因呢？自然是势力不如商朝强大。今天如果盲目地出兵造反，恐怕没有等到西岐出兵，纣王知道实情之后，就会将主公置于死地，西岐也免不了灭顶之灾了。姬发和西岐文武大臣听了之后，个个都无言以对，南宫适也低头不再说话了。

散宜生说伯邑考不听姬昌的话，才招来了杀身之祸。姬昌在去朝歌的时候，就曾经千叮咛万嘱咐，自己一定会平安归来，不必急于前去朝歌营救，但是伯邑考救父心切，不顾劝阻前去朝歌，并且只知道向纣王进贡奇珍异宝，却不懂得通融纣王的宠信，这样又怎么能够成事呢？

如今不能够再走伯邑考的路了，应该先派两个得力的官员，买通费仲、恶来，让他们成为内应，多进好言给纣王。如果费仲、恶来受贿的话，他们一定会在纣王的面前说姬昌的好话，这样姬昌自然就不会有性命之忧。等到姬昌回来之后，主持大局，到那个时候再联合天下的诸侯，一同去讨伐纣王。这时候天下形势已经如此了，纣王又如此荒淫无道，一定会得到天下百姓的支持，有了百姓的支持，伐纣就等于成功了一半。

　　姬发听后，觉得十分有道理，茅塞顿开，于是便听从散宜生的主意。

　　散宜生要求姬发准备明珠、白璧、黄金、玉器、彩帛等，分成两份，一份送给费仲，一份送给恶来。

　　姬发正在发愁谁能够担负起这样的重任，这时候文武中太颠、闳夭走了出来表示愿意前去。姬发十分高兴，把两人扮成商人的模样，令其带着贿赂物品，不分昼夜地前往朝歌。太颠、闳夭两个人都知道这件事情关系重大，不敢耽误时间，于是昼夜兼程赶到朝歌。两人找了一家小店住下，然后分头下书送礼。这时候刚好费仲伺候纣王下棋，很晚才回到府里，刚到院子里，就有人通报说，有一个商人求见。

　　费仲命人把他带进来之后，问他是什么人，有什么事情，又为什么深更半夜地求见？

　　太颠很有礼貌地回答，自己是西岐的一员小将太颠，今天前来拜访是受命于大夫散宜生带来小小的礼品，以感谢费仲保全姬昌性命的恩德。然后把书信和礼单呈给费仲。费仲把书信打开，借着灯光观看，信中说："西岐卑职散宜生顿首礼拜上大夫费公足下：久仰盛德，未曾谋面，特案前祝寿。自惭形秽，无缘执鞭，梦寐巴结若渴。敝邑主公姬昌冒言忤君，罪在不赦，实赖大人进言，苟全性命，虽拘羑里，不胜庆幸。卑职等平日无由表赠，日夜只望朝歌礼拜，遥祝万寿无疆。今特遣人专程致礼：白璧两双、黄金百锭、锦帛八匹、玉虎两对、玉鱼两对、饕餮晕八只、鹦尊两对。聊表敬意，毋以薄礼见罪。我主公羑里七年，现已风烛残生。邑中老母、幼子孤臣，无不日夜悬念，希图再见。此人之常情。恳请上大夫在君王面前多加美言，法外施仁，赦我主公归岐。此恩此德，西岐百姓永世相报。散宜生牛马走谨言。"费仲看了书信和送来的礼品之后，沉思了很久，态度十分严肃，半晌推辞说，自己接受散大夫的情谊，但是礼物价值连城过于贵重，自己实在是不能够接受。

　　太颠表面上露出为难的神色，说自己只是一个小将，是受命千辛万苦才把这些东西运过来的，如果费仲不接受，自己很难回去复命。

　　费仲虽然深受纣王的宠信，平日里见到的稀奇珍物也不少，但是这个人的本性就是贪心，对于物质从不拒绝，于是也装作为难地说自己只是暂时替西伯侯保管，让太颠向散宜生转告自己的谢意。太颠高兴地辞别了费仲，然后回到小店里休息。等闳夭回来之后，两人谈论送礼经过，竟然完全的一样。两人谈论朝中的官员，个个都装得道貌岸然，但是却没有一个干净的，做了什么自己的心里都非常清楚。取笑了一番之后，两个人当夜收拾行李，回西岐复命去了。费仲收了礼品，以为散宜生只给自己送礼，心中暗暗高兴，但是却不加声张。恶来收了礼品，也以为散宜生只给自己送礼，心里庆幸，但却只字不提。费仲、恶来两人互相瞒着，装作没事儿一样，照例侍奉在纣王的左右。

这天，纣王叫费仲、恶来陪着下棋。纣王接连地胜两人，心花怒放，于是传旨安排宴席。费仲、恶来两个人左右陪伴。喝到高兴的时候，纣王让宫女奏乐来助兴。不大一会儿，檀板轻敲，管箫合奏，飘入耳中，纣王听了之后，觉得俗不可耐，完全没有伯邑考弹得好听，可惜的是伯邑考让姬昌给吃了。

费仲见纣王这样，自然知道纣王是想起了伯邑考的琴艺，觉得这些乐曲没有意思，便借这个机会劝说纣王，虽然姬昌看起来很有城府，一时之间难以猜测，而且自己也一向多有防备，但是前几天，派一个心腹去牢里打探虚实的时候，里边的人都说姬昌非常忠于纣王，每逢初一、十五便为纣王焚香祈祷，祈求国泰民安、风调雨顺、百姓过上安乐的日子、社稷昌盛、宫中安宁。姬昌被囚在牢里七年了，却从来没有抱怨过，忠臣也不过就这样了。

纣王心中纳闷了，前几天费仲还在说姬昌心怀不轨，如果放回西岐必定会带兵造反，打到朝歌，今天怎么开始说姬昌的好话了？

费仲怕商王看出什么状况，赶紧为自己辩解，说路遥知马力，日久见人心。前几天自己的确是这么说的，但是今天说的话，是自己亲自派人调查的结果，耳听为虚，眼见为实。

纣王于是转过头来询问恶来，恶来也说根据自己多年的观察，姬昌被关在羑里七年之久，但是从来没有听说过他抱怨，西岐不但没有

反叛商朝的迹象，而且年年照例进贡，这都是因为姬昌教导有方，也足以显现出姬昌父子的一片忠诚。费仲说的话也不是没有道理。

纣王于是询问他们二人，既然姬昌是商朝忠臣，如果自己把他常年拘留在这里，免不了会使天下的诸侯寒心，赦免他的罪行怎么样？

费仲听纣王有意赦免姬昌，自然正合自己的心意，一面赞赏纣王英明，一面说姬昌必定会感激商王所作所为，在有生之年一定会更加忠心商王，为国效力。

恶来听费仲的口气，心里已经明白，费仲一定也是收了西岐好处。常言道："受人钱财，为人消灾。"要是自己不说点好话，以后姬昌知道了，必定会结下怨恨，自己何不顺水推舟，也做个人情？于是恶来也离开座位，说既然商王决定释放姬昌了，不如给他一点恩典，封他为诸侯之长，这样他就会更加忠心地为君王效力征伐四方了。并且姬昌平日就贤名远扬，四方诸侯对他也十分敬重，如果东南一路知道君王如此重新重用姬昌，一定也会更加敬重纣王了。

纣王平时把费仲、恶来当作自己的心腹，听他二人都这样说，认为非常在理，于是赦免了姬昌的罪行，并传旨要姬昌到大殿来接受封赏。

纣王毕竟年轻，缺乏政治斗争经验，头脑简单，一时轻信，犯了政治错误，放虎归山，便断送了商朝六百年基业。

飞虎劝诱，姬昌归岐

黄飞虎劝诱姬昌

姬昌被赦免罪行之后，来到朝歌，比干、微子、箕子、黄飞虎上前迎接他。姬昌虽然被困在牢狱里七年，但是精神很好，步伐也十分的沉稳。

姬昌见大臣们都出来迎接自己，心中自然是十分感激，虽然纣王荒淫无道，但是这些大臣大多都是忠臣良士，自己之所以还能够活着，少不了他们的力保，于是急忙行礼，以表示自己心中的感激。

之后姬昌进九间大殿拜见纣王，感恩纣王说自己罪该万死，君王却大恩大德，赦免自己的罪行，让自己能够度过残生，希望商王能够万寿无疆，等等。

纣王却赞美姬昌，虽然被困在牢中七年，有千百种痛楚，但是却毫无怨言，反而一心地给君王祈祷，为国家祈祷，这些都足够表明他的忠心了，于是就当众宣布加封姬昌为贤良忠孝百侯之长，赐白旄、黄钺（黄钺既是一种兵器，像斧但缺一角，又是一种代表天子的权杖、符节。白旄是一种白色有羽毛的令旗，让他坐镇西岐，特专权征伐反叛，加禄两千石。配文官两名，武将两名。

姬昌跪拜商王谢恩。纣王传旨为姬昌摆宴庆贺，百官都称颂商王贤明，大殿之中呈现出一派祥和的景象。

第二日，姬昌在大街上游行夸官（夸官就是古代科举制度中，新科状元殿试钦点之后，由吏部、礼部官员捧着圣旨鸣锣开道，状元公身穿红袍、帽插宫花，骑着高头大马，在皇城御街上走过，接受万民朝贺。因奉有皇上圣旨，不论什么官员，得知夸官，都必须跪迎，向圣旨叩头，高呼万岁。目的是激励学子们的上进心，鼓励他们努力学习，参加科举考试。但也有不同的说法，有的说有此殊荣的是前三甲，也有的说新科进士都可以夸官。这里指的是纣王封姬昌为诸侯之首，上街游行，以示王家的恩泽浩荡）。

朝歌的百姓见了姬昌，都称他为"贤王"，姬昌面露喜色，挥手跟朝歌百姓打招呼。

等到第三日的时候，姬昌夸官路过成王黄飞虎的府第，黄飞虎邀姬昌入府，说："贤侯夸官，荣耀无比，百姓祝福，文武庆贺，末将也略表心意。"于是，黄飞虎命人摆上美味佳肴，两个人一边饮酒一边叙旧，不知不觉天就黑了下来，黄飞虎命令左右侍奉的仆役都退下，然后严肃地对姬昌说自己有话，不知道应不应该说。

姬昌知道黄飞虎的为人，所说的话必然是金玉良言，对自己有利而无害。于是让黄飞虎不必顾虑，尽管说就是。

黄飞虎告诉姬昌，今天能够有幸得到纣王赦免，夸官游街，实在是飞来的福，让人喜出望外。但是朝廷上的事情，变幻莫测，说不定早上给你封官，晚上就杀了你的头。而如今纣王又宠信一些邪佞小人，整日沉湎于酒色，屡次残害忠贞的大臣，荒废朝政，虽然很多人都心知肚明，却没有人敢议论的，如果纣王听说百姓一味地夸赞你贤良，恐怕会引起他的不满，招来杀身的灾祸。如今有幸遇见这样的机会，应该立即返回西岐，还夸什么官，显什么贵？难道还要等到君王改变游戏规则，再做瓮中之鳖不成？

没等黄飞虎把话说完，姬昌早已经汗流浃背、心惊胆战了，立刻跪在地上拜谢武成王的开导，然后辞别黄飞虎，连夜逃出了朝歌。

这天，费仲一早起来，正在洗漱，就听见来报的人说姬昌在夸官的时候，不辞而别了。费仲听了之后大吃一惊，在厅堂里久久徘徊。侍从来催他吃饭，也被他骂了出去。他心想：是自己向纣王进言，姬昌才被赦出羑里，如今姬昌不辞而别，一定不怀善意，纣王若是怪罪下来，自己性命难保，该怎么办才好呢？费仲越想越怕，越怕越想不出主意，急得像热锅上的蚂蚁一样，抓耳挠腮，乱作一团。正在烦躁的时候，门卫报告说恶来求见。

恶来刚进门，没有顾得上行礼，劈头便问费仲，姬昌逃出了朝歌，费仲知不知道这件事情。

费仲假装不知道，还责怪恶来，说都是他出的好主意，纣王赦免姬昌的罪行，无罪释放也就罢了，偏要谏言加官晋爵，让姬昌借夸官的机会逃回了西岐，如果日后一旦发生变故，关系重大，这天大的责任该由谁来负责呢？

恶来又说，是费仲先对君王说姬昌是忠厚的臣子，被困在羑里七年，并没有一句怨言，又说派心腹爪牙眼见为实。两个人互相埋怨了一番。

此时两人都明白，他们是一条绳上拴着的两个蚂蚱。纣王要是怪罪下来，谁也休想摆脱这关系。于是不再争吵，商量解决的办法。

最后恶来想出了一个主意，那就是立刻入朝去面见纣王，奏明姬昌欺君罔上，怀有反叛之心，让纣王下令派兵马将姬昌追回来，立马给杀了。商议好之后，两个人便马不停蹄地赶到朝歌觐见纣王。

纣王赦免了姬昌，又恩加一等，加官晋爵，受到百官朝贺，自以为起用了贤能，天下太平，可以永享清福了。因此心中十分愉快，在带着妲己在鹿台观花赏玩，饮酒取乐。

却不料恶来、费仲觐见带来了这个消息，纣王一听姬昌自行逃跑，根本不把君王放在眼里，顿时火冒三丈，气得七窍生烟，青筋暴跳，大骂："都是你们两个狗才，嘴当屁股用了。一会儿说姬昌如何忠厚，如何真诚焚香叩拜予一人，一会儿说姬昌祈祷国泰民安，百姓安宁，又要予给他加官晋爵。都是你们这些小杂鱼坏了予的大事！"

恶来见纣王发怒，连忙爬前半步，跪倒在地，为自己辩解道："自古以来，人心难测。表面恭顺者，背后违抗。一般人只知其外，不知其内，只知其言而不知其实。正所谓：'海枯能见底，人死不知

心。'况且姬昌老奸巨猾，善用韬晦之计，我等一时被他蒙骗，也在情理之中。"

妲己见费仲、恶来窘迫，急忙帮他们解围，劝慰纣王不要生气，姬昌已经逃走了，这个时候重要的是，趁姬昌还没有走远赶紧派人去把姬昌追回来，就地正法，以绝后患。纣王一听也是，于是立刻下令殷破败、雷开，带着三千飞骑，前去捉拿姬昌。殷破败、雷开两位将领领命之后也不敢有丝毫怠慢，急忙去武成王府调了三千飞骑，出了朝歌西门，风驰电掣般地追赶姬昌去了。

逃出朝歌，遭遇追兵

姬昌听了黄飞虎忠告之后，拿了铜符令箭，逃出朝歌城，急得如同受了惊吓的鸟儿，马不停蹄地日夜赶路，过了孟津，渡过黄河，往渑池大道而来。心想，纣王一时不会派人追赶，可以歇口气了。

于是放慢了脚步，慢慢地行走。谁知道刚转过一道山冈，就看见后面尘土飞扬，喊杀声也随风传来。姬昌知道是朝廷派的追兵，吓得魂不附体，无路可退。心想，自己私自逃走，这一次命不长久了。情急之下，姬昌落荒而逃，打马进山，穿过一片树林，见前面山崖下有一石洞，便放开自己的马，一个人钻进了石洞。

谁知道刚走几步，只听得洞中有人大喊："什么人，擅闯我洞！"

随着震耳欲聋的喊声，有人一阵风似的刮到姬昌面前，堵住去路。姬昌想，屋漏偏逢连夜雨啊，这次自己是死定了，抬头看见一个人站在自己面前。只见这个人身材非常高大，披头散发，两眼射出凶狠的目光。姬昌看了，自言自语道："当今无道，我姬昌休矣！"

话还没有说完，那人却跪倒在地，口称恩公，并询问发生了什么事情。

姬昌一时之间不知道怎么回事，急忙把这个人扶了起来，详细地询问为何称自己为恩公。

那壮士便说出了原委，他本来是鬼方人士雷震。七年前曾经率领军队南下，到大邑商郊抢牛，纣王派大队的人马前去剿杀，鬼方人马不是被杀死了就是被俘虏走了，当时他身上被射了一箭，一个人朝西逃去。途中饥渴难熬，昏倒在道旁，当时刚好姬昌七年前入商路过，将他救了，并放了他一条生路。

姬昌听完想起了这件事情，当年纣王召集四方诸侯进朝歌议事的时候，路过潼关时，自己的确是救过一年轻人，仔细端详这才发现，的确是眼前的年轻人，只不过模样改变了很多。

那年姬昌不但救了他，而且还赠送给他很多的食物和马匹，并指点他回鬼方好好地过日子。但是因为鬼方很多的弟兄都被纣王俘虏，囚在羑里，所以他舍不得独自离开。姬昌离开之后，他曾多次去劫狱，但是都没有成功，因此才流落到这里，在山洞里边居住安身，想等待时机救出羑里的弟兄们。

雷震问姬昌为何会到这里来，姬昌便把自己如何被囚羑里，如何被赦，如何逃出，为躲避追兵，慌忙进了山洞细说了一遍。

雷震听了之后，安慰姬昌不必担忧，自己前去杀了追兵。姬昌见雷震像野兽一般凶顽狠猛，心想："我夸官逃跑尚有情可原，若打死朝廷兵将，罪在叛商，纣王必然号令天下诸侯诛伐，我西岐将遭灭族之祸了。"想到这里，姬昌阻止了雷震，只是要求吓退追兵便可以了。

正在说话的时候，殷破败、雷开率三千飞骑追了上来，旌旗蔽日，锣鼓齐鸣，喊声四起，扬言一定要活捉姬昌。雷震看大队的兵马涌了过来，伸手拔下一棵小树，捋去枝叶，挡住了来兵，样子十分凶恶。

追兵们猛抬头，看见一个似人非人、似兽非兽的怪物挡住去路，发一声喊，便往回跑，报与殷破坏、雷开，说："不好了。我等正要捉拿姬昌，突然跳出一个凶神恶煞，挡住去路，十分狰狞可怖。"

殷破败、雷开喝退兵卒，策马向前，见雷震长相十分奇怪，手提一棵小树拦路。殷破败心想，这是哪里冒出来的妖怪，竟敢阻挡纣王的军队？

这时候雷震自报姓名，说自己是鬼方雷震。西伯侯七年前入商时曾救过他一命。今天在这里巧遇，自己不能不报答，要是动手的话，定然让这些小兵小将有来无回。

殷破败心想，这么一个丑八怪，也敢口出狂言，抵挡纣王的军队，这不是自寻死路吗？于是驾着马，把手里的刀砍向了雷震。雷震只是轻轻一躲，抡起树木便挥向了殷破败，殷破败一看这人的威力如此之大，自己根本不是对手，撒腿就跑，并吓唬雷震自己回去会禀告纣王，带领人马横扫这座山的。

 姬昌归岐，忍而待发

雷震吓退了追兵，走山路，护送姬昌渡过漆水（今陕西横水河），便到了西岐山下的周原。雷震见已经到了西岐的境地，并且大路平坦，应该不会有追兵了，便同姬昌告别。

姬昌见雷震十分勇猛，是个难得的人才，一心想要拉拢他一同前往西岐，有朝一日一同去攻打朝歌。雷震说商王军队浩荡，自己一个人即使再有力也抵挡不住，不如回去召集鬼方部落，等待机会一定攻打朝歌。

姬昌无奈，只得挥泪和雷震告别，然后独自一人踏上周原的大道。

姬昌一路走来，想起自己的父亲季历被商王文丁杀死，自己的儿子伯邑考又被纣王醢尸，自己也险些丧命，于是"不敢盘于游田"，决心继后稷、公刘事业，效法古公、季历的作风，礼贤下士，广罗人才，发誓一定要灭了商。

傍晚的时候，姬昌走到了一个小的村庄，在一家客栈住了下来，要了些酒饭吃了之后休息。第二天早上要走的时候，被店里的老板娘给拦住了，要求姬昌付了钱之后再走。

姬昌身上没有一文钱，于是便和店妇商量，自己急于赶路，而且路途十分远，自己身上已经没有钱了，让老板娘暂时记账，自己一定会双倍奉还的。

店妇取笑姬昌，自己从来没有见过白吃白住不给钱的人。要是拿出钱来，啥事儿没有，若是耍赖，就送到城里，画地为牢，让众人的

唾沫给淹死。

姬昌十分无奈，这个时候从店主申忠从店里走了出来，见姬昌是一个老者，相貌并不是那奸猾刁钻的人，便客气地询问姬昌的姓名，以便于记账。

事情既然到了这步田地，姬昌只有实话实说了。那店妇没等姬昌说完，立马跪在地叩头，骂自己妇道人家，狗眼看人低，只认钱不认人。希望姬昌大人大量，不要怪罪。

店主人也跪在地上施礼，责怪自己凡夫俗子，不知道是西侯伯来到了这里，一定要求重新摆上酒席，为姬昌饯行，为自己赎罪。

姬昌询问了店主的名字，店主人回答之后，姬昌问店主有没有马可以供自己赶路。店主因店小，没有马，给姬昌牵了一头驴，但又怕姬昌不能驾驭，于是便要求为姬昌牵着驴前行。姬昌心里很高兴，骑着驴儿上路了。

店主人牵着驴，正在路上行走的时候，忽然听见礼炮连天，看见两杆红旗在风中招展，山脚处转出一队人马，大将军南宫适、上大夫散宜生带领西岐四贤八俊三十六杰、辛甲、辛免、太颠、闳夭、祁恭、尹籍等来迎接姬昌。

文武大臣见到姬昌，全都下马，跪在地上。姬昌见到西岐的文武十分高兴，又看见次子姬发也来迎接自己，不禁想起长子伯邑考来，顿时泪如雨下。

姬昌看见两班文武不少，众多的儿子也都过来迎接自己，唯独没有了长子伯邑考，又想起伯邑考遭到醢尸之刑，自己又吃了儿子的肉，悲痛之下哽咽作歌：

尽臣节兮奉旨朝商，直谏君兮欲正朝纲。

奸谗陷兮囚拘羑里，不敢怨兮天降灾殃。

伯邑考兮代父赎罪，鼓琴操兮碎尸他乡。

食子肉兮圣贤不为，感君恩兮封我侯长。

夸官逃兮路遇雷震，命不绝兮天佑我昌。

归故土兮合家团聚，思考子兮裂断肝肠。

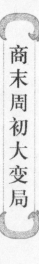

姬昌唱完，一头栽下驴背，面如金纸，不省人事。文武大臣急忙救治。

随后姬昌被抬进西岐城，调养多日，病才痊愈，并和文武大臣讲述了自己这牢狱中的七年的事情，下令重赏申忠，记住鬼方雷震的恩德。

由于西岐的兵力还不能够完全取胜于商王，于是姬昌回到西岐之后继续向商朝称臣，但是私底下广揽人才，施仁义于天下，争取民心，安抚西部各方国部落，不断发展壮大实力。据《尚书大传》说，文王在位的最后七年中干了六件大事。头一年调解了虞芮两国纠纷。虞（山西平陆县）、芮（山西芮城）都是商王朝西方属国，可是他们不找商王裁决，都慕周文王的威名，求文王审断。据《诗经·大雅·绵》篇注说：虞芮两国看到周国是"耕者让其畔，行者让路"，"男女异路，斑白不提携"，"士让为大夫，大夫让为卿"，一派君子之风。两相对比，内心羞愧，回国之后虞芮两国都主动将所争之地作了闲田处理，纠纷从此解决。第二年出兵伐犬戎，战胜西戎诸夷，灭了几个小国。第三年攻打密须（在今甘肃灵台县），解除了北边和西边的后顾之忧。第四年"西伯戡黎（在今山西黎城县）"，第五年伐邘（在今河南沁阳市）。戡黎、伐邘实际上是构成了对商都朝歌的直接威胁。第六年灭崇国（在今陕西户县境），将周的都城由岐山周原东迁渭水平原，建立沣京（在今陕西省西安市长安区沣河西岸）。《诗经·大雅》："既伐于崇，作邑于沣。"接着又向南扩展势力到长江、汉江、汝水流域，形成了"三分天下有其二"的形势。《论语·泰伯》讲的这句话，即说明西周实际已控制了大半个天下，而殷商已处于极端孤立的境地。

九侯女亡，比干剖心

 九侯之女惨死

纣王极度喜欢女色，因此只是一个妲己不能满足他的欲望，于是便要费仲为他选美，征集天下的美女入宫。妲己对纣王选美不大高兴，她既讨厌纣王淫欲无度，又担心再有美人进宫，若被纣王恩宠，自己在宫中唯我独尊的地位便会受到威胁，暗地里暗示费仲，自己才是这一宫之后，选美的事情虽然纣王要你费仲负责，但是必须经过王后这一关，不能够擅作主张。

费仲当然心里明白，于是选美的时候，选的都是平民小户人家的美女，不选诸侯大臣的千金。这让妲己十分满意。

为纣王选美，首先由费仲目测，见妙龄芳容者带进内宫，交妲己过目体检。妲己手里拿着玉如意，命令入选的女子脱光衣服，一看身材，二看有没有生理缺陷，等妲己看完之后才开始训话，要求众多的美女好好地侍奉君王。然后便分批被人带到鹿台各室，安置在"酒池""肉林"之中等候纣王。

这天，费仲告诉纣王，自己已经给纣王选了 180 个美女，已经安排妥当，就等候君王临幸了。

纣王同乐之后十分的高兴，立即重重地赏赐了费仲，然后便一连几天不去上朝，天天在鹿台和美女们一起饮酒淫乐，一连数月下来，纣王尝尽了美女，但是心中却不怎么高兴。于是责怪费仲给自己选的

新人举止言行都像木头人一样，呆板、土气、粗俗，只会仰承雨露，但是却让自己十分不开心。

费仲有苦难言，支支吾吾，说不出所以然来。纣王十分恼怒，一直以来自己都把费仲视为自己的心腹，但是没想到费仲办事能力却越来越差，一怒之下，便问费仲是不是也想尝尝炮烙的滋味。

费仲一听炮烙，吓得浑身冒出冷汗，说自己选美都是在民间征集的，像九侯女那样的王公贵族的千金，怕自己惹出事端，没有敢选进来。

纣王早就听说九侯有一个女儿国色天香，听费仲一说，更想拥有了。于是便立即传旨召见九侯。

九侯是商朝赐封的"三公"之一，坐镇一方，德高望重。生有一女，不仅姿容曼妙，而且才艺双全。自幼受到良好的家庭教育，母亲教她知书达理，养成正直善良的品格；父亲教她骑射武功，养成骁勇刚烈的性情，可谓真、善、美集于一身的大家闺秀。九侯把她视为自己的掌上明珠。

费仲传旨，王命难违，九侯女无可奈何地进了后宫。纣王在鹿台琼室已等了很长的时间了，见九侯女进来，感觉眼前一亮，一个身材修长、如花似玉的美人站在琼室玉宇之中，光彩照人。俊俏的脸上露出英武之气，女性的温柔与男性的强劲融为一体，九侯女高雅的气质、美丽的英姿深深吸引了纣王。

这美丽的女子竟然使纣王的欲火顿消，脱口说出没头没脑的话："神女，你喜欢什么？"九侯女见问，不卑不亢，落落大方地说："我喜欢琴棋书画，骑马射箭，唯不喜淫。"

纣王听了不觉微微一笑，于是决定要与九侯女一决高下。

纣王带着九侯女下了鹿台，飞身上马，在苑外驰骋。纣王精力旺盛，尽显丈夫气概；九侯女英姿勃发，不让须眉半分，一连三日比试骑马射箭，不分上下。纣王心中暗暗佩服九侯女，不仅美丽动人，而且武艺高强。九侯女在几天的骑射中，也对虎背熊腰、能说会道的纣王产生了好感。原来纣王很会讨好女人。九侯女入宫后，纣王放在姐

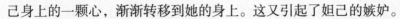
己身上的一颗心，渐渐转移到她的身上。这又引起了妲己的嫉妒。

纣王沉醉在九侯女冰清玉洁的怀里，朝夕不离，不知不觉几个月过去了。

妲己见九侯女美艳高雅，独自一个人享受着纣王的雨露，恨得牙根痒痒，几次派宫女请纣王都被借故推托。妲己清楚，若不把纣王牢牢抓在手里，自己将失去一切，她为此绞尽了脑汁，彻夜失眠。妲己的心像压了一块石头一样沉重，她恨死了九侯女，又不敢对九侯女动硬的。九侯女素有美名，其父又位尊势大，连纣王都惧她三分，自己若不谨慎从事，说不定会被打入冷宫。想到这里，妲己茶饭不思，竟倒在床上生起病来。纣王听说妲己生病，几次前来探望，都被妲己好言劝到九侯女那里，说自己病魔缠身，不胜君王精力，别坏了君王兴致。纣王以为妲己乃真贤良王后，多加赞许抚慰。纣王自然乐得与九侯女亲热，全不介意妲己。

妲己趁机派宫女将恶来悄悄召入后宫，责怪说都是费仲做的好事，让纣王沉迷于九侯女，希望恶来出一些好的策略除掉九侯女。

九侯乃"三公"之一，势力庞大，又是君王倚重的大臣，恶来思前想后，要想让九侯女失宠，也只有从九侯身上做文章了。恶来深知纣王的脾气，不论是谁，只要叛商，那么纣王定然不会放过，九侯也不例外。只要君王相信九侯叛商，九侯女自然倒霉了。

但是如何让纣王相信九侯叛商呢？

恶来认为解铃还须系铃人，这得让费仲在替代纣王视察诸侯的时候，说几句九侯叛商的话，那么纣王一定会深信不疑。

妲己觉得这个主意十分好，心情自然也转好，密密地召见费仲训斥了一顿，让他一定要把九侯的事情给办妥了。然后便主动与九侯女亲热，称姐道妹，问寒问暖。九侯女见妲己以诚相待，十分感动，对妲己也表现得十分友好。

纣王见妲己与九侯女亲如姐妹，言谈投机，心里也特别高兴，深为妲己的大度胸怀所折服，心想自己有了一个妖媚动人的妲己，现在又有了一个冰清玉洁的九侯女，当真是死而无憾了。

一天纣王与妲己、九侯女在一起饮酒取乐，几杯酒下肚，纣王说最近一段时间听说西伯侯姬昌任用姜尚为丞相，感觉姬昌有点图谋不轨，不知道四方的诸侯有没有叛变的迹象？自己舍不得妲己和九侯女，不知道该派哪一位心腹去明察暗访才合适？

妲己跟在纣王身边的时间比较长，当然了解纣王把费仲和恶来视为自己的心腹，见九侯女沉默不语，于是便建议纣王派他们两个人去探听虚实。

于是，纣王立即传旨费仲、恶来去各方国巡视。时光如流水，一晃半个月过去了。费仲和恶来巡视还朝，向纣王汇报情况。费仲禀告纣王，诸侯国真的有人心存异志，现在已经查出图谋不轨的迹象了。

纣王问谁这么大胆有谋逆之心了？费仲禀告说是九侯。纣王一听觉得十分可笑，九侯一向忠诚，对朝廷也是尽心竭力，不会反叛。

姬昌像

这时候恶来又向纣王进言，说："常言说：'画龙画虎难画骨，知人知面不知心。'当年苏侯进妲己王后尚且费一番周折，如今九侯送女入宫，却不声不响，其中大有文章。许多人传言，九侯送女，是想以女迷惑君王，待时机成熟，好起兵夺王位。君王不可掉以轻心啊！"

纣王本来就生性多疑，经恶来一说，对九侯的疑虑更大了。纣王决定亲自探查九侯女，以探虚实。于是纣王来到九侯女的寝宫，寒暄之后，纣王告诉九侯女，自己想要晋升她为随身的美人，九侯女听后显得十分高兴。

纣王看见九侯女的表情，心中十分迷惑，心想这个九侯女平常心

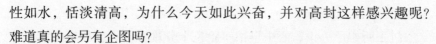

性如水，恬淡清高，为什么今天如此兴奋，并对高封这样感兴趣呢？难道真的会另有企图吗？

其实，纣王的狐疑是神经质的，平日里最担心的就是江山不稳，王位易人，他知道，失去了权力就意味着失去了一切，所以，一听说谁有叛逆之迹，就十分敏感，杯弓蛇影，宁肯错杀一万，也不放过一人。九侯女不知，天真无邪，见纣王热恋自己，心里自然高兴，听说纣王册封自己，话语中难免有些激动反常，这便增加了纣王的疑虑。

纣王又问九侯女想不想当王后，九侯女还沉浸在被宠爱的情境中，随口便说当然好啊！

纣王本来还是十分的疑惑，见九侯女这样回答，十分的恼怒，认定九侯女的父亲图谋不轨，把九侯女送进宫中确实是为了谋反。于是骂九侯女的父亲大逆不道，送女进宫别有企图。

九侯女被纣王突然变脸弄得十分惊讶。她感到委屈、愤恨。她终于认清了君王多疑、粗野无礼、翻脸无情的残忍的本性。自己的父亲忠心耿耿，送自己侍奉在纣王左右，也是为了纣王才忍痛割爱，现在纣王却说父亲有二心，不禁责骂纣王忠奸不分，糊涂不明事理。

纣王听了暴跳如雷，他最讨厌别人说他糊涂，他以为自己要用暴力征服一切，于是将九侯女剥去衣饰，肆意蹂躏。九侯女奋起抗争，与纣王在寝宫厮打起来。虽然九侯女武艺高强，终于抵不住九牛二虎之力的纣王。九侯女被纣王打倒在床上，大骂纣王是昏君、畜生，听信小人的谗言，忠奸不分，殷商离亡国的日子不远了。

纣王听九侯女这样骂自己，心中自然是火大，心想你不是来陪君王的吗？今天就让你尝够陪君王的滋味！于是搂着九侯女游酒池、逛肉林，不断地给九侯女灌酒、往嘴里塞肉。

九侯女身不由己，被纣王折腾得欲哭无泪、麻木不仁了，只是不停地骂纣王无道。

纣王被骂得怒火中烧，命人将九侯女蹂躏致死。

妲己听说九侯女死了赶来，装作十分惊讶，询问纣王事情怎么会搞到这种地步？九侯要是知道他的女儿惨死了，那么君王闯下的祸可

就大了。

纣王听妲己一说，心中惧怕，脸色十分难看。心想如果九侯真的借口兴兵造反，那自己该怎么办才好呢？

妲己看纣王吓成这样，安慰纣王不要过于担忧，建议下令传信给九侯，就说九侯女游酒池不慎掉入池中淹死，让九侯全家进朝歌奔丧，事先派伏兵在途中截杀九侯一家，这样就可以铲除后患了。

这个计谋十分合纣王的心意，于是纣王按照妲己说的传令下去，可叹的是九侯一家忠心耿耿却如此的不幸。

比干剖心，纣王命人厚葬

比干听说了九侯女的事，心中十分愤怒，就去面见纣王。比干骂纣王：“商族怎么出了你这么个不孝的子孙，糊涂崽子！”

纣王听比干骂自己，心中十分恼怒。比干一直被称作是贤明的人，而又听说贤明的人都是‘玲珑七巧心’，于是命令比干将自己的心剜出来看看玲珑心是什么样的。

虽然在家族之中比干是叔父，纣王是侄儿；但是在朝廷之中，比干是臣下，纣王是君主。古语有言：“君叫臣死，臣不得不死。”比干仰天长叹，感叹商朝的基业就要毁于这个不肖子孙的手里，然后命令武士拿剑给自己，御侍官拿来青铜剑递给比干。比干接剑在手，朝祖庙拜了八拜。然后拉开自己的衣服，将剑插进脐中，向上一挑，将腹肌剖开，伸手进去，掏出一颗活蹦乱跳的心来，往地下一扔，面色如纸，不大一会儿就气绝身亡了。

相传，比干在朝歌被纣王挖心以后，面如土色，掩袍不语，愤而跑出朝歌，纵马南行。他知道到了心地（今河南新乡）就会长出新的心来，不料行至牧野遇上妲己变成的老妇拦路叫卖无心菜，比干问：“菜无心能活，人无心如何？”老妇答曰：“菜无心能活，人无心该死。”比干听后，口吐鲜血，坠马身亡。骤然间，天昏地暗，狂风大作，飞沙走石掩埋了比干的尸体，形成墓冢，故称“天葬墓”。坟墓四周，无心菜圈圈环绕，柏树随着呜呜的悲鸣之声，弯了树干、断了树冠，有的还从树干中心裂开变成了"开心柏"。

相传当年孔子亲率弟子临墓凭吊，挥剑刻字立石于墓前。孔子把"墓"写成"莫"，意为"借地为土"。后来，有一个不学无术而好为人师的县令看到这块墓碑，讥笑孔夫子写了错别字，就当着身边的随从们说："今天我把这个字给改正一下，我就是孔圣人的'一字之师'了。"县令把"莫"字下面添了一个"土"字。刚刚刻好，忽然乌云密布，雷声震天，只听"轰隆"一声，土字又被轰掉了。直至今日，这块石碑断裂的痕迹依稀可见，碑上的"莫"字仍然没有"土"。据专家考证，此处确为国内唯一一处孔子真迹。

商纣王拒谏饰非，残害忠良，使得朝中大臣、贵族以及诸侯和周边方国离心离德。西伯姬昌（即周文王）因看到纣王残暴，暗中叹息几声，便被纣王囚禁在羑里监狱，好几年才被放出来。纣王还将周文王的长子伯邑考杀死并剁碎，做成食物送给文王吃，还得意洋洋地说："谁说西伯是圣人？吃了自己儿子的肉还不知道呢！"

纣王见比干掏心身亡，于是编了个谎说丞相比干是突发心疾而死的，并要求造墓厚葬。丞相比干突发心疾逝世的消息传出之后，朝中文武百官议论纷纷，朝歌百姓沸沸扬扬，都不大相信好好的一个人说死就死了。

大凡从宫廷内部传出，说某某突发心疾而死，都是为消灭异己势力的文饰说法，是统治内部政治斗争的需要。纣王是何等聪明智慧的人，他为巩固自己的君王统治地位，不能不对具有"玲珑心"的比干心怀戒备。老丞相商容死后，比干由亚相出任丞相，左右逢源，内外讨好。为姬昌说情，不露声色地诛杀巫娟，屡屡谏言，干预纣王的私生活，纣王早就想除掉他了。所以比干之死，是在劫难逃了。微子、箕子、黄飞虎等文武百官听说比干身亡，也只能默默伤心落泪了。

下大夫夏招不相信比干是抱病身亡，这当中一定另有隐情，于是没有经过纣王传旨召见便独自闯进鹿台。这时候，妲己的病已经好了，纣王正抱着妲己取乐，纣王见夏招没有经过传召就私自闯进鹿台，心

中十分恼怒。

夏招一见纣王便责怪纣王，说比干一向身体健康，又怎么会突然有病？一定是受到小人的谋害。纣王没有查证便妄自下结论，这样大家心中都不服。

纣王见夏招对自己无礼，说比干是自己的叔父，自己已经下旨厚葬了，夏招这样胡闹，有损自己的圣明，既然如此地关心比干，干脆为他陪葬好了。

夏招一听，十分恼怒，骂纣王荒淫无道，先王留下来的足智多谋、忠心耿耿的大臣被一个一个地消灭光了，说着顺手拔出挂在琼室门边的青铜宝剑，照着纣王劈头砍去。

纣王文武盖世，才艺双全，猛虎都不怕，何况是夏招一个弱不禁风的儒生。眼见青铜宝剑朝自己刺来，侧身闪躲，顺势抓住夏招手腕将剑夺了过来，再用力飞起一脚，把夏招踢翻在地上，并呵斥在一边傻眼的武士把夏招拿下。

然而没有等到侍卫动手，夏招骂纣王听信妖女的谗言，荒淫无道，然后纵身跳下鹿台，摔得粉身碎骨。纣王见夏招跳鹿台死了，于是传旨为比干设灵堂，发羌奴 400 人，在朝歌城北武官邑为比干造墓。几天之后，比干的墓建成了。墓室面积 160 平方米，深 8.5 米。东西南北留 4 条墓道，墓室建筑一如生前居室模样。下葬这天，纣王亲自占卜，择吉日亲自率领文武百官参加葬礼。

在商代，人殉已成为制度。统治者生前作威作福，奴役百姓，企图死后也要占有物质财富，压迫奴役百姓，把人世的生活也带到阴世。比干的安葬便可见其一斑。比干墓中的"腰坑"和四隅的两个小坑，共 9 个长方形的 2 米深坑，每个坑里安置一名执戟的奴隶和一条狗。他们是生前的侍从，在主人死后，也要继续担任警卫工作。在这些殉人与狗的上面平放着比干的棺材，棺材外面用木板构成巨大的椁室。在棺椁之间填满了生前所用的铜觚、铜爵、铜鼎、玉人、玉蝉、夔纹铜刀、玉圭、玉柙、石磬等无数精美贵重的殉葬物品。在木椁的顶部和四周杀了 48个奴隶，并埋一名执戈奴隶负责看守。然后，把比干生前贴身的姬妾奴仆分盛在6个棺木中安葬，并将抬棺椁的人与木杠、抬盘一起埋掉。接着比干的儿子微德先抓一把土，放在比干棺椁上，然后埋葬的人开始填土，并将土夯实，这时便开始杀狗。

400个修墓羌奴，或10人或20人一排，被反绑着双手牵进墓道，东西相对地跪着被砍下头颅，把尸体埋了，再填土夯平。每筑一层夯土便残杀一批羌奴。砍下的头颅另行放置，都是头顶向上，面向墓坑。直到杀完所有殉人，才可封墓，平地隆起一座土山。接着进行人祭。

纣王说丞相比干忠于国家朝廷，忠于自己，今天厚葬是为了安慰丞相的在天之灵！文武百官听纣王这样说，都感激得直掉眼泪，认为纣王爱臣如子，都甘心为纣王而死。纣王接着亲手杀3岁童男童女两名，沥血祭曰："丞相归阴，予心不忍。无可奈何，厚礼人殉。祈祷神灵慰彼忠魂。万寿无疆，商祚永存。"

纣王念完祭词，又命人在比干墓址四周挖了直径2米、深4米的圆形袋状坑，埋上牛、羊、狗以及拿着戈和盾的奴隶。安葬仪式结束了，纣王率文武百官向比干墓行礼，洒泪告别墓地回城。

纣王隆重地为比干举行了葬礼，平息了朝野的舆论，借机树立了良好的君王形象。文武百官又似乎看到了希望。

第三章

周族的兴起与发展壮大

周族，是对古代姬姓部落的称呼，亦称周人、姬周、先周部落。姬姓先周部落是活动于中原西部黄土高原的一个古老部落。历史上把从周人始祖后稷传至周文王姬昌这一段时间称为先周时期，即周朝建立之前的时期，而周族不断的发展壮大也为以后的周朝建立奠定了基础。

周族始祖，后稷种谷

"弃"的由来

　　周民族始祖后稷诞生的神话充满了人世间的悲苦与忧患的色彩。他原来的名字叫"弃"，意思就是"被丢弃的孩子"。

　　据历史传说，只知道弃的母亲叫姜嫄，她可能是羌族的妇女。有一天姜嫄和同伴到野外去游玩，忽然看到路上有一个奇怪的脚印。姜嫄看到这个脚印很大，十分好奇，不由自主地就把自己的脚踩在了这个大脚印上，说来也真奇怪，她的脚才踩上去，只觉得自己肚子里好像有什么东西动了一下，自此她就怀孕了。

　　"十月怀胎，一朝分娩。"姜嫄怕这个没有父亲的孩子给自己带来灾祸，便想把他丢弃。她把孩子丢弃在狭隘的小巷里，想让走过来的成群牛马把他踩死，可是当牛群马群通过小巷时，都小心地避开，没有一头牲畜踩他一脚。姜嫄抱回孩子，又丢弃在没有人迹的深山密林。可是真巧，这天密林深处却来了许多人，姜嫄又把他从山林里抱开，丢在河面的冰上，想让他冻死。又哪里想道，一群飞鸟落在这个孩子周围，用毛茸茸、暖烘烘的翅膀覆盖在小孩身上……姜嫄看到孩子大难不死，着实觉得有些奇怪，便改变了最初的念头，把他抚养成人。因为一生下来就想把这个孩子丢弃掉，因此就给他起了个名字叫"弃"。

　　有的书上叙写这段神话时，还说婴儿刚生下来身上就带着弓箭，

115

弯着小弓，搭上小箭，做出要向天空发射的架势，使坐在九重高天的天帝都受到了惊骇。不过天帝终于还是爱怜这神奇的小孩，后来保佑他的事业发展、子孙繁昌就是一个很好的证明。却说姜嫄见既不是怪胎，而是自己亲生的可爱的孩子，不禁又是惊讶，又是欢喜，断线珍珠似的泪水从脸上流下。赶紧把婴儿从冰上抱起，小心翼翼地用自己的衣裳包裹着他，把他带回家去，抚养起来。因为他曾经被抛弃过，就给他取个名字叫"弃"。这"弃"，据说就是后来周民族的祖先，他从小就喜欢农艺，长大后教人民栽种五谷的方法，所以他的子孙又尊称他作"后稷"。

氏族社会的早期阶段，这一时期，女性在社会上享有很高的地位，掌握氏族的领导权。世系按女性继承，子孙归属母亲。一般认为我国的仰韶文化处于母系氏族社会阶段。美洲印第安人的易洛魁氏族是典型的母系氏族社会。氏族成员死后，其财产归同氏族的人所有。同氏族的人有互相援助、保护和共同复仇的义务。氏族首领是推选出来的，一个是负责公共事务的酋长，一个是军事首领。母系氏族公社时期，人们"只知其母，不知其父。"

由于生产力的发展，男人们逐渐成了社会生产的主要承担者。随着私有财产的产生，发生了由母系氏族社会向父系氏族社会的转变。在父系氏族社会里，血统是以父系大家长为中心的男性计算的，这样就保证了把财富传给自己的儿子。姜嫄之所以千方百计要把不知父为何人的弃丢掉，可能是因为受了父系氏族社会这种强大舆论压力的影响。这说明弃时，周族父权制战胜了母权制社会的残余，已逐步确立了。

🌀 后稷种百谷

后稷小时候就有远大的志向。他做游戏，总是喜欢把那野生的麦子、谷子、大豆、高粱以及各种瓜果的种子采集起来，用小手亲自种到地里。后来五谷瓜豆成熟了，结的果实又肥又大、又甜又香，显然

比野生的好得多。等到后稷长大成
人，他在农业上便积累了一些经验
了。他开始用木头和石块制造了几
样简单的农具，教他家乡一带的人
们耕田种地。靠打猎和采集野果为
生的人们，当人口繁多、食物不足
的时候，生活的确也时常发生困
难；看见后稷在农业上的成就，也
都渐渐地信服了他，于是耕种的事
儿——这件新鲜的有意义的劳动，
就在后稷母亲的家乡有邰流传开
来，以至于当时做国君的尧都知道

姜嫄像

了后稷和他家乡人民的工作成绩。因此，尧就聘请后稷来做了农师，
要他指导全国人民在农业方面的各种工作。后来继承尧做了国君的舜，
又把邰这个地方封给后稷，作为他和他的人民的农业试验场。

弃长大成人以后，由于自小就养成了种庄稼的习惯，所以很喜欢
钻研种庄稼的学问。他还能分辨土质的好坏，并能在适合不同作物生
长的土地上种不同的庄稼，所以他的庄稼总是获得好收成。周族老百
姓看到弃种庄稼有办法，纷纷照着他的样子做，果然也都增了产。

舜时，弃参加了禹治理洪水的工程。洪水退了以后，赤地千里，老
百姓都没有粮食吃。为了解救受灾的老百姓，舜命令弃教老百姓种植百
谷。弃多年参加治水，疲惫的身体还没有来得及休息一下，就又踏上了
广大的田野，认真而辛劳地教老百姓种植谷、稻、高粱、豆子……

由于弃管理农业有功，被舜封在邰，人们称他为有邰氏，他的封
地近姬水，所以又称姬氏。这个姬姓的弃，因为主要当管理种植黍稷
的农官，所以人们又叫他作"后稷"。后世把后稷作为农神供奉在庄严
的"社坛"里，表示对他发展农业的尊敬与怀念。在《诗经·大雅·生
民》这首诗里，周人的后世子孙歌唱他道：

后稷种庄稼，（诞后稷之穑，）

学问真不少。　（有相之道。）

除去田中草，　（茀厥丰草，）

好谷长苗茂。　（种之黄茂。）

吐芽又含苞，　（实方实苞，）

苗壮渐长高。　（实种实衰。）

茎长谷花香，　（实发实秀，）

杆坚穗匀好。　（实坚实好。）

穗垂籽粒实，　（实颖实栗，）

就要进家了。　（即有邰家室。）

不窋罢官，鞠陶扩疆

 不窋辞官

　　周族自后稷起进入了父系氏族社会时期，后稷对周族农业的发展做出了较大贡献，在周人中享有很高的威望。由于后稷的威望和他早已逐步把姬姓部落的权力都抓在了自己手上，所以在他以后，不经过全部落选举就把君位传给了自己的儿子不窋。

　　不窋末年，正是夏王朝衰落的时候。夏朝统治者太康奢侈腐化，政教失修，社会矛盾十分尖锐，不少方国诸侯相继离叛而去。不窋继承父亲后稷的职务当了个农官，但夏朝统治者只顾享乐，根本不去过问农业上的事情，后来索性把这个徒有虚名的农官也罢免了。不窋丢官之后，就率领姬姓部落跑到戎狄地区放牧牛羊去了。

　　首先，他们开挖或修筑窑洞，作为临时的住处。有崖的就直接打洞；无崖就挖坑，上覆盖厚土。他们把这叫作"陶复陶穴"。他们的祖先就是从洞中走出来的，而且不窋就出生在窑洞里，因此父亲为他起了不窋这个名字。"不"通"丕"，是大的意思，"窋"是洞穴，通"窑"。不窋的儿子鞠出生后，手掌纹像个"鞠"字，不窋就为他起名"鞠"。鞠也出生在窑洞里，不窋又呼他为"鞠陶"，"陶"的音、义通"窑"。他们对窑洞窟穴太熟悉了，对如何打洞修窑，非常内行。他们修筑窑洞，不过是为了临时安顿族人和半途中随来的外族人，没想到"陶复陶穴"之风就遗留在了当地，竟流传了几千年。如今，这里的人仍然喜欢住窑洞，就是继承了周族人的遗风。当把人们临时安顿下来后，他们又筹划修建新的住房。为了建房，他们派人从原路返回，渡过渭水，在秦岭采集建房造屋的工具。为了方便来往人的住宿，他们又在豳地修建了客舍。

　　一切都有条不紊地进行着。但新加入周族的人越来越多，在河流的两岸住满了人，又向南发展。在来时的小溪边也建满了房子、住满了人，人们把这条小溪称为皇涧。在把人们基本上安顿下来之后，周族人接着开始了大规模垦荒开发。他们集体劳动，一起出工，协同生产。他们砍树木，拔杂草，用耒或耜翻耕土地。为了加快速度，两人各持一耜，骈肩而耕。参加开发的人很多，在高地上，在洼地里，在田间小路上都站满了人。有族长，有儿子一辈，也有孙子一辈。他们个个身强力壮，充满信心。在劳作的中途，成群结队来送饭的妇女们一边看着丈夫或儿孙狼吞虎咽地吃饭，一边同人们开着玩笑，田野里响起阵阵爽朗的笑声。播种开始了，按照后稷传下来的耕作方法，从南面土地上开始，先阴地，后阳地，播撒下他们从中原带来的黍或稷的种子。不长时间，种子发芽了，长出了禾苗，田野里一片生机。为了让禾苗茁壮成长，他们用镈这种农具除去杂草。到了收割季节，大家一起出动，田野里又响起了收割禾穗的声音。禾穗上了场，场里堆放得满满的。打碾下来的粮食把仓库装满了，就拿出一部分黍或稷酿酒，用于祭祀祖先。

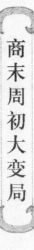
没有想到，第一次耕耘播种竟然获得了大丰收，他们认为这是神灵保佑的结果，增强了进一步拓荒的信心。他们将年轻力壮的人编为军队，将军队分为三部分，轮着到远方去垦荒种田，使农耕的面积进一步扩大。在垦荒中，不窋不顾自己年高体衰，带头参加，更加鼓起了大家拓荒种地的信心。

在修房和垦荒的同时，不窋又抽调人员，在高阜的边沿，削崖勾基，版筑为城，依势修建了一座巍峨的城池，作为京城。这就是现在的庆城。因它是由不窋领导修建的，有人称它为不窋城。有了京城作为依托，他们的事业更加兴旺发达。在京城筑就之日，不窋召集来耆老和部属，按照长幼尊卑的次序坐好，又叫人宰猪杀羊，端上酿造的米酒，共同庆贺这次迁徙的成功。经人建议，他们选用了"庆贺"二字中的首字命名该地。不久，不窋的孙子公刘娶妻生子，不窋就为曾孙起名"庆节"，以纪念这次迁徙成功。

不窋活了上百岁，终于撒手人寰，离亲友而去，后人尊称他为圣祖。临去世时，他不止一次地对后辈儿孙叮咛，一定要世世代代将农耕生产继承下去，才无愧于先祖。他被埋葬在京城东面的山顶上，使他的在天之灵能继续观看京城的繁荣昌盛，观看后辈儿孙如何继承他的事业，把农耕生产进一步扩大。

🏵 鞠陶扩疆

不窋去世后，鞠陶作了周人的首领。他是周先祖奔北豳后的第二代首领，也是周人在北豳的真正开拓者。据史书记载，后世周人都尊称他为"周老王"，现庆阳城西 60 里有周老王陵，一直保存至今，明、清时还进行过修缮。鞠陶在北豳时为周的发展做了很大的贡献：一是开拓疆土。他派儿子公刘（刘者，兵器也；公者，尊长也）专门负责安全保卫工作。那时，兵器平时都由专人保管，遇到打仗时每人发一件，这便是军队的雏形。公刘，这个带有军事首领色彩的职务名称就变成了人名。据《丰镐考信录》记载："盖自不窋窜戎以后，地非安乐，事多草创，历三世至公刘有令德。"那时，面对外部威胁和内部叛乱，是打是和，万事都得从头做起，鞠陶为此做了大量工作，起到了承前启后的作用。二是发展农牧业生产。北豳原是少数民族集居地，北临朔方，当地人以游牧为主。周人刚迁来时，遍地杂草丛生，狼豺出没，非常荒凉。不窋和鞠陶将中原先进的农耕文化运用到北豳，种植、养殖、狩猎同时并举，据史载："好稼穑务本业，有先王遗风，陶复陶穴以为居，于貉为裘以御寒"（《丰镐考信录》），农业和牧业都有很大发展。三是建城镇村庄。定居后，鞠陶带领人们一边生产一边集中修建窑洞，有了剩余产品设集交换，村庄城镇应运而生，周人从此定居下来。当时北豳的政治中心人称"不窋城"，鞠陶当政后对不窋城继续修建，在东西南北四个方向都修了城门，把城的形状修得像一只展翅欲飞的凤凰，史称"凤凰城"。四是兴修水利。不窋城东西两面各有一条河流，到城南汇聚成一条大河（今马莲河）向南流去，在城南横卧一山叫"土龙岭"挡住去路，致使不窋城连年水患。鞠陶带领五百土工、五百石匠经数月挖通土龙岭，消除一大水患。他的另一贡献是凿天鹅池洞。不窋城西河叫马岭水（今称环江），水质差，含盐碱量高不能饮用，城东河叫白马河（今称柔远河），水质好，城里居民都饮东河水。当遇到水患或敌人围困时就会断水。鞠陶经过勘察在城里向东河挖一斜洞，把东河水引入洞中，并用石砌成台阶，人们顺台阶下洞取水不用出城，体现了鞠陶的聪明才智。据庆阳史志记载，这项工程到宋代才失去作用。

在甘肃庆阳一带有关"鞠老王"的历史传说很多，其中"鞠老王喜得贵子"的故事一直流传至今。故事说道：不窋年岁已高，很想要个孙子。阳春三月的一天晚上，人们发现鞠陶住的窑洞烈焰升腾光照山川，大家都以为着火了，便来救火，等到近前一看院内一片寂静，正在纳闷时忽然从窑洞内传出小孩的哭声，震耳欲聋——公刘降生了！人们欢天喜地，奔走相告，杀猪宰羊前来祝贺。此时鞠陶正在烧窑，弄得满脸炭黑，听到喜讯后高兴得二话没说就往家跑，看到这副模样大家都笑他，可他却说："笑什么，这是喜色。"大家听到后都互相把

脸抹黑以示庆贺。后来生孩子脸上抹炭黑成为当地习俗，一直沿袭至今。鞠陶死后，君位又传给了他的儿子公刘。

 公刘迁都，定都豳地

公刘迁都

鞠陶的儿子公刘是一位很有作为的人物。他在 22 岁时将首府迁至南冈（今宁县城西），史称"公刘迁囟"，势力范围已经扩展到今甘肃东部及陕西西南各县。《诗经·大雅·公刘》："乃陟南冈，乃觏于京"。

他摒除慵懒，力倡勤勉，更加注重农桑耕织，《诗经·大雅·公刘》赞道："笃公刘，匪居匪康，乃场乃疆，乃积乃仓，乃裹乃粮。于橐于囊，思戢用光。弓矢斯张，干戈戚扬。"《史记·周本纪》描绘的情景是可信的："行者有资，居者有蓄积，民赖其庆。百姓怀之，多徙而归焉。"

公刘虽然身处戎狄，但对畜牧业不感兴趣，一心想恢复他高祖后稷重视农业的好传统。公刘为了种好庄稼，一天到晚地在田野上忙个不停，带领全部落的人整治田地，种植庄稼。到了收获季节，不仅部落的公共仓库里装得满满的，而且各父系家族也有了自己的积蓄。

公刘为了求得自己部落的农业获得更大的发展，看中了隔渭河相望的豳地。在原始社会，虽然地广人稀，但每一部落都有自己的管辖范围，其他部落的人是不能随便进入的。只有用武力把原居住地的部落征服或赶跑，别的部落的人才能生活在这块土地上。公刘为了得到

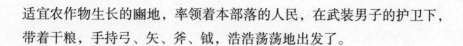

适宜农作物生长的豳地，率领着本部落的人民，在武装男子的护卫下，带着干粮，手持弓、矢、斧、钺，浩浩荡荡地出发了。

以此定居

人们到了豳地一看，这个地方有山有水，土地肥沃，再没有人想离开这块富庶地方，回到原来居住的戎狄地区去了。他们在依山傍水的平坦地方建起房屋，高高兴兴地定居下来。

人们住下以后，公刘又率领大家去伐树除草，开垦荒地，为种庄稼做好了准备。公刘还登上山顶，利用太阳的影子测量土地的方位，观察土地的冷暖和水源的情况。然后他又丈量规划了土地，并将土地分给每个父系家族耕种，还规定每个家庭根据分得土地的多少向部落交税和助耕。从此，豳地逐渐得到开辟，一天比一天繁荣起来。

公刘从戎狄地区来到豳地以后，跟他一起去的其他部落成员，一个个都富裕起来，也有了家庭的私有积蓄。而那些留在戎狄地区没有走的人，因为公刘在时早就教会了他们种庄稼，所以也都有不少存粮。无论是到豳地去的人还是留在戎狄地区的人，都交口称赞公刘做了件大好事。特别是那些留在戎狄地区的人，非常怀念公刘的恩德。后来，不少人也悄悄地迁到了豳地，又与公刘生活在一起了。

公刘居豳，在开发荒原的过程中，周族的生产力有了很大发展。据说这时已经能够"取厉取锻"，使用天然的陨铁制作生产工具了。

因为公刘继承并恢复了后稷重视发展农业的优良传统，为以后周族的崛起打下了基础。所以周族的后人对他的功劳念念不忘，在《诗经·大雅·公刘》的诗中歌颂他说：

品格忠厚高尚的公刘呵，（笃公刘，）

带领我们迁居豳地。（于豳斯馆。）

渡过了渭河不怕困难，（涉渭为乱，）

捶打陨铁做工具。（取厉取锻。）

发展农业，一切都从头做起，（止基乃理，）

人丁愈来愈兴旺。（爱众爱有。）

......

我们周族能有今天这么强大，（止旅乃密，）

是因为你遵从祖训，不忘后稷。（芮鞠之即。）

古公居岐，始建周国

熏育进攻姬姓部落

公刘以后，又经过了八九代，到他以后的第10世子孙——古公亶父被立为姬姓部落的君主。

据推算古公亶父是轩辕黄帝的第35代孙，是周祖后稷的第12代孙。古公亶父在周人发展史上是一个上承后稷、公刘之伟业，下启文王、武王之盛世的关键人物，他是中国上古周族领袖，周文王的祖父。亶父"积德行义，国人皆戴之"，而戎、狄等游牧部落却常侵逼他们。

古公定居岐山后，改革原来戎狄游牧民族风俗，营造城郭都市和村邑，同时在氏族组织的基础上开始建立各种国家统治管理机构。古公建立的诸侯国得到了商王朝的认可，《竹书纪年》记载："（商王）武乙六年，邠迁岐周。命周公亶父，赐以岐邑。"因为地处周原，故姬族从此称周人，建立的国家称周王国，古公称周太王。在吴姓族谱中，尊古公为最近先祖。

古公继续实行后稷、公刘以来治理部落的各种好办法，尤其重视发展农业。古公亶父不仅善于处理全部落的政事，而且为人心地善良，对人和气，在部落中有很高的威信。

《史记·周本纪》："古公亶父复修后稷、公刘之业，积德行义，国人皆戴之。熏育戎狄攻之，欲得财物，予之。已复攻，欲得地与民。民皆怒，欲战。古公曰：'有民立君，将以利之。今戎狄所为攻战，以吾地与民。民之在我，与其在彼，何异。民欲以我故战，杀人父子而君之，予不忍为。'乃与私属遂去豳，度漆、沮，逾梁山，止于岐下。及他旁国闻古公仁，亦多归之。于是古公乃贬戎狄之俗，而营筑城郭室屋，而邑别居之。作五官有司。民皆歌乐之，颂其德。"

姬姓部落人民生活逐渐富裕，引起了临近的戎狄部落的贪欲。这些少数民族部落处在比周人要低的社会发展阶段上，专以打仗和掠夺邻人的财富为光荣。熏育戎狄就处在这一社会发展阶段。熏育部落向古公亶父居住的豳地大举进攻，蛮不讲理地向姬姓部落勒索财物。古公没有办法，只得把不少财宝给这些"野蛮人"送去。但这并没有使他们的无理要求得到满足，反而又提出要占有古公亶父部落的大片土地作为牧场，还要把古公部落的成员变为放牧牛羊的牧奴。

古公部落的人听到熏育的苛刻条件，一个个义愤填膺，表示要与戎狄决一死战。古公面对前来请战的人群大声地说："你们大家让我当君主，为的是让我给你们多办些好事。现在戎狄发动战争，目的是夺取我管理下的这个部落的土地与人民。想一想吧，你们在我治理下生活，与在戎狄那里生活不是一样的吗？你们下决心要与戎狄打上一仗，还不是为了我？战争一打起来，你们当中有人的父亲或儿子就要战死。他们为我战死，和我把他们杀了有什么区别？我不忍心干这样的事！"古公劝了半天，众人也不肯散去。古公为了减少老百姓为了自己与戎狄打仗的伤亡，便带着很少的几个亲信，晚上悄悄离开了居住多年的豳地。

古公善让，定居"周原"

古公一行人渡过了漆水和沮水（今陕西麟游县），时而傍水而行，时而翻山越岭，越过了梁山（今陕西麟游县东南部），到了岐山（今陕西岐山县东北）下的平原上就停止前进了。古公和一个姜姓的羌族妇女结了婚，在这片平原上定居下来。居住在豳地的人们见古公离开他们走了，十分怀念地说："古公可是个好人，我们决不能离开他！"便也都带着一家老少赶到了岐山。其他部落那些羡慕古公为人的人，也纷纷跑到古公的部落来居住。

岐山南面是一片平原，自古以来人们都称它为"周原"。传说这片土地十分肥沃，连长出的苦菜都是甜的。古公亶父一下子就看中了这个地方，他向上帝和祖先进行了一番卜问，得到的也是好兆头，便在这里建起房子并定居下来。从此，姬部落的人就被称为"周人"———即居住在周原的人。

古公亶父一面要本部落的人开垦周原的土地，修好田界和排灌的沟渠；一面又命令官吏们监督人们加紧修起一座座宗庙和宫殿。在宗庙和宫殿的外面，还修起了坚固的城墙。古公又下令改革"戎狄之俗"———即原始氏族社会的残余习惯，并设置了司徒、司马、司空、司士、司寇等五官有司，说明与全体民众相对立的"公共权力"出现了。这些说明周人的国家进一步发展，时间相当于商朝的晚期。古公亶父迁岐和在周原的发展为周人的崛起奠定了基础，后被周人追尊为太王。故《诗经·鲁颂·閟宫》诗里歌颂他的功绩说：

后稷好后代，（后稷之孙，）
第一周太王。（实维大王。）
定居岐山下，（居岐之阳，）
从此灭殷邦。（实始翦商。）

神童出世，季历被害

 姬昌诞生

古公亶父的三个儿子太伯、虞仲和季历不仅非常尊敬他们的父亲古公，而且彼此之间也互敬互让，团结友爱。

季历的妻子太妊是一位品格高尚的妇女，她和季历一样很讨古公的喜欢。据传说，一年秋天，太妊生了个儿子，不知什么人放了一只鸟儿，恰巧这只红色的鸟儿落在了太妊屋子的窗户上，嘴里还衔条写满祝贺文字的缣帛，上面写着："平时处事以小心谨慎压抑住疏忽怠惰，才能保证事事成功。如果疏忽怠惰压住了小心谨慎，事情就要遭到失败。做事情不努力争取做好，就要前功尽弃。而小心谨慎，自强不息才能千秋万代不出漏子！"

古公见季历和太妊生儿子带来了"祥瑞"，心中十分欢喜，就给这个孩子起了个名字叫"昌"，这就是后来的周文王——姬昌。姬昌一生下来就聪明异常，而且天庭饱满，地阁方圆，颇有伟人气质、王者风度。周太王古公亶父对姬昌这个孙子另眼相看，宠爱有加。

太王曾说过："我世当有兴者，其在昌乎？"但按当时氏族的传统，王位只能由嫡长子继承。姬昌的父亲季历排行最小，无资格继承王位，这样姬昌也就没有继承周家天下的机会。古公亶父既不愿违背氏族的规范，又为自己不能按心意传位而十分苦恼，终日双眉紧锁，郁郁寡欢。他为了把王位传给昌，想让这个孩子的父亲先继承王位，

再由昌正式当周国的君主。古公故意给三儿子取名为季历，"历"就是经历的意思，表达了他想经过这一段时间的过渡以后，再把君位传给季历生的这个心爱孙子昌的意思。

季历的两个哥哥太伯和虞仲理解父亲的心意，便假托为古公采药，跑到了南岳衡山，又从那里跑到了远离周原的荆蛮。在遥远的蛮夷之地，他们断发文身，改从少数民族的风俗，当地的人民拥戴太伯为首领，在吴地（今江苏无锡）修建了城邦，建立了国家，成为吴国的始祖。古公病重时，太伯和虞仲曾回来探望，季历再三让位于太伯，太伯多次避让不成，只好带着弟弟虞仲再次逃回荆蛮吴部落中。这一次，为了表示义无反顾之心，太伯、虞仲带着族人远走高飞，举族南迁。他们从陕西西部的西吴出发，一路跋山涉水，披荆斩棘，辗转迁徙，最后一直到达长江入海处的江苏无锡、常熟一带。

太伯、虞仲易服毁容，完全改从吴人文身断发的习俗。在以礼义文明自诩的周人看来，只有遭刑罚的人才断发文身。太伯出逃时曾传话说："我已到句吴，改从吴人断发文身之俗。我已成刑余之人，再无资格当宗庙社稷之主了。"

文丁杀季历

古公死后，季历继承了君位。他对内继续执行古公时实行的发展农业的政策，对外争取团结各国诸侯，周族的力量渐渐发展强盛，先后打败了西落鬼戎、始呼之戎、翳徒之戎，基本上击退了来自西北的游牧部落的威胁，巩固了周人在渭水中游的统治。

那时，季历为了争取强大的商王朝支持，在商王武乙三十四年与商王朝改善了关系，亲自到商都朝歌去觐见武乙。武乙十分高兴，赏给了季历30里的大片土地，还赏给他10双美玉做成的大璧和8匹好马。季历有了商王朝的支持，开始对长期欺侮他们的戎狄进行反击。在与商王朝恢复关系的第二年，也就是武乙三十五年，周王季历率领军队征伐西落鬼戎。西落鬼戎的不少部落被周人打败，12个部落的首领做了俘虏。季历出师告捷，不仅一洗多年受戎狄欺侮之耻，而且获得了大片土地和大批奴隶，使国力得到了加强。

西周·女人之袍

文丁继位之后，因为要把主要精力用于对付神职人员，所以对于西方的周部落，继续沿袭武乙时期的怀柔政策。周王季历一看形势有利，就不客气了，出兵征伐山西长治地区的余吾戎，余吾戎败而降周。季历向文丁报捷，文丁闻报非常高兴，嘉封季历为"牧师"，牧师是地方伯长的意思，专征伐权。季牧师于是征始呼戎，始呼戎又败而降周。过了几年，季历再次打败了翳徒戎，把三个翳徒戎大头目送到朝歌，向文丁献捷。文丁看着季牧师越来越厉害，感觉不是好事，干脆突然下令将季历囚禁。季历本来没有叛商的想法，一气之下就死在商都朝歌。《竹书纪年》上说的"文丁杀季历"，就是这回事。

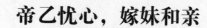

帝乙忧心，嫁妹和亲

◎ 商周结怨

　　文丁的手段太过激烈，大大加深了周部落与商王朝之间的矛盾。季历死后，他的儿子姬昌即位，这就是后世有名的周文王。

　　文丁杀死周文王的父亲后，使周族和商朝结下了冤仇。周文王姬昌大力发展生产，扩充自己的势力范围，积蓄力量，准备替父亲季历报仇雪恨。姬昌开始不断侵吞商朝西北诸侯方国，商王只能坐视，却没有办法。

　　周族姬昌还发兵攻打商王朝，虽然没有取得胜利，但给商王朝造成了一定的威胁。

　　接着，居于江淮之间的夷族也和周人一样对商朝进行侵扰。商朝腹背受敌，这使帝乙无比焦心。

　　帝乙不想僵化双方的矛盾，因为如果两面受敌，将会极大地削弱商朝的实力。

◎ 帝乙归妹

　　帝乙为此整日闷闷不乐。有一天帝乙心绪不悦地回到后宫，见妹妹正在逗爱子玩耍。看见妹妹，他眼睛为之一亮。以前不太在意，今天发现妹妹出落得仙女一般，真是比那月里嫦娥还要漂亮。他心里忽然产生了一个念头，如果要想避免东、西两方同时受敌，就得先修好一方。那夷方属于蛮子，跟华夏历来关系不够融洽，不像周族长期臣服于商。季历靖边讨伐西戎，协助王室安定边境本没有错，是父王产生疑心，错杀了季历，才引起姬昌怀恨在心，侵犯商朝。帝乙想到这里，就有心把胞妹嫁给姬昌，与周族修好。

帝乙派遣巫祝前往西岐提亲。姬昌志向远大，经过反复权衡利弊，审时度势，认为灭商的时机远未成熟。为了稳住商王，提高周族在诸侯中的威望，同时争取充足时间，于是很爽快地应承下了这门亲事。

倒是帝乙之妹听说哥哥要把自己远嫁西岐那荒凉之地，心里一百个不乐意，和哥哥哭闹起来，说什么也不嫁那西岐姬昌。帝乙好不容易想出和亲这个招数，哪能随着妹妹的意思让她随便搅和？不管妹妹怎么哭闹，他还是心一横，也不管妹妹心里有多么难过，亲自择定婚期，置办嫁礼，把妹妹送往西岐。成婚之日，西伯亲自相迎到渭水，以示郑重。周人自称"小邦周"，而尊商为"大邦""大国"，觉得与"大国"王妹联姻是"天作之合"。此事史称"帝乙归妹"，一时传为美谈。商周双方皆大欢喜，重归于好。帝乙任命姬昌继承父职为西伯。

帝乙胞妹没见姬昌之前，一直大哭大闹，及至见了新郎姬昌，她那脸上的阴云顿时烟消云散。原来她见姬昌相貌端正，仪表堂堂，一副大丈夫气概，有这样的男子做丈夫，她当然心满意足，脸色自然顿时如鲜花怒放一般。姬昌见王妹如花似玉，娇美温柔，心里也如蜜一样的甜美。《诗经·大雅》这样描写婚礼的盛况：

行聘选定吉祥日，　（文定厥祥，）

迎亲来到渭水旁。　（亲迎于渭。）

舟船靠拢作浮桥，　（造舟为梁，）

婚礼热闹又堂皇。　（不【通丕】显其光。）

她的婚礼是何等的风光，让她生命中最美的一刻定格在碧波澹澹的渭涘洽阳，写在沧桑的青史和诗集中，让两千多年后的人们还在津津乐道。莘国有女初长成，奉商王之命来嫁于周。莘和周，一个是煊赫的帝禹后裔，一个是艰辛的后稷子孙；一个是商畿边境的泱泱大国，一个是僻处西垂的蕞尔小邦……可惜历史没有留下她临行前的感言或日后的回忆录，我们没法知道她当时是悲是喜，不过在她日后生活的土地上，在周人世代传承的宗庙雅歌中，记下了那有着划时代意义的一刻。

莘国长女太姒来嫁于周为历史所浓墨重彩，当时重要的筮占笔记《周易》也没有遗漏这一信息。"泰"卦之六五爻辞曰："帝乙归妹，以祉，元吉。"认为这是一件好事。同卦的上六爻辞有记："城复于隍，勿用师，自邑告命。贞吝。"意思是说：城墙倒塌在城濠中，不宜出兵，只能在自己的邑中维持政令。大概也是天意让周人"潜龙勿用"；《易》中还有"归妹"卦，辞曰"归妹：征凶，无攸利"。下兑上震相叠，"有婚姻之动，有嫁女之象，故称归妹"。这一卦在谈急于求成之弊，如六三爻辞的"归妹以须，反归于娣"，是说须臾间就急忙出嫁，做不得主妇，反而有可能只落得个从嫁侄娣的下场。

文王经过反复的斟酌权衡，最终调整了战略。尽管周人的文化在当时还不够先进，但农耕的出身让他们具备了思考的习惯，这是这个民族最大的潜力；同时，殷商后期时常受到东南方的东夷（人方）困扰，继位未稳的帝乙恐怕也不愿腹背受敌，商周交恶对双方来说都没有好处。这时候，"和亲"不啻是一个最好的办法。太姒就在这样的形势下踏上了征途，作为一个和平使者登上历史舞台。在表面上她也确实起了弭兵的作用——终文王、帝乙一世，商周之间不再兵戎相加。倒不是文王被红颜消磨了志向，而是更懂得韬光养晦——为了族人的理想，他努力隐藏锋芒，不忘恭顺事商。《吕氏春秋》说他"上贡必适，祭祀必敬"，故而"纣喜，命文王称西伯，赐之千里之地"。这一养就是将近30年。他的一生尽管不曾真正东进，但为下一代周君伐商奠定了坚实的基业。

帝乙见和亲成功，商周之间尽释前嫌，亲善有加，唇齿相依，解除了后顾之忧。然后发兵东进，出兵征伐岛夷和淮夷，半路上受到盂方（今河南省睢县南）的截击。帝乙与诸侯停止前进，摆开阵势，全力以赴对付盂方。经过激战，终于消灭了盂方。

第四章

武王伐纣

　　周武王即位后，依旧遵循了文王定下的灭商大计，此时，商纣王已经察觉到周人对商朝造成的巨大威胁，决定兴兵讨周。然而，商朝统治集团内部的争斗已经进入白热化的阶段。于是，武王、姜尚等人便把握住这千载难逢的有利时机，大举讨商，一鼓作气推翻了殷商的统治。

西岐造台，文王访贤

西岐造台，收买人心

古密须国密须城，在今甘肃灵台百里镇，距县城 25 公里。密须国在商朝末期为周原西北部的一个强悍的部族。

据史载："密人不恭，敢拒大邦，侵阮祖共……"周欲伐商，为了巩固后方，姬昌伐密灭其国，此地属周。姬昌伐密告捷回国途中，在今县城之地筑灵台，祭苍天，安黎民。

古灵台遗址仅为一土台，高 2 丈余，底宽 1 丈 5 尺，顶方仅一席之地。1984 年重修灵台，新灵台高耸县城之中，高 78 尺，周长 288 尺，顶层为古建筑，内供周文王塑像。

灵台就是古代的天文台，但这在当时并不是科学研究的机构，而是"通天"的坛场。

正是由于"天命"观对于古代统治者有着极其重要的作用，因而观天象、望云气与占星术受到格外重视，在商周时期都设立了专司天文的人员。那些巫、祝、史、贞进行占卜巫术的同时，却也将零星分散的天文历法逐步进行了整理，并有可能从事比较系统的天象观测计算，形成了初期的天文学。

在中国古代科学的发展中，最早得到重视并设立专门机构的项目大概就是天文学。但在几千年中，灵台观象始终是皇家独有之物，帝王借此来垄断解释"天命"的发言权。

在姬昌回到西岐之后，军民都十分高兴，认为姬昌是圣贤之主，凡事都听从姬昌的。

姬昌认为西岐风调雨顺，国富民足，都是因为上天的保佑，于是想在西岐城南造一座灵台，以应天地自然之兆，但是又怕大兴土木，劳民伤财，于是借助百官议事的机会提出来询问意见。实际上姬昌造台不仅仅是为了观测天象，也有一定的军事目的。

上大夫散宜生认为，西伯侯造台不同于纣王造鹿台，造鹿台是为了取乐，而灵台为验灾祥，是为了国家而建造的，对百姓有利，并且西伯侯姬昌是一个仁爱的人，百姓一直都十分感激他，但是没有机会报答。如果姬昌贴出告示，号召百姓自愿出力，并给百姓工钱，不勉强百姓，这样也可以看一下百姓是否是一心向着姬昌。

姬昌觉得散宜生的话很有道理。于是，在西岐城四门张榜告示：

西伯侯姬昌示谕军民百姓知悉：西岐之地，乃仁义之乡，无兵戈用武之扰，民安家富，讼少官清。孤因羑里囚禁，蒙恩赦宥归国。因见近来水旱失调，欲查本土，占验灾祥，竟无坛址。观城南有一片空地，欲造一台，名叫"灵台"，用来占验风候阴晴，以防天灾。但恐土木工繁，有劳军民役力，特定每日给工资一钱支用。动工不拘时日，但随民便，愿出力做工者，上簿登名，以便发放工钱，如不愿者，悉听尊便，并不强迫，特谕通知。

这道告谕得到了军民的响应，姬昌回到西岐之后一直励精图治，为国为民，百姓正愁没有机会可以报答，况且建造灵台是为了验年成，为了百姓才建造的，并且还给工钱，百姓心中自是十分感激。

告示贴出的当天，前来报名的百姓有万名之多。姬昌知道只有百姓心悦诚服地为自己所用，自己才能够开工建台，于是便下令发给粮食工钱，修建灵台。西岐百姓响应号召，掘泥运土，伐木造台，个个都十分尽力，不分白天黑夜地造台，不到三个月工夫便竣工了。

姬昌十分高兴，随文武百官出城南门观看灵台建筑。只见那座灵台高耸百尺，巍峨壮观。上有阴阳八卦之势，下有龙虎风云之气，四角有四时之象。雕梁画栋，丽日飞甍，金碧辉煌。西岐文武百官见了，

都赞不绝口，只有姬昌沉默着不说话。

上大夫散宜生见姬昌不高兴，便询问他原因。

姬昌却说自己不是不高兴，这个台建得非常好，但台下缺少一个沼池，有失'水火既济，阴阳谐合'之意。但要是再开凿池塘，恐怕又要劳民伤财，因此才不高兴。

散宜生一听，觉得这种小事，不值得忧心，灵台工程这样的浩大，只花费了三个月的时间，只是挖一个池塘，没有什么难的，于是传姬昌之意，在灵台下再掘一池塘，以应"水火既济"之意。

众民工听说之后，都说小小池塘，立即可成，于是，众人七手八脚，挖坑运土，姬昌站在灵台上观看，自己如此得民心，自然是十分的高兴。

民工在挖池塘的时候，挖出了一副猿骨，四处抛弃，姬昌看见之后立即命人将猿骨殓在一处，用棺椁盛了，埋在别处高坡。

人们听说了姬昌的行为，认为姬昌是仁德的君主，古代的圣贤也不过如此了，于是对姬昌便更加忠诚了。

姜子牙钓鱼，愿者上钩

姜太公，即吕尚（史称太公望；史书皆称吕尚、吕望；俗称姜太公、姜子牙），为炎帝之后，本为姜姓，因其先祖伯夷为尧帝四岳，在舜帝时为秩宗，"典朕三礼"，佐大禹平水土功劳很大，为禹帝的股肱重臣，受封为吕侯，封地为吕国，为吕氏始祖，后世从其封姓（根据先秦及之前胙土命氏男子称氏的规定），故曰吕尚。享齐国祀者必吕氏，故史记云："盖太公之卒百有余年子丁公吕伋立；二十六年康公卒，吕氏遂绝其祀。"

相传姜尚的先世为贵族，后来家道中落，至姜尚时已沦为贫民。为维持生计，姜尚年轻时曾在商都朝歌（今河南淇县）宰牛卖肉，又到孟津（今河南孟津县东北）做过卖酒生意。他虽贫寒，但胸怀大志，勤苦学习，始终不倦地研究、探讨治国兴邦之道，以期有朝一日能够

大展宏图，为国效力。

当时，正是东方大国殷商王朝走向衰亡的时期。殷纣王暴虐无道，荒淫无度，朝政腐败，社会黑暗，经济崩溃，民不聊生，怨声载道。而西部的周国由于西伯姬昌（后为周文王）倡行仁政，发展经济，实行勤俭立国和裕民政策，社会清明，人心安定，国势日强，天下民众倾心于周，四边诸侯望风依附。壮心不已的姜尚，获悉姬昌为了治国兴邦，正在广求天下贤能之士，便毅然离开商朝，来到渭水之滨的西周领地，栖身于磻溪，终日以垂钓为事，以静观世态的变化，伺机出山。

姜尚的钓法奇特，短干长线，线系直钩，不用诱饵之食，钓竿也不垂到水里，离水面有三尺高，并且一边钓鱼一边自言自语："姜尚钓鱼，愿者上钩。"

有一天，一个叫武吉的樵夫，看到姜尚不挂鱼饵的直鱼钩，嘲讽道："像你这样钓鱼，别说三年，就是一百年，也钓不到一条鱼。"姜尚说："你只知其一，不知其二。曲中取鱼不是大丈夫所为，我宁愿在直中取，而不向曲求。我的鱼钩不是为了钓鱼，而是要钓王与侯。"

武吉嘲笑姜尚不知天高地厚，姜尚不理会他，他觉得没趣，便挑起柴火，往西岐叫卖去了。刚到城南门，正遇着姬昌等西岐文武观看灵台竣工，卫队先行让武吉回避，武吉挑着柴担，向城门边靠去，正当换肩的时候，担子脱钩，一头撅起来，正好打中守门军士耳根子，守门军士当场就死了。于是卫士将武吉捉住，交给姬昌处置。

姬昌询问了事情的缘由之后，暂时将武吉囚禁在南城门，武吉站在那里一动不敢动。一直等姬昌率文武百官从灵台回来，武吉见了姬昌，放声大哭，惊天动地。

姬昌不解，问他打死了人为什么还放声大哭？武吉哭着说自己是无意的。另外家中有 60 岁老母需要赡养。自己又没有兄弟妻室，如果将他判死，就没有人来赡养自己的母亲，因此才哭的。

姬昌听了之后，觉得武吉是个孝子，于是暂且把武吉给放了，让他回家准备好老母日后的赡养费和棺木寿衣，再来赎罪。

武吉回到家的时候，两手空空地看见老母正倚门翘首望儿呢。武吉近前哭拜在地。母亲见他哭得不成人样了，便询问他原因。

武吉便把发生的事情告诉了母亲，还说都是因为磻溪钓鱼的那老头儿咒的。

母亲一听十分不解，便仔细地询问，武吉便把自己砍柴的时候遇见姜尚的事情给母亲说了。

武吉母亲认为那老者一定是有道之士、世外高人，有先见之明，于是要求武吉立刻去拜访他。武吉不敢怠慢，立刻动身去拜见姜尚。武吉见到姜尚之后连忙下跪，流着眼泪说自己无意冒犯姜尚，求姜尚救自己一命。

姜尚不知道发生了什么事情，武吉便把事情的前前后后说给姜尚听，武吉哀求姜尚，自己有一个年迈的老母，如果自己死了，就没有人来侍奉老母了，希望姜尚施以援助之手，救自己一命。姜尚见武吉诚恳，一片孝心，又是误伤人命，便收武吉为自己的徒弟，让武吉每天陪他一块儿钓鱼。武吉见姜尚如此主张，但也不敢多说什么，只好每天都陪着姜尚钓鱼。

文王访贤，宿斋三日

关于渭水访贤还有一个故事：有一天，西伯昌躺在床上想着心事，突然看见天帝穿了一身黑袍，站在一个渡口，身旁有一位须发皆白的老人，正和善地看着他微笑。天帝说："昌啊，我赐给你一个好帮手，他上知天文，下晓地理，神通广大，智勇双全。他的名字叫作'望'。"西伯昌异常激动，刚要倒身下拜，天帝和老人却不见了。西伯昌突然惊醒，原来是个梦。他赶忙叫来太史，把梦境讲给他听。太史听了之后,高兴地说："这可是个吉祥之兆啊，主公明天去渭水边打猎吧，必有重大收获。您会得到一个治国的贤臣，作为主公的好帮手。"

第二天，西伯昌果真率领大队人马，和他们一起去围猎。走了一段路程之后，来到了一座山的旁边，看见设有围场，布下天罗地网，许多军士披坚执锐，手牵猎犬，肩扛鹞鹰，威武雄壮，逼得走兽入地无门，飞鸟上天无路。

姬昌见了之后想起，古代伏羲皇帝时，有丞相风后进茹毛于伏羲，伏羲说："此鲜食者皆百兽之肉，吾人饥而食其肉，渴而饮其血，以为滋养。不知吾欲生，忍令彼死，于心何忍？吾宁食百草之粟而养天年，不食禽兽之肉。"伏羲处在洪荒时代，没有百谷之美味，尚且不吃禽兽之肉，何况如今五谷丰收，肥甘悦口，何用禽兽之鲜？

于是责怪众臣不该这样，逼得鸟兽走投无路，阳春三月，正是万物生育繁殖的时节，杀一就是杀百。平民百姓都不会做这样的事情，自己又如何能做这样不仁的事情？于是命令南宫适撤去围场。

撤去围场之后，军队在路上前行踏青，忽然听见一伙渔人，唱着歌走来：

> 忆昔成汤灭桀时，十一征伐自葛始。
>
> 光明正大应天人，义旗一举民乐业。
>
> 今经六百有余年，商祚香烟将歇息。
>
> 悬肉为林酒作池，鹿台高筑血千尺。
>
> 内荒于色废朝纲，四海皆杂世不治。
>
> 我曹本是沧海客，洗耳不听亡国诗。
>
> 日逐清波放歌声，夜观星斗待天时。
>
> 独钓寒江天地宽，管他南北与东西。

姬昌听渔人唱完歌，觉得这歌寓意深长，韵律清奇，能作出这歌的必定是一个贤士，于是命令南宫适把作歌的人带来相见。

南宫适快速骑马到渔人的跟前，问是哪个渔人作出的歌词，渔人们见南宫适相貌十分凶猛，跪倒在地上，都说自己不是作歌曲的人，姬昌上前询问，众人也说不是自己作的。

其中有一个渔人告诉姬昌，离这里35里，有一磻溪，那里有一个钓鱼的老人作此歌唱，他们经常听，听得熟悉了，随口唱出，确实不是他们自己作的歌。

姬昌把他们遣散之后，不禁自言自语道："好一个洗耳不听亡国诗，磻溪一定隐居大贤。"

于是立即赶往磻溪，正在走的时候，转过山梁，有个人一边砍柴，一边唱歌：

春水悠悠春草奇，明君未遇隐磻溪。

世人不识高贤者，只作溪边老钓矶。

姬昌听完之后，心想这个人一定就是贤人了，便悄悄地要散宜生把他请来相见。

散宜生走进这个人一看，才知道这个樵夫不是别人，原来是逃犯武吉。散宜生命令武士拿住武吉，去见姬昌。姬昌见是武吉，十分愤怒，自己宽恕武吉让他回去安置老母的后事，这武吉安置之后却不去伏法，一直逍遥法外。

武吉一边跪在地上，一边解释说自己并非不去伏法，是他的师傅叫他陪自己钓鱼，并说自有主张的。

姬昌问他师傅是谁，并问他这些歌曲是不是武吉的师傅作的，武吉都一一如实地回答。

姬昌听了之后非常的高兴，于是暂时赦免武吉无罪，命令他请师傅相见。于是武吉就带领他们前去见姜尚。

姬昌领着文武百官和众儿子，怕惊扰了姜尚，全都下马步行，走了八百步，看见有一草舍，姬昌让武吉去查看姜尚是否在屋里，自己和诸侯以及儿子在屋外等候。

姬昌心情十分激动，但是武吉却告诉他，姜尚不在草舍，他说自己的师傅行踪不定，有时候踏山游水，有时候访友论道，或者在溪边垂钓，没有一定的规矩。

散宜生告诉姬昌说，自古以来，求贤聘杰，都要十分的虔诚。上古神农拜常桑、轩辕拜老彭、黄帝拜风后、商汤拜伊尹，皆沐浴斋戒，都是选择一个吉日迎聘的。应当回去挑选一个好日子，再来迎聘。

姬昌虽然不太愉快，但是也没有办法，只有恋恋不舍地离开草舍，跟随文武百官回城。但是回府之后，姬昌下达了一道命令，那就是文

武百官都要在殿庭宿斋三日，然后再一起前去请贤。

于是，西岐文武都在殿庭斋宿。到了第四天清晨，文武百官沐浴更衣，笙簧齐奏，鼓乐喧天。姬昌端坐銮舆，载着聘礼，出城迎聘姜尚。后面跟着毛公遂、周公旦、召公奭、毕公高四贤，伯达、伯适、叔夜、叔夏等八俊，姬发等98子，南宫适、散宜生等两班文武。旌旗招展，列队而行，往磻溪走来。走到溪边，皆步行，静静地立在姜尚身后，看姜尚垂钓。姜尚故意装作不知道，作歌唱道：

西风起兮白云飞，岁已暮兮将何为？

鸾凤鸣兮明主现，垂竿钓兮知我谁！

姬昌仔细地观察姜尚，发现他头发银亮、胡须飘拂，非常悠闲自在地坐在石头上垂钓。尽管身边车马喧哗，他却视若无人，目不斜视。姬昌觉得这位老者很不寻常，再仔细一看，发现他的样子、风度和神态竟和自己在梦中见到的那位老人一模一样。

姬昌恭恭敬敬地走到姜尚的身边，同姜尚攀谈起来。姜尚对天下大事了如指掌。姬昌高兴极了，诚恳地说道："老先生，我的祖父老太公生前就盼望能有一个圣人来到周国，助我兴邦立国，您就是太公所说的圣人吧。"于是，姬昌亲自把姜尚扶上车辇，一起回宫，拜为太师，称"太公望"。从此，英雄有了用武之地。

姜尚在辅佐周文王期间，为强周灭商制定了一系列正确的内外政策。对内，实行农人助耕公田纳九分之一的租税，八家各分私田百亩，大小官吏都有分地，子孙承袭作为俸禄等经济政策，促进了生产的发展，打下了灭商的经济基础。对外，表面上坚持恭顺事殷，以麻痹纣王，暗中实行争取邻国、逐步拉拢、瓦解殷商王朝的盟邦，以翦除殷商羽翼，削弱和孤立殷商王朝的策略。在姜尚的积极谋划下，归附周文王的诸侯国和部落越来越多，逐步占领了大部分殷商王朝的属地，出现了"天下三分，其二归周"的局面，为最后消灭纣王、取代殷商创造了条件。

掩人耳目，武装征伐

 姬昌进贡，以掩人耳目

姬昌逃归西岐，积极准备灭商事业，他广求天下人才，招揽叛商人士，废寝忘食。父亲季历被商王文丁杀害；年轻有为、多才多艺的儿子伯邑考被纣王和妲己杀害；自身囚禁羑里七载。姬昌对商朝的仇恨刻骨铭心，发誓灭商报仇。他用姜尚的计谋，表面上还臣服于商朝，仍以商朝的一个"侯伯"身份出现，对纣王称臣纳贡，却"阴行善"，在积极准备武力征伐的同时，大力开展政治攻势，用外交手段，扩大影响，分化瓦解商王朝的附属方国。而纣王则自恃其大，政治上麻木不仁对姬昌的作为不以为意，放松了警觉。

姬昌返回西岐后，所干的第一件事，就是渡过渭水，将曾经告密的亲商近邻崇国灭掉。然后，他将都城由岐周迁至沣水西岸，将全部关中平原据为己有。而对商朝，姬昌还是对它保持着过去那种毕恭毕敬的态度，周文王"享国五十年"，终其一生，不曾有过一次正式的反商之举。他是一个相当明智之人，他知道周人的势力还赶不上商朝，血的教训给他的印象实在是太深刻了，他不能轻举妄动，要以暂时的屈从换来发展的时间与扩张的空间。于是，他不断地征伐周边弱小国家，将它们置于自己的管辖之下。文王死时，周国已将版图与势力范围扩大到东至江淮，南及江汉，西南入于巴蜀的广大地域，"三分天下有其二"，为消灭商朝奠定了雄厚的政治、经济、军事及文化基础。

虽然历史当中他不曾伐纣，但是回到西岐之后，他确实是一直惦记着攻打朝歌的事情。

有一天，姬昌上朝议论政事的时候，询问百官是否可以出兵伐纣了，姜尚不同意贸然出兵，劝说姬昌应该先稳住纣王，巩固西岐地盘，扩大势力范围，逐渐剪除商朝的羽翼，然后再一举伐商，并让姬昌继续向纣王进贡称臣，保住兵权，先伐西方犬戎诸国，最后挥兵东进。

姬昌也认为姜尚的话有道理，西岐的毛羽不够丰满，不可以高飞，文章不成者不可以诛罚，道德不厚者不可以使民。

于是姬昌诚恳地听取了姜尚的忠言，从西方征得有莘氏金发碧眼风骚美女一名、骊戎国出产的红鬃黄眼血汗马两匹、有熊国出产的骏马36匹及宝玉贝壳无数，派闳夭带上洛西地图，去朝歌纳贡。闳夭带着礼物，来到朝歌，在驿馆休息之后，先送礼物打点费仲，托费仲代为周旋。

这天，纣王正在鹿台看护妲己，妲己脸伤没有痊愈。纣王愤恨至极，不知道是谁养的鸟儿竟敢如此的大胆，伤害自己的爱妃。

正在这个时候，费仲前来觐见，并说西伯侯姬昌夸官逃回西岐以后，终日自我反省，担心君王加罪于他，于是特意派闳夭大夫纳贡，并献上洛西地图，希望可以消除前嫌。

纣王先是问费仲的意见。费仲认为，这个时候正是用人的时候，南都鄂顺又叛商不朝，这个时候姬昌纳贡来朝，刚好可以作为诸侯的表率，于是告知纣王，这是个好的机会，应该让姬昌去征伐不朝贡的诸侯国，抓住这个机会自己享个清静。

纣王觉得有道理，于是让闳夭进见。闳夭见到纣王叩首施礼，说西伯侯回到西岐之后，感觉自己蒙受天恩，夸官的时候逃走，实在是不应该，于是派遣他前来谢罪释嫌，献洛西的地图给君王，从此洛西之地都属于君王。并且有莘国美女一名、稀世宝马两匹、有熊国骏马36匹、宝玉海贝等都是进献给纣王的。

闳夭说完之后，呈上地图礼单，推出有莘氏美女让纣王过目。洛

西之地，沃野百里，物产丰富，自从姬昌答应献地以来，并没有真正划地封疆，纣王每当派人去洛西收取粮食赋税的时候，双方都争执不断。纣王见闳夭献来封疆图样，不费力气便得到这片富庶的土地，心中自然高兴，又见有宝马宝玉海贝无数，心中自然是高兴，再看那莘氏美女，与东方美女也非常的不同，心中的欢喜自然是不言而喻的。

纣王平生贪财，嗜酒与色，今见有莘国美女，顿时来了精神，十分欢悦，仅仅是莘国美女就足以与姬昌冰释前嫌了，更何况还有许多宝物呢！于是让闳夭转告姬昌和他和好如初。闳夭拜谢之后，借机进言说，西方犬戎诸方国不朝，希望君王准许西伯侯代为征战。纣王正高兴，便立即允许。

闳夭回到西岐复命之后，姬昌就借助时机，扩大政治影响，扩大地盘，争取人心。

姬昌向西北、西南用兵，为最后剪商扫除后顾之忧，用一年时间征服了西北方的西戎（在今陕西凤翔以西一带），又用一年时间征服了混夷（在今陕西岐山、邠县一带）和泾水上游

西周·张家坡车马坑

的密须（在今甘肃灵台西部）、阮（在今甘肃泾川县东南）、共（在今甘肃泾川县北）等方国部落。然后，又用兵西南伐蜀，为"剪商"大业奠定了巩固的后方根据地。稍事休整之后，姬昌挥军东渡黄河，侵入河东河内地区。又用一年时间，攻伐耆国（在今山西黎城）、邗（在今河南泌阳）等商朝的附属方国，形成进逼商都朝歌的战略形势。姬昌以"受命侯伯"自居，四处征伐异己势力，影响越来越大，引起朝歌有识之士的警觉。

殷商的大臣祖伊对西伯侯这种肆无忌惮的吞并行为感到十分恐惧，就把西伯侯如何吞并诸侯领土和他对西伯昌的看法一一禀报纣王。祖伊十分委婉地向纣王说："上天既然把天命赐给了殷商，就是要殷商的天下兴旺发达，兴利除弊。但是目前无论是从老百姓的反映来看，还是通过占卜来看吉凶，都对殷商十分不利，这不是先王不来保佑我们，问题在于大王只知道贪图享受和淫乐，而对老百姓则施用暴政，动辄使用酷刑，严刑拷打，这是大王自绝于老百姓，以至于老天也不来保佑我们了，使天下连年灾荒，老百姓不能安居乐业。如果再不按上天给我们的警示，好好地安抚百姓，使百姓能过上温饱的生活，老百姓就会背叛我们去投靠别的诸侯。现在周国的诸侯西伯侯暗地里收买人心，还四处吞并诸侯的领土，商朝的许多领土都已被西伯侯所侵占，对殷商已构成了极大的威胁，大王如再不采取措施加以制止，后果就不堪设想了，请大王三思！"

纣王这时候对西伯侯十分信赖，把西伯姬昌当成是自己最贴心的大臣，根本就听不进对西伯侯的任何指责，就轻描淡写地说："这有什么可怕的？不是有天命吗！天命在我，西伯又能有何作为？"把祖伊的一番好意当成耳旁风，压根儿就没把这事放在心上，只顾自己和妲己尽情地享乐，过着花天酒地、醉生梦死的放荡生活。这使祖伊十分沮丧，于是，祖伊辞官隐居山林，不再复出为官。

姬昌武装征伐，分化商朝版图

正如祖伊所见，姬昌武装征伐的同时，积极开展强大的政治攻势，不断分化瓦解商朝的附属方国，许多诸侯方国纷纷脱离商王统治，归附姬昌，所以史书上说："西伯阴行善，诸侯皆来决平。"

商朝的附属国虞（位于今山西陆县）和芮（位于今山西芮城）长期闹边境纠纷，纣王无法解决。

西伯暗中做善事，诸侯都来请他裁决争端。当时，虞国人和芮国人发生争执不能断决，就一块儿到周国来。进入周国境后，发现种田

的人都互让田界，人们都有谦让长者的习惯。虞、芮两国发生争执的人，还没有见到西伯侯，就觉得惭愧了，都说："我们所争的正是人家周国人以为羞耻的，我们还找西伯侯干什么，只会自取其辱罢了。"

于是两人和解，返回领地，互让疆界，并派人向姬昌表示归服。许多诸侯国听说虞、芮二侯归服，也都把姬昌称为"受命之君"，也都纷纷前去归附姬昌。姬昌见时机成熟了，准备伐崇。

崇（位于今陕西户县东），是商王朝在渭水中游地区的重要方国，崇侯虎是纣王的亲信爪牙，盘踞在关中，密切监视周人的行动，姬昌为公为私，早就对崇侯虎恨之入骨了，必欲除之而后快。

当年正是崇侯虎向殷纣王说西伯的坏话，纣王才将他囚禁在朝歌长达七年之久。而这个人又倚仗纣王的恩宠，惑乱朝政，无所不为，贪赃害民，但是却没有人加以制裁，如果不除去，对于西岐来说，必定是个大祸害。

姜尚献计让姬昌祭出纣王所赐白旄、黄钺，借名商王节钺亲征，发了十万人马，让南宫适为前部先锋，杀向了崇城。

双方交战了很久，不见胜负。崇城坚固，崇应彪又十分骁勇，姬昌担心朝歌发兵救援。

攻破崇城，姬昌托孤

 崇侯虎丧命，攻破崇城

其实当祖伊劝阻纣王的时候，纣王同样意识到了事态的严重性。他也采取了应急措施。但是，由于他刚愎自用和自恃聪明的个性而拒不纳谏，在他看来，大臣们的意见真是浅薄至极。纣王命令军队在黎国集结，准备同姬昌进行决战。这就是《左传·昭公四年》所记载的："商纣为黎之蒐，东夷叛之。"

东夷，分布在今河南东部、山东南部、江苏西部和安徽境内。它与商的战争由来已久，是商王朝的心腹之患。东夷，历史上也称为"东夷民族集团"，是周朝以前仅次于中原华夏民族的第二大民族。东夷的本意为东方之人，是中原华夏民族对当时东方各民族的统称，主要分布在今山东、江苏一带和长江、淮河流域。东夷历史上曾经非常强大，是当时中原民族最主要的竞争对手。

中原地区的华夏民族曾经多次和东夷爆发大规模的战争，如中国历史上著名的炎帝、黄帝同蚩尤之间的战争就是华夏部落与东夷最早的大规模冲突。东夷与中原民族之间的关系非常复杂，既有战争，也存在合作与融合，例如中国历史上著名的大舜就是东夷部落首领，双方共同创造了中华民族早期灿烂的文明。但总体来说，双方的冲突更多些。历史上，当中原地区的力量强于东夷时，东夷就臣服于中原王朝。而当中原地区的力量衰落时，东夷就立即转为进攻。中原地区的

民族和国家与东夷始终处于"时战时和"的拉锯形式，东夷也成为始终威胁中原王朝的最大力量。这种局面到商朝末期更加明显。伴随商朝的衰落，东夷开始大举西进入侵商朝。因此，纣王帝辛面临要么妥协要么反击的选择。他选择了反击。但纣王帝辛面临着艰难的局面，西方有周，尽管周再次臣服，但难保他不复反。如果此时进攻东夷，有可能出现商被东西夹击的局面。但东夷问题已经到了必须有个了结的地步，于是纣王帝辛在西部部署了一部分兵力，联合忠于他的方国监视周。同时，调集大军开始远征东夷。

商末以来，尤其在帝乙和纣王时期，双方的战争始终未曾间断。这一次，东夷的进攻真是对纣王的致命一击，给商朝急剧恶化的形势雪上加霜。大敌当前，封王企图先彻底击败东夷，巩固后方，回过头来再与姬昌决战。他率商军主力向东夷进行大规模讨伐，意在速战速决的纣王没有想到，他陷入了与东夷互为攻守的拉锯战中，不仅宝贵的时间被无情地耽搁，而且严重削弱了商王朝对周军的防范力量。东战东夷成了纣王帝辛重大的战略失误。

姬昌抓住这个时机，飞速南下，急趋朝歌，不久即攻取了招（今河南沁阳）。招是商王的田猎区，地处商朝腹地。招被周军占领，成为周商势力对比转换的标志，因为该地一失，周军即出现在河南平原上，无地势阻碍，可以直驱朝歌。

然而，前面便是崇侯虎的封地，崇是与商纣王关系密切的大国。

昔日崇家先祖在崇州抵御鬼方和犬戎，为商汤立下汗马功劳，得封北伯侯，世袭罔替。

崇侯发现崇州一带山势险峻，矿藏丰富，为绝蛮夷祸乱，带领百姓建关筑城，欲图凭借人力打造一座坚不可摧的雄关。百姓苦于鬼方与犬戎扰乱，闻言无不欢欣鼓舞，纷纷跟随崇侯全力营建。

不想工程浩大，虽本意抵御外敌，却连年耗费钱财，扰民生计，致使崇州民不聊生，苦不堪言。

崇城固然重要，但崇侯深知百姓之重，虽然难以取舍，最终还是停止了崇城的修筑，并定下祖训，不可再筑崇城。百姓因此得以

休养生息。

许多年过去了，一直到崇侯之位传至崇家后人崇侯虎。

崇侯虎为人残忍暴虐，对纣王唯命是从，对百姓则血腥压制。商纣的暴政致使鬼方和犬戎又有来犯之意，崇侯虎为保商纣王安心，不顾祖训，强行征召百姓，加大税赋，重新修建废弃多年的崇城。

此次崇城的修筑，可谓是崇州百姓的一部血泪史。崇城建筑的地理位置险峻，动工十分危险，但崇侯虎却一再逼迫工期，不少工匠坠入深渊，命丧黄泉。崇侯虎怕百姓哗变，在崇城布置了重重机关、步步关卡，崇城的地下，不知掩埋了多少白骨，以至崇州境内怨气冲天，风云变色。

崇侯虎之残暴不止于此，他更是以邪术将众多工匠魂灵困于崇城，使其无法踏入轮回，以魂灵的怨恨为崇城又增添了一道屏障，却也种下自己不得善终的恶果。

据说崇城竣工之日，电闪雷鸣，黑云压境，就连镇压黑龙的女娲神像也流下了眼泪，百姓哭声载道祭奠自己死去的亲人，崇侯虎却在崇城内歌舞升平大肆庆祝，百姓敢怒不敢言。

崇是周人向商统治中心朝歌推进的最后一个也是最大的一个障碍。姬昌伐崇注定是一场硬仗。崇侯虎依城固守，等待纣王回师西线，里应外合，彻底击败姬昌。

崇周两军在崇城之下一直相持达三旬之久。这是姬昌兴兵伐商以后历时最长的一次战役。崇侯虎期盼的纣王主力部队始终未能出现，崇最终被攻破。

朝歌门户洞开，敞开在雄心勃勃的姬昌及其盟友面前。至此，周军已完成对商统治中心区域的包围，并形成钳形攻势。

姬昌临终托孤

姬昌杀了崇侯虎父子之后，占据了崇地，清点府库，得到了无数钱财粮食，军威大振。

占领崇城之后，姜尚曾建议迁都崇城，因为崇地沃野千里，物产丰富，粮食充足，不仅军事上有战略意义，也是重要的经济中心。

姬昌认为刚刚攻打收服了崇城，崇城人心未服，不可以作为都城，最后姬昌选择了在丰地丰水西岸兴建都邑。

丰邑城的建立，把周族的政治中心从周原的岐邑东迁，在丰（今陕西省西安市西南）树起了周的旗帜。至此，姬昌经过几年的西征东伐，实际上已经完成了对商都朝歌的战略包围，达到了古书所说的"三分天下，周有其二"的局面。周族对商王朝形成了咄咄逼人的威胁。

正当姬昌欲大展宏图之志的时候，却一病不起，眼前总是浮现出崇侯虎被杀的时候那狰狞可怖的人头模样，寝食不安。眼见得病情一天比一天严重，文武百官接踵而来问安。

有一天，姜尚进宫问安，见姬昌枯瘦如柴，力不能支，不禁落下泪来。

姬昌知道自己的时日已经不多了，于是命人将自己的次子姬发叫到床前，慎重地将自己的次子托付给了姜尚。

姬发听从姬昌的话，拜姜尚为师，姜尚因感激姬昌的知遇之恩，一直竭尽全力地辅佐姬发。

《尚书·无逸》和《吕氏春秋·制乐》都说姬昌享国50年，称王前立国43年。死后葬于毕（指陕西长安区与咸阳之间渭水南北岸，境域较广）。周文王在中国历史上是一位名君圣人，被后世历代所称颂敬仰。

中国古人普遍有崇古心理，效法上古圣贤之君、效法"三代"之法，是古人津津乐道的话题。周文王就是人们心目中的完美形象。孔

子称周文王为"三代之英",还感慨道:"郁郁乎文哉,吾从周!"孟子称文王这样的圣人500年才出一个。历代以复周礼为己任的人就更数不胜数了。其实,由于年代久远,文献残缺,人们对周文王的了解未必很多,周礼也未必很完美,但是作为人们对清明之君、清明之制的一种向往,它的意义还是积极的,所以说抽象意义的周文王影响了中国历史2000多年,是一点也不过分的。

后世的儒家,为了把道德与政治联系起来,把文王当成一个"内圣外王"的典型加以推行,文王的影响就越来越大了。孔子就特别推崇文王,他做梦都想恢复"郁郁乎文哉"的周礼。但文王的言论今天已经所见无几。据说文王善演《周易》,今天的《周易》就有文王的整理之功,也许从那里,我们可以看出文王的一些政治理念。

姬昌死后,其子姬发于公元前1076年继位,是为武王,尊其父姬昌为文王。他继续完成文王的没有完成的事业,灭商的大业进入了最后的实施阶段。

此时,殷商日益严重的危机,已经处于不可挽救的地步。在此之前,由于周人在西方的不断进逼,使殷商的臣下普遍感到有覆灭的危险。同时,各地诸侯也纷纷叛离。商纣王就把他的主要兵力调往东线,全力进攻东夷各部。但是,由于东夷的地域辽阔,东夷各割的力量也比较强大,使得商王用了好几年的时间,才取得了对东夷各部战争的胜利。商纣王用兵东夷,虽然取得了胜利,也俘虏了"亿兆夷人",掠夺了大批财物,但却消耗了殷商王朝的大量人力、物力,加重了人民的负担,进一步激化了社会的矛盾,为周人的发展壮大提供了契机。

武王自称太子发,不称王,不改年号,以示奉文王之命。西伯侯在周国和诸侯中有很高的威望。武王一登基,打着文王的旗号,充分动员军民群众和各诸侯国。周武王尊西伯侯为文王,制作了一个木雕神主供奉在大殿上。周武王宣称要发扬光大西伯侯事业,灭殷是西伯侯的遗志。这一着棋很灵,文王的精神把周国人民及诸侯们都团结起来了。

姬昌死的时候,纣王正在饮酒作乐,听说姬昌死的消息之后,十

分高兴，更加感觉自己就是天命的帝王，谁也无法推翻。

当时朝中的大夫姚忠曾建议纣王趁姬发根基未稳，发兵讨伐，一举灭周，以除去后患，但是纣王过于狂妄自大，认为姬发不过是一个乳臭未干的黄口稚子，不足为惧。

姚忠认为姬发虽然年轻，但是聪慧过人，素来心怀大志，而且有姜尚、南宫适、散宜生等一班文臣武将辅佐，不可轻视。

但是纣王却认为姜尚不过是一个鼓刀屠夫、算命先生，并且已经年老体衰，南宫适只是一介武夫，姚忠不过是庸人自扰。不但没有采取任何措施，而且在朝中大摆宴席，庆贺姬昌的死。

这一失误，最终导致了商朝最终的灭亡。

飞虎叛乱，斩关逃出

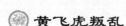

黄飞虎叛乱

商朝制度，每年正月，诸侯百官、文武大臣都要带着自己的夫人一同进宫朝拜。大臣拜君王，夫人拜见王后，各尽君臣之礼。

这天，黄飞虎退朝回到府中，正同弟弟黄飞彪、黄飞豹以及黄明、周纪、龙环、吴谦等在欢饮，庆贺新年的开始的时候，得到一个消息大吃一惊，原来，黄夫人进宫拜见王后，只因多喝了几杯酒而失足掉下了楼台。

黄明、龙环、吴谦、周纪同为殷商武成王黄飞虎的四大家将，黄明说黄夫人跳楼身亡这事情有蹊跷，黄夫人一向做事谨慎，不可能是失足掉下楼台的。而纣王一向嗜酒好色，见一个爱一个，恨不得天下美女都占为己有。肯定是那纣王调戏黄夫人，黄夫人不从，才跳楼身亡的。

周纪认为黄明的话十分有道理，朝廷宫中黑暗腐败，有理也说不清楚，人人担惊受怕，不知什么时候就大祸临头了，猜想这件事情一定是妲己事先设计好的，心中十分的愤愤不平。

黄飞虎一向忠于纣王，虽然知道纣王荒淫无道，也曾多次进言，引起纣王的不满，但还是一心守护商朝祖先创下来的基业。虽然夫人无缘无故死了，但这时候他不但没有反叛商的心，反而认为周纪、黄明两人终日不想着忠君报国，反而口出反语，陷自己于不仁不义之中。事情的真相还没有查明，如果自己为了一个女人弑君造反，必然要留下千古的恶名。

于是大骂黄明和周纪。黄明和周纪本是一心为黄飞虎打抱不平，却没想到黄飞虎这般不信任自己兄弟的话，一心地维护纣王。恼怒之下，两人招呼龙环、吴谦入座继续饮酒作乐。

四个人边喝酒边说笑，狼吞虎咽地大吃大喝，气得黄飞虎咬牙切齿，心如油煎一般。

周纪这个人比较的有心，跟随黄飞虎多年，深深地知道黄飞虎的弱点：虽然一身武艺，但是性情优柔，一心保商。

于是周纪边喝酒边说一些话取笑黄飞虎：身为武成王，位尊禄显，荣耀无比，夫人进宫死了却甘心情愿。知道的人说宰相肚里能撑船，不知道的人还以为黄飞虎是靠夫人色相取悦纣王，才获得高官富贵呢。

黄飞虎听了周纪的话，气得暴跳如雷。挥剑便砍断了大堂的柱子，并叫嚷着一定要找纣王问个明白。

黄飞彪见哥哥这样，一脚踢翻案席，高叫："反了！"带着家将收拾细软财物去了。

黄明借机献计，要求一同奔赴西岐，为伐纣出一份力。

周纪心想，黄飞虎是被自己的一番话激怒，才要与纣王算账的，如果中途变卦了，可就不好办了，不如绝了黄飞虎的后路，让他没有

回头的余地。这样想来，周纪便说如果他们这样出城，一定会遭到纣王的怀疑，并会下令捉拿他们，不但逃不掉，还会有性命之忧。不如一同杀进朝歌，即使拿不住纣王，也可以挫挫纣王的锐气。

黄飞虎这个时候心中一片迷茫，被周纪、黄明他们搅和得没了主意。脑子一热，便披挂上马，直奔宫中去了。

这时纣王正在后宫与姐己说话，正为黄夫人坠楼身亡而哀叹不已，非常的不高兴。侍卫慌忙地奔了进去，说黄飞虎叛变了，在大殿外叫嚷呢。

纣王听说黄飞虎叛变，十分恼怒，大骂黄飞虎不识好歹，竟然敢欺君罔上。

于是，命令侍卫取过来一把大刀，披挂上马，亲自点了一批御林军，打开宫门迎战黄飞虎。黄飞虎这边也已经摆开了架势。黄飞虎见纣王骑着高头大马，手里拿着金锏刀，威风凛凛，精神抖擞，战马嘶鸣，手中斩将刀寒光闪烁，冷气袭人，一时竟不知说啥是好，十分的愧疚，低下头不说话。

纣王大骂黄飞虎大逆不道，要黄飞虎说出为什么叛变。

还没有等黄飞虎回答，周纪便接话反过来骂纣王昏庸无道，荒淫乱常，连忠臣的妻子也不放过。

说着，拍马抢斧，朝纣王砍去。纣王见周纪气势汹汹地杀向自己，没时间解释清楚，急忙纵马舞刀迎战周纪。刀斧相击，铿锵作响，火星四迸。纣王力气大，把周纪手臂震得酸麻，连战马也向后坐下去了。眼见纣王再起一刀，周纪性命就不保了。这边黄明急忙从斜刺里挺枪刺来，纣王急架黄明这一枪，周纪才保住性命。黄飞虎见状，无可奈何，心中暗骂周纪、黄明："也不等问个明白，这两个混蛋便动起手来了，真是岂有此理！"眼见周纪、黄明气力不支，危在旦夕了，大呼要黄飞虎过去相救。黄飞虎没有办法，也顾不得许多了，催动坐骑也杀将过来。纣王见他三人齐上，却全然没有恐惧之色，施展刀法，上下左右翻飞，势如劈竹，凌厉生风，只杀得黄飞虎他们三个只有招架之功，没有还手之力了。

黄飞虎知道纣王厉害，武功盖世，力大无敌，再要斗下去，自己必定会吃亏。于是大叫让周纪、黄明赶紧跑。周纪、黄明听黄飞虎一叫，拨马便飞奔西门而去。黄飞虎随后也虚晃一招，赶紧逃跑了。

纣王见三个人都逃跑了，也不追赶，只是下令召集文武百官，上朝议事，捉拿叛臣黄飞虎。众文武百官听到急召之后，立马赶到九间大殿，等候纣王。

纣王一到大殿就怒火四射，问谁愿意去捉拿黄飞虎，文武百官听说捉拿武成王，都不吭声，事情发生得过于突然，不知道究竟发生了什么事情，所以没有人敢发表意见。

纣王见大臣们都不吭声，大骂自己养了一群酒囊饭袋，只知道拿俸禄，不知道为朝廷办事。纣王正在发火大骂群臣的时候，侍御官说闻太师东征回朝了，纣王一听闻太师回朝，十分的高兴，亲自下殿迎接太师，口称："太师东征，辛苦了！"

闻太师见过纣王与文武百官，随口询问纣王，怎么没有见武成王上朝？不问便罢，一问纣王更加恼怒了，骂黄飞虎食商朝的俸粮，却做出叛商这种大逆不道的事情来。

闻太师听了，十分吃惊，询问黄飞虎叛变的原因。纣王述说原委，闻太师听了之后，心中十分的不高兴，心想自己东征刚刚回到朝中，就听到发生这样的变故，什么时候才能安宁呢？于是说，黄夫人失足坠楼，事出偶然，只因平日君臣不协，故有黄飞虎之变。黄飞虎一贯忠心为国，几代人都有功于社稷。他位极人臣，不可能轻易叛君。古人说："君不正，则臣投外国。"还是君王有不对之处。为今之计，希望君王赦黄飞虎无罪，自己将他追回，只有这样社稷可安，国家可保，才有利于万民。

文武大臣听太师这么一说，赶紧齐声附和。闻太师说："君王怀仁，固当赦宥。如果黄飞虎不问清楚事情的缘由，就鲁莽忤君，就是有罪了，诸位朝廷命官不可效法。说完之后亲自率兵前去捉拿黄飞虎了。

黄飞虎斩关逃离

纣王散朝回宫之后，心中十分的烦躁。他知道黄飞虎是朝廷要员，掌管军事。多少年来，军中要职，都是黄飞虎亲手提拔任用的爪牙，党羽亲信众多，各关隘守将也都与黄飞虎关系密切。

黄飞虎反叛，影响极大。况且黄飞虎勇冠三军，非一般人所能抵挡得了的。他要是投奔西岐，朝歌迟早为其所害。纣王越想越恨，恨不得立刻捉回黄飞虎，将他醢醢正法。好在闻太师已去捉拿，纣王那颗吊起来的心才稍稍放下。于是，命人摆上酒宴，与妲己饮宴，坐等太师消息。

这个时候，黄飞虎与黄明、周纪等已经反出朝歌，马不停蹄地过了孟津，急渡黄河，绕过渑池，来到一个叫白鸢林的去处，只听后面喊声雷动。尘土飞扬之中，黄飞虎看清旗号，认得是闻太师率兵追来，大惊失色，闻太师东征是何等的厉害，黄飞虎认为自己无论如何也逃不出闻太师的手掌了。

殷商太师闻仲辅两朝君主，殚精竭虑；东征西讨，镇朝歌江山、稳殷商气数，为人刚正不阿，甚有威望，对商朝忠心耿耿，有先王赐予的打王金鞭，上打昏君下打奸臣，纣王亦敬重和害怕他。俗语"文足以安邦，武足以定国"中的"文"指的就是闻仲。

黄明见形势急迫，就让黄飞虎带领三个孩子找个隐蔽处躲了起来，自己押着车辆细软等候闻太师，与他周旋。

闻太师驱兵赶来的时候，看见黄明押着车辆，车上装满了细软和货物，一个人在道路旁边休息，但是却不见黄飞虎他们，于是就把黄明捉住，骗他说纣王赦免了黄飞虎的罪行，让自己将他带回朝歌。

黄明却说黄飞虎已经回到了朝歌。闻太师询问原因，黄明说黄飞虎料定，他们叛乱一定会有追兵，于是让他带着细软先走，在白鸢林等候，黄飞虎带着家将埋伏在孟津附近，等追兵过了黄河，便杀回朝歌，杀了纣王，另外立新的君主。

闻太师听了黄明的话之后，大吃一惊，立马押着车辆和黄明风风火火、马不停蹄往朝歌赶。到第二天清晨，闻太师领兵进了朝歌，看看没有动静，知道自己中计上当了。闻太师走进九间大殿，见纣王安然无恙，追悔莫及，于是立刻下令，封锁各个出口，捉拿黄飞虎。

黄飞虎知道闻太师已经带领兵马回朝，黄明被捉，心中是既高兴又担忧，喜的是自己躲过一劫化险为夷，瞒过了闻太师，忧的是黄明性命难保。但是事情已经到了这种地步，知道自己救不了黄明，只好带着儿子和家将上路快速地逃离。来到临潼关，早有总兵张凤截住去路。黄飞虎杀了张凤的大将陈桐，逃出临关。达穿云关时，又杀了陈桐的哥哥守将陈梧，往界牌关走去。心想这下好了，界牌关是自己的父亲黄滚在把守，一定不会加害自己。

谁知道黄滚见了黄飞虎之后就破口大骂，说黄飞虎是叛贼逆子，黄家七代商朝股肱，忠良正派，没想到自己的儿子居然反出朝歌，犯下十恶不赦之罪行，毁了黄家几代的英名，非要绑了黄飞虎，回去赎罪。

黄飞虎听自己的父亲骂自己，一句话也不说。吴谦听不惯了，他告诉黄滚，他们反叛是因为纣王腐败乱常。黄滚一听怒不可支，拿着手中的长矛便向吴谦刺去。

吴谦也毫不示弱，一边用斧架住，一边骂黄滚老糊涂。黄滚被气得肝火上涌，一头从马上栽了下来，将领们急忙将黄滚扶起来，送进了界牌关。

黄飞虎一看父亲被气成这样，觉得自己实在是不孝，于是要求吴谦与龙环，将自己绑住送往朝歌赎罪。

吴谦与龙环却并不理会他，而是让他与黄飞豹收拾好黄滚的行李物品，两个人放火烧了黄滚的粮草府库。

黄滚刚刚被救醒。便有人告诉他，自己的粮草府库起火了。黄滚睁眼一看，只见火光冲天，烈焰腾腾，半边天都红了。而这个时候龙环已经收拾停当，黄飞彪则催促黄滚赶快逃离，不然就要大祸临头了。

　　黄滚这时候已经没有退路了，只能感叹自己一生忠良，到了垂暮之年，竟然是被自己的儿子挟持，无奈之下，只能叛商，然后跪下来向朝歌方向拜了拜，带领界牌关1000多兵卒与黄飞虎朝西岐奔去了。

　　汜水关位于荥阳市西北18公里的汜水镇境内，占地面积5.6平方公里，北濒黄河，南依嵩岳，地势险要，历史上是通往关中的要道，有"锁天中枢、三秦咽喉"之称，历来为帝王兵家必争之地。史书记载：汜水关壁立千仞，南连嵩岳，北临黄河，唯有西南一深壑幽谷通往洛阳，有"一夫当关，万夫莫开"之势，是东都洛阳的门户。由于地扼要冲，历史上许多军事活动均发生于此。

　　黄滚父子造反之后，想要到达西岐，必须经过这里。当时的汜水关总兵是韩荣，韩荣知道黄滚造反之后，赶紧擂鼓聚将，吩咐众将守住汜水关，如果捉住了黄滚父子，大大地嘉赏。

　　众将收到命令之后，严阵以待。黄滚见汜水关防守严密，便在关前扎下营寨，心想自己是有福不享，造孽叛商，才会落到今日的地步。汜水关兵雄将勇，绝不好过。自己的儿孙今天还在，说不定明天就不知道被谁捉住了，真是黄门的不幸！

　　第二天，汜水关大将余化出关挑战，余化是汜水关守关韩荣麾下一员大将，非常的勇猛。黄飞虎带伤出战，被余化活捉，汜水关的将领都十分的高兴，韩荣命人把黄飞虎囚禁在牢里，准备等捉住黄滚的时候一并送去朝歌请功。黄滚得知黄飞虎被捉住了，大骂黄飞虎不听从自己的话，被捉住也是活该。

　　黄飞豹、黄飞彪听说自己哥哥黄飞虎被捉住，向黄滚请命前去汜水关迎战，为自己的哥哥报仇。

　　谁知道，不大一会儿，就传来黄飞豹、黄飞彪被捉的消息。黄滚眼见自己的儿子一个个被捉，心中感叹不止，这时龙环、吴谦又请命应战，不大一会儿又被捉住。黄滚见身边只剩下三个孙子，哀叹自己黄门不幸，遭此劫难。

　　正在感叹的时候，听侍卫禀告余化袭营，黄天化听见之后立马出

去应战余化。黄天化虽然年纪不大，才十几岁，但是，作为将门虎子，武功娴熟，初生牛犊不怕虎，一枪刺中余化小腿。余化哇哇大叫，见是一个小孩，忍痛活捉黄天化，进关交给韩荣，投进监牢去了。

黄滚见孙子也被捉去，身边没有再能出战之人了，自己出战余化，也难免被捉，一世英名全废，左思右想，无计可施。看了身边还有两个小孙儿，自己死不足惜，但是孙儿还小，于心不忍，于是前去哀求，送上所有金玉财物，希望韩荣放自己的孙子一马。

黄滚低三下四，苦苦哀求，韩荣却丝毫没有要放的意思，黄滚十分的愤怒，心想自己身居元帅之位，如此卑躬屈膝求人，都是为了自己的儿孙，何必这样！于是拉着自己的两个孙子前去坐牢了。

黄飞虎在牢中，看见自己的老父亲与儿子都被拘禁了，放声大哭，悔恨自己叛变连累一家。

黄滚大骂黄飞虎没有出息，堂堂男儿那样放声大哭，丢尽黄门的脸面。汜水关总兵韩荣捉住黄门一家三代，又得到了无数的财货宝物，心中十分的高兴，大摆宴席庆功，笙簧齐奏，吹吹打打，论功行赏。又派余化将黄氏一门送往朝歌。走到一山地，被姜尚派的西岐军拦截，将黄氏全家救往西岐。姬发封黄飞虎为大周开国武成王，建造成王府。

纣王西征，羌族助周

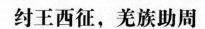 闻太师中计，纣王西征

闻太师自从那天中了黄明的调虎离山计，带兵回到朝歌，就十分的懊恼，密切关注黄飞虎的动向。边关消息不断传来。一会儿是萧银破锁开关，总兵张风被杀，让黄飞虎逃走了；一会儿是陈桐被杀，黄飞虎投奔穿云关去了；又一会儿是潼关守将陈梧被杀，界牌关守将黄滚纵容儿子叛变，领兵一起投奔西岐去了。氾水关韩荣告急，求助援兵。

闻太师被这接连不断的消息气得坐立不安，心想先王把纣王托付给自己，如果说当今的纣王无道，那也是大臣们辅佐不利。东南二路已经造反了。现如今又祸起萧墙，朝廷重臣反出朝歌，如果这样继续下去那还得了？自己追途中计而回，难道是天意吗？无论如何，不应有负先王重托，应当尽人臣之节，于是急忙上朝面见纣王。

纣王见闻太师行色匆匆而来，知道一定又是发生了什么事情。果然闻太师告诉纣王，自己被黄明骗回朝歌，如今黄飞虎父子已经斩将出关，投奔了姬发，如果这个时候不趁机出兵西岐，恐怕以后会后患无穷。

纣王还是如从前一样刚愎自用，认为黄飞虎虽然反出五关，但是想他也不会有所作为。姬发只是个黄毛小子，不足为惧，只是下令让闻仲派得力将领守住各地关隘，监视西岐动静。商朝的时候，中有五

关之阻，左有青龙关，右有佳梦关之险，纣王自然以为，即便是姬发发兵，也不见得能够攻破朝歌。

五关之阻指的是临潼关、潼关、穿云关、界牌关、氾水关，

临潼关中国古文化的诞生地之一；临潼关左上是华清池，是临河与潼水河汇流而成；临潼关左下是姜寨；临潼关右上是烽火台，周幽王为博妃子欢心而戏弄诸侯的地方；临潼关右下是骊山；路过烽火台就是陈塘。

潼关的形势非常险要，南有秦岭，东南有禁谷，谷南又有十二连城；北有渭、洛二川会黄河抱关而下，西近华岳。周围山连山，峰连峰，谷深崖绝，山高路狭，中通一条狭窄的羊肠小道，往来仅容一车一马。过去人们常以"细路险与猿猴争""人间路止潼关险"来比拟这里形势的险要。杜甫游此后也有"丈人视要处，窄狭容单车"的诗句。

穿云关是处于商周之间最中央的关隘，在五关之中地势最高，也号称云中城。

氾水关，南连嵩岳，北濒黄河，山岭交错，自成天险。大有"一夫当关，万夫莫开"之势，为历代兵家必争之地。

据《雅安地区文物志》记载，青龙关原名"八步关"，有"八步天险"之称，为秦汉时从邛崃翻镇西山进芦山的必经之地，乃是青衣古道上的重要关隘。清朝时，重建关城并更名为"青龙关"。

闻太师见纣王轻敌自大，劝说纣王，虽然商朝有这些险要的关卡，但是姬发心高志远，不是个本分的人，并且又有姜尚辅佐。姜尚这个人足智多谋，变幻无常，散宜生、闳夭等人也是计谋百出，更何况还有一个勇冠三军的南宫适，黄飞虎父子又归降西岐，这对于西岐来说无疑是猛虎生翅，一旦真的挑起事端，那后果不堪设想。

纣王自然也知道这个道理，但是还是以为姬发没有胆量叛变，但是为了安慰闻仲，下令派得力的将士去探听消息，如果情况属实，再开始西征。

闻太师无奈，只好独自叹息，领旨后与众将商议，希望找出一个

可靠的人去探听西岐的动静。

这时候上将军晁田应声自愿前去探听消息。闻太师听了之后十分的高兴，嘱咐晁田，这次前去有两个任务，一则刺探军情，二则观察行军布阵地势。但是闻太师不放心晁田一个人前去，于是又命令晁雷和晁田一同去，并点齐一千人马，即日出朝歌城西进，马不停蹄地朝西岐赶去。

晁田、晁雷悄悄来到西岐之后，在丰邑城东郊扎下营寨。

晁田与弟弟晁雷潜入西岐之后，发现西岐没有兵将阻挡，感觉很奇怪，心想莫非西岐并没有造反的迹象？

晁雷认为他们是奉太师之命到西岐刺探军情的，如果没有见阵不好下定论，不如先叫上一阵再作计议。

晁田觉得有道理，于是兄弟二人便带上人马在城下叫战。南宫适领命带一队人马出城，排开阵势。

南宫适认得晁雷，晁雷说自己是奉纣王旨意、太师的军令，前来问罪姬发为什么没有遵君王旨意，妄自尊大，自立武王的？并说如果西岐交出反叛黄飞虎，便可保西岐平安无事，但是如果延迟，或是故意推脱，抗拒朝廷，那就不要怪君王没有仁慈之心了。

南宫适听完之后，大笑起来，谁都知道纣王罪大恶极，残害忠臣，大兴土木，搜刮民财，平时只知道享乐，沉迷酒色，大商朝已经腐败不堪了，晁雷居然还说纣王仁慈，这不是天大的笑话吗？

姬发奉行仁德，人心向周，这也是天下人都看得明明白白的。

于是大骂晁雷无知，助纣为虐。晁雷见南宫适骂自己，不禁十分愤怒，拍马舞刀劈向南宫适。而南宫适也不示弱，举刀迎战。晁雷抵不住南宫适，二马交错之际，晁雷猝不及防被生擒下马，摔在地上。西岐众军士见了，一齐向前把晁雷绑了。南宫适也不追杀，敲得胜鼓进城交令。

晁雷被捉了之后，西岐的文武不但没有杀了他，反而对他以礼相待。晁雷心想如今这局势也确实是纣王的无道造成的，于是便也反叛了纣王。之后晁雷得到姜尚秘计，快马加鞭，星夜暗过五关，绕渑池，渡黄河，风餐露宿，回到朝歌城，直接奔到闻太师府上求见。门卫急忙通报。闻太师传晁雷速进殿，汇报西岐情况。

晁雷按照姜尚的计谋，告诉闻仲西岐已经自立为周国，反抗商朝，正在招降纳叛，积极准备东侵。自己与晁田驻军丰邑东郊，与南宫适打了一个回合，没有分出胜负。两军大战了几个回合，各有伤亡，数日里对峙，汜水关韩荣却不肯发兵接济，军中乏粮断草，人心动摇，势不得已，才让晁田坐镇营中，自己连夜赶回，希望闻仲发军粮马草，增派兵卒，攻打西岐。

闻太师听了晁雷的话，并不怀疑，只是点一千兵马，并告诉晁雷粮草随后就到，自己回去禀告纣王，再派大将接济。

晁雷领命点一千人马，将家眷父母秘密夹在军中，连夜逃出朝歌，一路上匆匆忙忙，赶回丰邑，然后直接到姜尚府中，拜谢姜尚，感谢姜尚的妙计让自己的家眷父母都到了丰邑，并保证自己一定尽心为西岐出力。

姜尚知道这是个缓兵之计，只能瞒住闻太师一时，等到他醒悟过来，必然派大军征伐西岐，于是下令让将士们严阵以待，准备迎接大战。

果然不出姜尚所料，闻太师令晁雷点一千人马不久之后，就得知晁雷带着父母家眷已离开朝歌，投奔了西岐。

于是立马进殿见纣王，要求征伐西岐，以绝后患。

纣王见姬发如此猖獗地对抗朝廷，心想一定要剿灭才是，但又不知道派谁去西征才合适。

这时候太师闻仲保举了青龙关总兵张桂芳。张桂芳这个人善于用兵，能征惯战。

纣王一听觉得十分的合适，随即传下旨意，发令箭旗号、节钺，派御使官往青龙关传旨，青龙关另任神威大将军丘引镇守。而纣王传旨西征，则正式拉开了商周战争的序幕。

御史官奉旨到了青龙关，张桂芳接旨，将守关印牌交给神威大将军丘引，尽起一万雄兵，任风后的后裔飞廉为先行官，占卜出吉日良辰之后，放炮出关，浩浩荡荡杀奔丰邑城。几天之后，来到丰邑，就在城外东郊扎营安寨，命先行官飞廉出营挑战攻打城池。

姬发的十二弟姬叔乾迎战，不幸被飞廉打死。南宫适也被捉拿了，黄飞虎、姬奭、姬高受伤。姜尚率败兵逃回丰邑城，不管张桂芳如何挑战，只是紧闭城门不出。张桂芳一面攻城，一面向纣王报捷。

黄飞虎见连打败仗，不禁自责，害怕万一张桂芳攻破西岐，自己的罪行更是罄竹难书了，于是恳求姜尚将他们黄氏父子绑回朝歌，以求赎罪。

胜败乃兵家常事，姜尚没有听取黄飞虎的建议，而是独自想解围的办法。

羌族解围，西周大胜

在卜辞中，羌族专称指称为羌的方国，泛称则包括西方与西北各部落和方国。在商王朝不断发动的战争中，大量的羌族沦为奴隶。

商朝不断向被视作羌人的各部落、方国进行征战，有时并非因为被征伐的部落、方国有侵入与掠夺行为，而是专为捕掠人口，即"隻羌"。除此以外，商朝还强迫已被征服的部落、方国进贡人、畜等，充分表现了奴隶占有制的商王朝民族压迫的特点。他们将这些主要是俘获，也有一定数量进贡的羌人，用于祭祀祖宗、上帝、河岳或祈年、禳法灾等重要祀典，从两三人至上百人不等，最多一次竟杀祭了三百余名羌人。

当时，西部各族笼统地称为"戎"或"西戎"，戎族最大的一支是羌人。羌族人分布在西北广大的地区。因此，历史习惯地把他们称作"西羌"，或称"羌戎"，泛指这一地区的众多部族。

纣王时，因大量用羌人祭祀、殉葬，任意屠杀，引起了羌族的反抗斗争。他们对纣王的统治十分不满，经常骚扰商疆，掠夺商族人的粮食财货。而与周部族却来往密切，保持着友善关系。其中羌族部落群中的姜姓一支，还与周族姬姓有着世代相传的姻缘关系。

这天，姜尚与姬发等文武百官商议退兵的计谋。姜尚见张桂芳勇猛无敌，担心如果围城时间长久，恐怕西岐要因为缺乏粮食而溃败，建议姬发寻求外援。

姬发想了想，觉得姜尚说得有道理，思来想去，才想起来姬昌在位的时候，曾经和西戎交往密切，至今保持着友好的关系，而西戎至今受着纣王的欺压，心中一直不满，不如去联络西戎出兵，内外夹攻，这样就可以击退张桂芳了。

建议是很好，但是不知道谁能够胜任搬救兵这项艰巨的任务。姬发正在发愁的时候，周公旦站了出来，表示自己自愿前往西戎搬救兵。剪商建周，这一战关系十分的重大，趁这个机会广泛联络西方、北方、南方各部落，也是一个明智的措施，这样在击败张桂芳之后，也可以合力攻打朝歌，于是姬发点头应允了。

姜尚听说周公旦要去，十分的高兴，周公旦这个人非常的有才，所以姜尚相信周公旦一定会搬到救兵，于是建议周公旦乔装打扮，半夜出城，以掩人耳目。

于是周公旦辞别众人，半夜出城，潜出包围圈，跋山涉水，风餐露宿，历尽千辛万苦，几天之后，来到西羌地界。在草莽之中，看见一群人，腰围树叶，手持石杵、铁棒，披头散发，赤足奔跑，正在追打一只野鹿。

为首的那个人身材巨大，长相怪模怪样，发现姬旦，收住脚步，大喝谁这么大胆，擅闯羌族地界。

周公姬旦赶紧上前行礼，并说自己是西伯侯姬昌的第三个儿子姬旦，特来西羌拜见羌伯的。

那壮士一听是西伯侯的儿子，十分高兴，西岐向来与羌族交好，于是便询问周公旦这次特意来有什么事情。

西岐军事紧急，周公旦也就不再绕弯，直接说明来意。周公旦告诉羌伯，西岐现在已经改号西周，建都丰邑，自己的兄长姬发自立为武王，遭到纣王的不满，于是纣王派遣大将张桂芳西征，丰邑城现在处于危险的境地，已经被困了，自己是受兄长的托付，特意来西羌求

援的，希望羌族能够出兵共同击败纣王的军队，这样一来可以解救丰邑，二来也可以保护西羌安宁。一旦邑城被攻破，纣王必定会让张桂芳西进灭羌。这正是一个合作的好机会，西岐和羌族里应外合，共同击退纣王的人马，然后东进，灭了商纣，然后结万世之好。羌族也不用再担心有朝一日，纣王挥军灭羌了。

羌伯听了之后，觉得有道理。羌族一直以来都受纣王的欺压，纣王之所以到现在还没有对其征战收服，一来是东夷叛乱，二来是西岐叛变，让纣王应接不暇，如果纣王腾出空闲时间，必定会挥军灭了羌族。于是便让周公旦转告姬发，自己马上就回去召集羌族各方的武力，三日之后在丰邑城下会合，共同击败张桂芳。

周公姬旦见羌伯这样的爽快，不免心中高兴，一边拜别，一边感谢，之后便马不停蹄地赶回了丰邑。

张桂芳派先锋官飞廉攻城，看见城楼上摘了免战牌。丰邑城内，连日不战，今天却摘了免战牌，这其中一定有别的变故，于是，下令停止攻城，召集众将嘱咐他们要千万小心，沉着应战。

正在说话的时候，忽然听见侍卫禀报，说是西北方向尘土飞扬，有无数人马飞奔而来。

张桂芳大吃一惊，没有想到姬发请出了西戎的兵马前来救援。

于是连忙下令飞廉带 5000 人马迎敌。飞廉点齐人马刚走，只见丰邑城门大开，为首的姜尚率领众将就杀了出来。张桂芳急忙提枪上马，自己带了 5000 人马迎战西周兵将。丰邑郊外，一场恶战，喊声震天，人叫马嘶，只杀得人仰马翻，尸横郊野，流血遍

姜太公像

地。商营早被踏平，南宫适也从囚牢中被救了出来，跳上马背，一齐来战张桂芳。

张桂芳与飞廉腹背受敌，抵挡不住，连连败退，于是便趁机逃跑，躲进山林的时候，已经是傍晚了。张桂芳收集残兵败将，商讨接下来该如何应对。

帐下甄参军建议张桂芳向朝歌求助援兵，前来共同击破西岐。

于是张桂芳派飞廉急急忙忙地连夜回朝歌告急，飞廉领命之后，快马加鞭，奔回朝歌去了。

飞廉日夜兼程，奔回朝歌，直接到了闻太师府上汇报军情。闻太师听了之后大吃一惊，心想张桂芳如此的勇猛都败下阵来，这朝中还能委派谁去应战呢？

东南两处近来一直叛乱不断，如果这个时候自己离开朝歌前去应战，朝歌没有人把守，这个时候万一有人来攻打，那自己就有负先王的重托了，该怎么办才好呢？

于是闻太师急急忙忙上殿去见纣王，禀告纣王张桂芳奉旨西征，初战大捷，再战不利。周人请来了西羌援兵，击败了张桂芳，先锋官飞廉回朝歌请求援助，但是朝歌的兵力不足，请求纣王决策。

纣王听完闻仲的话之后，下令征集登人，对付羌人。

登人有自己的语言，属汉藏语系藏缅语族。登人讲两种话，分别有各自的自称。讲达让话的登人自称"达让"，讲格曼话的登人自称"格曼"。在察隅一些地区中通用达让话。登人没有文字，多使用结绳和刻木记事的方法。平时没有记年月日的习惯，因而也就没有记年龄和生日的习惯。登人主要从事农业，兼营饲养。登人的穿戴是男子一般穿无袖长衣（长达臀部以下），戴一种银耳环。女子穿有袖的短上衣（仅仅遮住胸部）和裙子，男女都用大披肩（宽约1米，男子的长约3米，女子的长约2米，可做被盖使用）和挎包。主食原料为玉米、鸡爪谷、青稞、小麦。粮食加工使用竹制簸箕和木碓。盛水使用几节长的粗竹筒。烧开水也使用竹筒。竹碗是用粗竹节稍加砍制而成。把竹碗留出长柄即是竹瓢。也有人用细竹篾编成竹碗，制作细密，可用来

盛稀饭。登人无论男女均酷嗜烟酒。居住的是长廊式无窗户的长屋。这种长屋离地面有一定的距离，形似火车的硬席卧铺车厢。墙壁和地板用竹子编织或用木板盖成。登人的婚姻习惯，主要父权下的一夫一妻制，也有相当数量的一夫多妻，但无一妻多夫现象。丧葬方面，有火、土葬两种，忌讳水葬，认为把死者丢进水里，全家都会不顺利。登人禁忌繁多，主要有：煮酒时，外人不准进家。人死后，除不得提起死者的名字外，一定时间内，同姓人均不劳动，以示吊唁和乞求丰年，不然，认为会造成人遭殃、地减产。一般男性死后，停止劳动11天，女性死后，停止劳动10天。忌讳碰人身体或跨人的腿，忌讳任何人坐在动物头颅下边或附近，也不允许在堆放动物头颅的上方悬挂任何东西。不准把棍子、伞等东西倚在柱子上。客人从远方来，须进大门，不准走后门。

他们住木结构二层阁楼，上层住人，下层饲养家畜、家禽。登人有自己的语言，属汉藏语系藏缅语族，无文字，以刻木、结绳、摆木棍（树枝）记事。登人信鬼不信神。

于是，闻太师便奉纣王的旨意，大张旗鼓招募登人。不到三天，居然征集了2万多人。闻太师十分的高兴，但是高兴归高兴，兵卒易得，将帅难求，让谁领兵去征战是一个问题。

想来想去，闻太师想到了自己的师友，朝廷正是用人的时候，于是闻太师便亲赴九龙岛，请自己的师友出山建功立业。

于是闻太师请来了九龙岛的王魔、杨森、高友乾、李兴霸四人，统帅登人西征。闻太师安顿四位师友在相府住下之后，设宴款待，之后又向纣王请旨，前去讨伐西岐。

纣王接见了闻仲的四个师友之后，命人拿出美酒，满斟四斛，分别敬酒，并说了一些鼓舞的话。四个人喝完酒之后，集合登人，浩浩荡荡向西进发，没过几天就达到了西岐山中，

张桂芳见救兵到了，十分的高兴，于是重整队伍，向丰邑进发，仍在东郊扎寨安营之后，亲自攻城挑战。黄飞虎、晁田、晁雷围住张桂芳大战；羌伯抵住王魔四个人，西周人马又卷土重来，与商军展开

一场恶斗。王魔四友抖擞精神，只顾厮杀，未防羌伯暗器，最后都纷纷身亡了。

张桂芳见自己节节败退，感觉没有颜面去面对纣王，于是掉转枪头，自刺身亡。西征人马非死即亡，全军覆灭。

纣王收到消息以后，大吃一惊，询问谁还愿意前去西岐应战？这个时候鲁雄站了出来。

鲁雄这个人虽然经验丰富，但是实际上没什么本事，却喜欢倚老卖老，自作聪明，纸上谈兵。张桂芳兵败西岐，鲁雄向闻太师请缨讨伐，并且吹嘘说："张桂芳虽少年当道，用兵特强，只知己能，恃胸中秘术。风林乃匹夫之才，故有此失身之祸。为将行兵，先察天时，后观地利，中晓人和。用之以文，济之以武，守之以静，发之以动。亡而能存，死而能生，弱而能强，柔而能刚，危而能安，祸而能福，机变不测，决胜千里，自天之上，由地之下，无所不知，十万之众，无有不力，范围曲成，各极其妙。定自然之理，决胜负之机；神运用之权，藏不穷之智，此乃鲁雄为将之道也。末将一去，定要成功。再副一二参军，大事自可成矣。"

闻太师见鲁雄已经年迈，虽然担忧却不好意思推脱，只好把恶来、费仲派给他，做他的参军。

费仲、恶来向来都是只会在纣王面前耍嘴皮子的人，从来没有出征过什么大战，但是如果违背太师的意愿，就要背负不忠的罪名，说不准纣王恼怒了就要背负杀头之罪。于是两个人硬着头皮接过参军印信，跟随鲁雄祭旗、起兵西征。

太师西征，不幸殉国

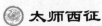

这次西征是出乎纣王意料的，纣王一直认为姬昌刚死，西岐处于一片散沙的局面，而商朝的江山，有着大队的人马和各个险要的关卡，姬发只是个黄毛小子，没有想到的是，虽然没有被彻底地击败，但是商朝受到了重创，大大损伤了元气，朝廷的重要将领也严重地损伤了。

姜尚被王魔打伤之后，调养数日才得以康复。还没有来得及喘口气，就听闻探马急忙地禀告，说是西岐的山下已经有朝歌2万人马。鲁雄挂帅，费仲、恶来为参谋，来进犯西岐了。

姜尚听了之后，不说话，而是抬起头仰观天象，知道三天之后西北有寒流出现，气温会骤降，心中大喜，于是便命令南宫适、武吉带5000人马，连夜出城，在西岐的山顶扎寨安营。

古人经过长时间夜观天象的经验累积之后，发现星座移动的方向是有规律可循的，可以和地球上气候变化相吻合。所以在4000年前中国的古书《鹖冠子》中曾有这样的记载："斗柄东指，天下皆春，斗柄南指，天下皆夏，斗柄西指，天下皆秋，斗柄北指，天下皆冬。"这是以黄昏时观察北斗七星的位置，来判断当令的季节。而这种观察天象有规律的变化来定四季，就叫作"观象授时"。在没有历法的时代，曾经为古人使用过一段很长的时间。

　　武吉是个武夫，当时天气炎热，并且山上没有水源，心中不大乐意。南宫适知道姜尚一向做事有分寸，于是便沉默不语，只是按照姜尚的话去做。西岐军士到达山顶的时候，由于非常的炎热，都张口喘息，心中都有怨言。

　　鲁雄见西岐人马在岐山上安营，心想不知道的还以为姜尚非常的了不得，现在看来也不过如此了，天气这样的炎热，却让自己的军队扎营在山顶上，超不过三天，不用去战，他们就自取灭亡了

　　第二天，姜尚亲自率领 3000 人马也在山上安营。并且给三军将士每人发给一套棉衣、一个斗篷、军士都十分不解，埋怨姜尚大热天还给发棉袄和斗篷，都扔在一边不用。

　　谁知道夜里，居然刮起了西北风来，一阵紧似一阵，冷风袭人，紧接着便下起雨来，不到两个时辰，雨水便填满了沟壑。三更时分雨竟变成了飞雪，飘飘洒洒，铺天盖地，足足下了二尺多厚（商代一尺合今天 16.95 厘米），山上西岐将士全都穿上棉衣，披上斗篷，这时候不再埋怨姜尚了，都称赞姜尚有先知之明。

　　而山下朝歌的大批人马，半夜醒来的时候，全都泡在水里、雪里，鲁雄一看这种状况，哀叹自己出师未捷身先死，英雄无用武之地。

　　费仲和恶来也没有计谋，风雪交加的，寒冷难熬，将士们都是一身单衣，没有地方可以逃脱，等到天亮的时候，朝歌人马全冻在冰里了，死伤得惨不忍睹。姜尚在山上看得清楚，感觉时机到了，于是便让南宫适、武吉下山，闯入商朝军营，不费吹灰之力地活捉了鲁雄，费仲、恶来早已经冻死了。鲁雄全军覆没的消息很快传到朝歌。

　　闻仲一听，恼怒地大骂姜尚老奸巨猾，非要亲自出征，擒拿姜尚，以泄心头的愤怒。

　　纣王听闻仲要亲征，心里自然是十分的高兴，西岐一直挫败朝歌，损伤朝歌大批人马，纣王恨不得立马杀了姬发和姜尚。

　　闻太师嘱咐纣王多多留意军国要务之后，让史官卜鹭抬出龟背，纣王亲自占卜，卜得癸卯日吉。然后，纣王命卜鹭记在甲骨上："帝卜，癸卯太师西征，吉。"

第二天纣王亲自为闻太师西征饯行。纣王率领文武百官出朝歌西门，在五里长亭，酌酒敬闻太师。

然后纣王亲自送闻太师上马，闻太师的千里驹墨麒麟，因为长时间不出城，养得膘肥体壮，闻太师刚刚跨上马背。它便前蹄竖起，闻太师没有来得及抓牢，被闪下坐骑。纣王大吃一惊，急忙命左右文武把闻仲扶起来。

在古代人们是很迷信的，比如说大风刮倒了帅旗，那就寓意出师不利，纣王见闻仲从自己的马上摔下来，觉得这是不祥的征兆，怕有不测，于是征询闻仲的意见，欲另外派人去西征。

但是闻仲认为坐骑长时间不骑，偶然惊跃，使得自己落下马来，这是很正常的事情，不足为怪，况且自己身为人臣，理应为国家尽忠，上阵杀敌不是你死就是我亡，都是很正常的，没有什么吉祥不吉祥的。

于是便重新坐上坐骑，率 10 万大军，浩浩荡荡地出了朝歌西门，向西进发走了。

闻太师这次领兵西征，关系着商朝的存亡。纣王目送闻太师远征，直到看不见为止。

两军对垒，太师殉国

闻太师辞别纣王之后，率领 10 万大军离开朝歌，渡过黄河，过了渑池，走山路往青龙关进发。这天来到黄花山，只见青松郁郁葱葱，山势十分险恶。黄花山目前位于建平县城北部 13 公里，海拔 964 米，是建平第二高峰。

闻仲看见山下有一队人马，正在演练阵法，心想，这里山幽松翠，多好的一座青山啊，如果四境安宁，自己前来就会是另一种心情了，无奈战乱四起。

这个时候，一个人骑着马朝着闻仲飞奔而来，闻仲心想这人必定是这山的寨主了。果然这人就是寨主邓忠，见有人侵占自己的山寨十

分的恼怒，闻仲见邓忠朝自己杀来，便举铁钺劈下，伸手捉住了邓忠，掼到草地上，让将士们给绑了起来。

虽然绑了邓忠，但是山下还有大批的邓忠的将士。闻仲心想自己是去西岐征战，不能在这里结怨，浪费军力，于是便自报家门，说自己是当朝的太师，因为西岐挑起事端祸乱，自己要征伐西岐，路过这个地方，并不是有意占领。

邓忠一听这人是当朝的太师，而自己对闻仲也是仰慕已久，于是跪倒在地上，请求闻仲赎罪。

闻仲见这是个机会，于是便劝说邓忠一起去西岐征战，建功立业。

邓忠一听非常的高兴，并告诉闻仲自己有几位非常勇猛的将士，愿意同闻仲一起去征战，于是闻仲亲自为邓忠松绑。不大一会儿，飞来四个大将，一齐来到闻仲面前，下马跪拜，

这四个人正是邓忠、辛环、张节、陶荣。闻仲见后十分的高兴，让他们告知手下的将士，愿意前去征战的一同前去，不愿意的就留下来，不大一会儿四个人就率领8000人马，并且带了很多的粮草，编入队伍。闻太师又添新力量，大队人马浩浩荡荡来到西岐境界，在丰邑城南郊安营下寨。

第二天早上，姬发听说闻仲前来征战，大惊失色，急急忙忙地召集西周文武商议对策。

姜尚认为朝歌率10余万大军来伐，声势浩大。但是，朝歌兵力全集于此，朝歌却空虚了。存亡在此一战了，不能掉以轻心。

于是，姜尚亲领西周诸将出城迎战，闻仲见到姜尚之后，就责骂姜尚花言巧语，蛊惑人心，违背天意，弃官潜逃，并且擅自立姬发为武王，接纳叛臣黄飞虎父子，图谋不轨，并且还诛杀朝廷重臣。

姜尚正要辩解，闻太师便命令四周的将士捉拿姜尚。邓忠等四将一齐杀向姜尚杀去，姜尚急忙指挥西周兵将上前迎战。

闻太师见了，挥舞双龙青铜打将鞭，杀入西周阵地，遍打西周兵将，非常厉害，周围的士卒都不是闻仲的对手。

不大一会儿闻太师就驾着飞骑来到姜尚面前，挥舞一下鞭子，便

把姜尚打下坐骑。闻太师正要再打时，打将鞭却被一大铁棍架住。原来是鬼方雷震前来助战，才使得姜尚免于一死。姜尚见闻仲如此的厉害，立马撤兵回营。

闻太师率兵将追杀一阵，大胜回营之后非常高兴，于是设宴犒劳将士，并嘱咐为了防止姜尚劫营，要将士们小心安排防务，一边派人回朝歌向纣王报捷。

姜尚挨了闻太师一鞭，回到营中知道闻仲厉害，不能硬碰硬，只能智取，于是忍着疼痛召集西周的众将，趁着夜半将士们都睡熟的时候，率领西周兵将悄悄出城劫营。虽然闻太师早有准备，但还是有漏洞，只好率兵后退丰邑城70余里，才收住阵脚，安营查点人马，损失2万多。

闻太师在中军帐，哀叹自己一生南征北战，攻无不克，战无不胜，如今却被姜尚匹夫挫败，实在是可气可恨。

闻仲一生东征西讨，从来没有失败过，这次带领10万大军，却败给姜尚，实在是难以心服，感觉如果自己不殊死一搏，对不起商朝先王的嘱托，于是带领剩下的将领做了最后的战斗，最终因为战略失误和军队的力量不足而全军覆没，闻仲死后，商朝的中坚力量可以说是基本覆灭了，纣王诛杀忠良，使得朝野上下都人心惶惶，许多武将也都纷纷逃往西岐，西岐的势力日益强盛起来，而朝歌却一步步走向衰亡。

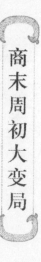

苏侯倒戈，孟津观兵

苏侯征伐，归顺西周

闻仲阵亡的消息很快传到了朝歌，纣王十分的悲痛，痛恨姬发，使得自己的10万大军全军覆没。

但是痛恨归痛恨，朝歌屡战屡败，如果不派人去铲除西岐的势力，很快姬发就会挥兵进攻朝歌。

有人推荐有苏侯可用。苏侯平日里就素有贤名，如果苏侯西征没有不胜的道理。纣王听了之后十分的高兴，于是立即拟了一道旨意，派人去冀州。

冀州苏侯，自从那年不得已送妲己入朝以后，心中一直像压着一块石头，郁郁不乐。妲己进入朝歌侍奉纣王，备受宠爱。苏侯暗骂妲己与纣王沆瀣一气，全忘了礼义廉耻、父母之教。朝中接连发生许多变故，天下人皆怨谤纣王，骂妲己，也骂苏侯。每当听到世人谤议，苏侯自觉无脸见天下之人，悔恨当初自己怎么给纣王送去这么一个蛇蝎心肠的女子。于是整日里深居简出，坐守冀州，足不出户。

这天，忽然听见纣王遣御史来传诏书，苏侯急忙整理衣冠，叩首接旨。御使官展开诏书，读道：

受闻征讨之命，皆出于君王；建功立勋，成镇海内，皆人臣之分内之职。今西岐姬发，肆行不道，招降纳叛，抗诅王师，虎视朝歌。特敕冀州苏侯，总督三军，持黄旄、白钺，征西平叛，必擒贼首，殄

灭祸乱。侯旋师奏捷之日，予一人不惜列土封疆，以待有功。尔其勉哉。特谕。

苏侯接旨之后十分的高兴，殷勤款待来使。暗想："上天有眼，给我机会。今番我可以洗刷一身污名了。"于是进入后庭与自己的妻子和儿子共同商讨这件事情。

苏侯骂妲己不顾廉耻迷惑纣王作孽，无所不为，使得天下人都憎恨苏家。并说西岐姬发继承姬昌西伯侯事业，德行天下，天下三分已有二分归附周土。自己想要投靠西岐，但是一直苦于没有机会，没想到的是纣王会下诏书，让自己从冀州前去西征。借这个机会想要带家眷随军西去，归附西周。然后会合天下诸侯，共同讨伐荒淫无道的昏君，为苏氏洗清罪名，以免被千古唾骂。

妻子杨氏听了之后十分的高兴，商朝纣王无道，残害忠良，而妲己又助纣为虐，自从苏护将妲己送进宫中之后，便一直听说妲己的罪行，这使得她也心存愧疚。如今有这样的机会，自然是天大的喜事。

苏护见家人没有意见，于是摆上一桌酒席，全家人在一起高高兴兴庆祝了一番。

第二天，苏护聚齐冀州的将士，率大军向岐山进发。

西周姬发自从破了闻太师10余万大军之后，声威大震，各部落方伯也都纷纷前去归附，这使得西周日益昌盛起来。

到了西岐之后，苏护没有心思应战，只是一心想着如何找机会归顺，可恨的是手下的部将郑伦不但没有归顺的意思，反而捉住了黄飞虎父子，使得自己无法投降，但还是找机会放走了被郑伦抓住的黄飞虎父子。申公豹骗来了殷洪、马元、吕岳等人，屡屡阻拦苏护，令他始终无法找到归顺的机会。最后苏护终于里应外合，率军归降，并且说降了郑伦。

时机未到，孟津观兵

周文王于公元前1022年（己未年）受命改元，受命八年，大统未集而崩。文王一死，武王便急着报仇，然遭到众大臣反对，认为文王刚死，不行居丧，此乃为大不孝，周武王只得强忍悲愤，没有伐纣。虽然如此，我想他在居丧两三年中，肯定也不会休闲无事白等，而是加紧操练兵士，谋划策略。居（丧）两年后，在公元前1012年11月戊子日，终于开始了历史上有名的"孟津演兵"。

对于这次"孟津演兵"历史学家都一致认为是一次对纣王的"示威"警告行动。此大谬也！许多史作家，都把周武王"孟津演兵"，当作是向纣王示威。一个是百里小国，一个是向诸侯发号施令的天子大国。双方兵力悬殊，有何威可示？事以密成，语以泄败。武王不用潜谋高智，能以少击多，以弱灭强？示威与示弱，一字之差，其意远矣！

得道多助，失道寡助。纣王貌似强大，由于横征暴虐，失信于民，早已众叛亲离，周有文王树基立本，故武王能一战而得天下。（疏云：文王为雍州之伯，在西故曰：西伯。）孟津演兵，不期而至者有八伯诸侯。当时夏、商皆分九州。此处言"八伯"即言已有八州的诸侯的代表参加。非为某些人所认为的是八百诸侯。文王受命时，三分天下有其二，即全国九州，已有六州诸侯支持文王，由于纣王失道，众叛亲离，民心大失，到武王孟津演兵时，纣王虽言拥兵百万，而全国能支持他的人，已是九剩一矣！

虽然如此，但在战术上，还是应想想，百里诸侯小国，有多少兵马车骑，竟可向当朝万乘天子纣王进行示威？其绝对胜利的把握有多大？虽周有八伯支持，其时势力三分天下有其二，谁敢保证这些诸侯不临阵脱逃，随时变卦？后来武王伐纣，丁侯不至，就是一例。故思此乃是利用纣王骄横性格的"欲使其亡，先使是疯狂"一策"痹敌"奇计！

这次"孟津演兵"，也许是周人在检验诸侯对伐纣的态度和诚意。

另一方面更是对纣王反应的一种试探。也许还是对纣王的一种麻痹战术。不战而退，造成一种武王惧纣的假象，以便助长纣王的傲气。

果真不出武王所料，据《逸周书》言，当比干、箕子得知"孟津演兵"，便强谏纣王，要纣王提高警惕，或先发制人。但纣王根本看不起武王，认为自己一有"天命在身，本是帝王命"，不会有错。二则有七十多万大军作后盾，根本不把百里之小国，小小武王放在心中，看在眼里。

从后面的牧野之战，纣王仓促应战的局面来看，武王的政治宣传、麻痹战术，确实取得了预期效果。当然，这次"孟津演兵"也是一次战前动员，武王从中还是取得不少经验和教训。

虽然文王去世，但其立基树本，仁厚至德影响仍在，故诸侯能"一呼而至，不期而遇"，虽未能全部到齐，周武王还是达到了会盟诸侯的目的。还有人对纣王抱有幻想和同情心，认为纣王可以闻过知错改好。许多诸侯对伐纣缺少信心，不敢"以下犯上，以臣弑君"。时机尚未成熟。殷商国内尚未大乱，乱至忍无可忍之地。武王伐纣，申命于孟津，行事于牧野。先申命，后行事，师出有名。此次为申命警告，次年伐纣即为行事。武王以此来表明，克商兴周乃为正义之举，事后无可指责。

虽然诸侯一致"言纣可伐"，但"武王不从，乃还师归"。看似给纣王改过机会，实因为伐纣时机未到。武王判断确实有理，后来纣王"恶劝谏、剖比干、囚箕子"，正好给武王造成了很好的借口和时机。

当然，也有可能这本来就是一次早就谋划好的伐纣行动。只因各种条件不成熟，故而半途改作"演兵"。也有可能周公旦等军师参谋，事先并未告知武王这是一次"演兵"。武王年轻气盛，报仇心切，大上其当。假戏真做，直到大军自周都经过百里之途，到达孟津河时，各种"魔术把戏"做完后，军师们这才向武王说明真相，故武王极不情愿地对众诸侯只简单说了声"时机未到"。

武王报仇心切，高高兴兴出征，灰溜溜地回师。叫武王如何能转过这个弯来。思想不通，心情不愉快，当然也无话可说。为了顾全大局，

武王尊重军师之言，还是按计而行。"孟津演兵"惊动纣王。后知武王不战而归，狂妄自大的纣王，本能地认为：百里小国，小小武王，自不量力，肯定是惧商而归。而这正中了周公旦、姜子牙设的圈套。

这次观兵实际上是一次为灭商做准备的军事演习和检阅。武王率大军先西行至毕原（今陕西长安区内）文王陵墓祭奠，然后转而东行向朝歌前进。在中军竖起写有父亲西伯昌名字的大木牌，自己只称太子发，意为仍由文王任统帅。大军抵达黄河南岸的孟津（今河南孟津县东北），有八百诸侯闻讯赶来参加。人心向周，商纣王孤立无援的形势已然形成，诸侯均力劝武王立即向朝歌进军。武王和姜尚则认为时机还不成熟，在军队渡过黄河后又下令全军返回，并以"诸位不知天命"告诫大家不要操之过急。

祭祀废除，时机成熟

 纣王伐周

这日，中大夫方景春在文书房阅本，见苏侯征西归周、姬发陈兵观政一折，拍案大骂苏侯。

方景春急向纣王汇报，道："大势不好了。冀州苏侯西征，率部归周；姬发纠集各方诸侯会于孟津，名曰：'陈兵观政'，请君王速作决策。"

纣王闻奏，气得目瞪口呆，坐在那里，咬牙切齿地说："姬发小儿竟敢向予示威，苏侯国戚重臣，予视他为心腹爪牙，委以西征重托，

怎么一仗不打就归服了姬发小儿？方大夫且退下，待予一人想想明白，自有决断。"方景春退后，纣王急唤妲己来见。

妲己在屏风后已经听到苏侯事变，早有准备，又听得纣王叫自己，急忙转出，来到纣王面前，双膝一软，扑通跪下，泪流满面，软语细声地说："君王圣明，乞详察唆使我父叛商归周之人，千刀万剐亦不为过。然臣妾在后宫，不知父侯所为，外人不晓，皆罪妲己。乞君王速斩臣妾之头，悬在朝歌城门，以谢天下，取悦百姓。臣民知君王执法如山，不私贵幸，大义灭亲。举国伐周，或能取胜，贱妾虽死而生，也是报君王恩宠一场。"

妲己说完，将头伏在纣王膝上，泣不成声，悲悲切切，哽咽抖动。

纣王看妲己悲泣，顿生怜悯之心，双手搀起妲己，抱在怀里，好言抚慰，说："爱后别哭了。苏侯反叛，你在后宫，怎能知晓？爱后日夜陪予一人欢娱，何罪之有？予怎可斩王后之头取悦于天下百姓？就是商朝江山丢了，也与爱后无关！快别哭坏了玉肌花容，有失君望。"

妲己谢恩说："君王知情达理，臣妾万幸。但愿普天下男人都像君王这样，体谅爱护妻妾。"

纣王说："予一人并非贪恋女色。九侯女好，予亦斩之。然爱后与她女不同，智慧超群，歌舞技艺出类拔萃，予一人至今对王后揣摸不透、爱恋不够。予一人宁可失天下，不可无爱后之乐。"

妲己听了，破涕为笑，用柔嫩的双手，捶打着纣王的胸脯，撒娇地说："我可是没安好心啊！"

纣王哈哈大笑，说："难道你还想夺了商王的宝座不成？"

妲己说："夺商王宝座的是姬发，君王还不发兵讨伐西周，更待何时？"

纣王说："还是王后贤达。"

于是，纣王上朝，聚文武百官，说："西征诸将，死的死，降的降，不仅历年征伐无功，反而使西岐作大起来，实在令人切齿。不知众卿谁可再去西征，务要剿灭反叛，以释予一人之怀。"上大夫李定荐

举三山关大将张山可率兵讨西岐。纣王于是传旨张山西征，三山关另派洪锦镇守。

抱器入周，伐纣时机已熟

祭天祀祖在中国有着悠久的历史，在史前时期的考古中曾一再发现这类遗址。随着农业的出现，人们为祈求风调雨顺的好年景而产生对天崇拜。它是自然崇拜中的一种。祖先崇拜又叫灵魂崇拜。它源自对先人怀念，把梦中的情景理解为先人的灵魂作祟而产生。人们祭祀祖先，为的是求得先人的保佑。夏代开始的"家天下"局面，使原始宗教的内容发生很大变化。由于帝王是世上最高的统治者，为了维护他的统治，就把祖先崇拜与自然崇拜结合起来，创造了天或上帝这样的至高无上的神。从文献中可以知道商代有"天"这个神，1899年因一个偶然的机会发现的商代甲骨文，把湮灭了三千余年的古老文字重新呈现在世人的面前并让人们识读。甲骨文的发现，使商代的存在无可争议，并使商代历史成为信史。安阳殷墟出土的十五万片甲骨卜辞，记录了商代社会中发生的许多事情。经过几代人的整理和研究，揭示了它所包含的丰富内容，为研究商代历史提供了重要资料。甲骨文中则有"帝"或"上帝"。所以商汤伐夏桀时说，"有夏多罪，天命殛之"、"夏氏有罪，予畏上帝，不敢不正"，打出"天命"的旗号，鼓动军士和同盟者去执行上帝的意志，奋勇讨伐。但天上的上帝与地上的下帝（商王）是相对的。为了执行上帝的意志，下帝通过巫与上帝沟通。商王在祭祀祖先时，用五种祀典，对上甲以后的祖先轮番地、周而复始地进行。安阳殷墟王陵区的祭祀场所中发现了上千个祭祀坑，武丁时一次使用人牲达数百人。这种情况反映了商王对祖先崇拜的重视，因为上帝既是至上神，又是宗祖神。

由崇拜进而为祭祀，到商纣时代，几乎达到泛滥的程度了。对天神、地祇、人鬼广为祭祀。山川河流、日月星辰、风雨雷电、上天下地、四方四土、高祖先公、先王先妣、父母兄弟、先贤名臣都列入祭祀的对象，

而且名目繁多，光是祭名就有一两百个。如："彡、翌、祭、祊、伐、鬶、舞、升、岁、龠、奏、烄、焚、禘、劦、工典"等等。其中"彡"是击鼓计数之法，为鼓祭。"翌"是舞羽祭祀，为羽祭。"祭"是献酒肉的神祭。"工典"是向神前贡献有祝告之词的典册。

　　商王的祭祀不仅名目繁多，而且祭祀频繁。自从祖甲在位，致力于报效祖先的功劳，创造了一个"周祭，"的办法，延续到纣王时，天天都要祭祀祖先。

　　每天都要祭祖，这使得纣王非常厌烦，于是他就宣布，废除祭祖，朝中的大臣太师疵劝阻纣王，不能这样怠慢先祖，并且天下不宁，战乱四起，应该祭祖求得祖先的庇佑。

　　但是纣王认为祭祖，每天都如此，浪费太多时间，于是改为每年祭祖一次。

　　大臣们都劝说纣王，祭祖是

西周·何尊

先王制定的规矩，不能废除，但是纣王以为先王也是君主，自己也是君主，为什么先王可以制定祭祖的规矩，自己就不可以废除每日都要祭祖的烦琐过程呢？

　　于是就不顾众臣的劝阻，执意要废除祭祀。朝中大臣辛甲不想纣王一再地荒谬下去，也竭力劝阻。

　　辛甲一共进谏75次之多，惹得纣王恼怒，说："辛甲再啰唆，就割下他的三寸不烂之舌。"

　　消息传到辛甲的耳朵，辛甲眼含热泪说："大厦将倾，无力回天啊。有史以来，哪有只图安逸，数典忘祖的君啊？我是对纣王和商朝失去信心了。"于是带着妻儿逃离了朝歌，投奔西周去了。

姬发任辛甲做周朝太史。纣王听说辛甲弃商奔周，做了西周的太史官，气得暴跳如雷，大骂："辛甲为周太史，必暴君恶，污予一人之名，予一人遭后世骂名，皆辛甲匹夫之罪也。"

纣王改革祭祀，朝廷内外，议论纷纷。尤其在祖庙参与祭祀活动的乐师更是无事可做，牢骚满腹。这日，纣王锦衣玉食之余，又要听音乐、看舞蹈以为娱乐，即令侍御官传旨，命师延来演奏新曲。侍御官奉旨来到太庙，师延接旨，心中暗想，何不就此机会讽谏纣王，重新改过。便带上埙、箫、笙、鼓、磬等乐器，命人抬上重160多斤的兽面青铜大铙，来到鹿台演奏。

纣王说："予一人今日高兴，可演奏音乐娱悦耳官。"师延于是演奏《大濩》《晨露》《九招》《六列》，轧轹反拨，曲调高亢，气势宏大，粗犷振奋，庄重严肃之声发，动人心魄。

纣王听曲不悦，说："此古调雅乐，老生常弹，不可听，改奏新曲。"

师延于是奏《咸池》《韶乐》。顿时，钟磬铙鼓齐鸣，声调宽洪，充实圆润，庄重诚恳之音，使人正襟危坐，不敢斜视。纣王听了，问师延："这是何曲？如此庄严？"师延见问，停止演奏，进前施礼，说："方才所奏乃是《咸池》《韶乐》之曲。

纣王问："《韶乐》《咸池》何义？"

师延告诉纣王，《韶乐》是继承美德的意思。《咸池》是普遍施德的意思。音乐是表现美德的。从前，虞舜作五弦琴，用来歌唱《南风》之诗，夔制作音乐，用来赏赐诸侯共享，所以圣明的君王制乐演奏，不是为了自己内心娱乐，耳目高兴，情意愉悦，欲望得到满足，而是用音乐来修德治世，教化万民啊！听宫音，使人温和舒畅，胸襟开阔；听商音，使人方正，喜欢义理；听角音，使人怜悯，而慈爱人民；听徵音，使人高兴行善而喜好施舍；听羽音，使人整齐庄重，崇尚礼节。希望纣王谨慎地聆听。

纣王认为听音乐就是为了娱乐。人有七情六欲，喜怒哀乐不能没有音乐。音响动静是为调节人的精神。自己一人日理万机，身心疲劳，

需要放松休息，于是要求做新曲。

师延却认为靡靡之声，放纵奸音，惑人心智，柔细娇弱，使人意志消沉；急促多变，使人心烦意躁；高傲孤僻，使人心志骄逸；充满色情之调，使人淫逸。听这种新曲之声，有污圣聪，于是求情纣王听《颂乐》吧。

师延以没有准备为理由，要求纣王宽限日期，另奏新曲。纣王答应了。

然而师延从鹿台出来，径到濮水之滨，抚琴而歌。歌罢，抱琴投濮水身亡。太师疵、少师疆在太庙闲居无事，忽闻师延投水身亡，哀恸欲绝。

太师疵认为，"天地乃生命之本源，祖先乃家族之根基，国君师长是国家根本，没有天地，便没有生命，没有先人祖宗，怎会有子孙后代？没有国君师长，便没有国家的治理。纣王如废祭祀，停礼乐，师延投水，百姓从此失去礼乐教化了。"

少师疆也认为纣王过于荒淫，于是暗地里和太师疵商讨投奔西周的事情。太师疵觉得纣王实在无道，于是便和少师疆趁着天黑抱上编钟、编铃、四虎缚、兽面铙，潜出朝歌城，投奔西周去了。

孟津会师，牧野败北

 孟津相会，阵前誓师

　　武王继位的第九年（前1048年），武王引军东进，周武王在行军车上供奉了文王的木牌灵位，表示了继承文王遗志的决心，同时表明讨伐纣王是奉先人之命，不是自己主张。武王率大军渡河，船到中流，有条白色大鱼跳进了武王的坐船，武王把这条鱼拾起来祭天。渡河完毕，有一团火从天上降落，落到武王的帐篷顶时，化成一只乌鸦，颜色火红，发出魄魄的声音。白鱼跃舟，天火化成乌鸦的"祥瑞"，为的是宣称武王得"天命"的象征。

　　在孟津（今河南孟州市西南），武王举行大规模阅兵仪式和军事演习。武王发布誓词："太子发不才，因先王有大功德，得以受承祖上之功，现订立赏罚之制，以定其功。"师尚父发号施令：集合队伍，齐登舟船，后至者斩。

　　当时天下各地方势力不期而会者高达800家之多，众人齐声请求，是讨伐纣王的时候了。但是武王却回答：你们还不知晓天命，时机还未真正到来。文王在世，各路地方势力敬慕文王德行，纷纷归附，但现在文王去世，自己有没有号召天下的资历和权威呢？武王不得不先行试探。这次大阅兵即是抱此目的，同时，也是一次外交盟会，是对反商势力联盟的又一次巩固。

　　在会师的时候，姬发是这样说的："古人有句话说：'只有公鸡

才会在早上啼叫，假若某一家的母鸡在清晨啼叫，这家人就会遭难，甚至家破人亡。'今天，纣王只听信姐己这个妖女的谗言，昏庸无道，不但轻视'敬祀上帝的郊社之礼'及'祭拜祖先的宗庙之礼'，还公开践踏先王的遗训，遗弃父母亲友，置兄弟姐妹于不顾，反倒护佑那些从各地流窜过来的罪犯，并且崇尚、尊敬、信任、重用这些罪犯，委任公卿大夫等高官。我们都已知晓，这些罪犯专爱用残酷无情的手段虐待百姓，并且在商朝的国内国外为非作歹。如今，我姬发就要带领你们大家去替天行道——毕恭毕敬地执行上天对商纣的惩罚。"

武王在誓师大会上一一列举了纣王的暴行，包括他昏庸暴虐、一味听从宠姬的谗言，不祭祀祖宗，招揽四面八方的犯人和逃亡的奴隶，恶贯满盈、欺压百姓等等；武王鼓励众人要齐心协力灭商，要奋不顾身地勇往直前，成败在此一举，不推翻纣王的统治，决不班师回朝，从而激发了出征将士们的敌忾同仇之心和顽强的拼搏精神。

然后，武王又庄严宣布了作战中的行动要求和军纪军法：每前进六步、七步，就要立定整队，用来保持队形的整齐；每击刺四五次或者六七次，也要立定整队，用来稳定阵脚。他严肃申明不许杀害降兵，以此瓦解商军的军心。

誓师以后，各个诸侯遣来作战的部队已经多达四千乘。武王和姜尚果断决定，将三军驻扎在距离朝歌仅有七十里的牧野这个地方，稍作休息和整顿，然后再一举攻克朝歌。

牧野之战，阵前倒戈

公元前1046年（一说前1057年）正月，周武王统率兵车300乘、虎贲3000人，甲士4.5万人，浩浩荡荡东进伐商。同月下旬，周军进抵孟津，在那里与反商的庸、卢、彭、濮、蜀（均居今汉水流）、羌、微（均居今渭水流域）、髳（居今山西省平陆南）等部落的部队会合。武王利用商地人心归周的有利形势，率本部及协同自己作战的部落军队，于正月二十八日由孟津（今河南孟州市南）冒雨迅速东进。从氾地（今河南荥阳汜水镇）渡过黄河后，兼程北上，至百泉（今河南辉县西北）折而东行，直指朝歌。周师沿途没有遇到商军的抵抗，故进军顺利，仅经过 6 天的行程，便于二月初四拂晓抵达牧野。周军进攻的消息传至朝歌，商朝廷上下一片惊恐。商纣王无奈之中只好仓促部署防御。但此时商军主力还远在东南地区，无法立即调回。于是只好武装大批奴隶，连同守卫国都的商军共约 17 万人（一说 70 万，殊难相信），由自己率领，开赴牧野迎战周师。

二月初五凌晨，周军布阵完毕，庄严誓师，史称"牧誓"。武王在阵前声讨纣王听信宠姬谗言，不祭祀祖宗，招诱四方的罪人和逃亡的奴隶，暴虐地残害百姓等诸多罪行，从而激发起从征将士的同仇敌忾之心与斗志。接着，武王又郑重宣布了作战中的行动要求和军事纪律：每前进六步、七步，就要停止取齐，以保持队形；每击刺四五次或六七次，也要停止取齐，以稳住阵脚。严申不准杀害降者，以瓦解商军。誓师后，武王下令向商军发起总攻击。他先使"师尚父与百夫致师"，即让吕尚率领一部分精锐突击部队向商军挑战，以牵制迷惑敌人，并打乱其阵脚。商军中的奴隶和战俘心向武王，这时便纷纷起义，掉转戈矛，帮助周帅作战。"皆倒兵以战，以开武王"。武王乘势以"大卒（主力）冲驰帝纣师"，猛烈冲杀敌军。于是商军十几万之众顷刻土崩

牧野之战

瓦解。纣王见大势尽去，于当天晚上仓皇逃回朝歌，登上鹿台自焚而死。周军乘胜进击，攻占朝歌，灭亡商朝。而后，武王分兵四出，征伐商朝各地诸侯，肃清殷商残余势力。商朝灭亡。

周军取得牧野之战的彻底胜利绝非偶然。首先是周文王、周武王长期正确运用"伐谋"、"伐交"策略的结果，它起到了争取人心，翦敌羽翼，麻痹对手，建立反商统一战线的积极效果。其次，是做到了正确选择决战的时机，即趁商师主力远征东夷未还，商王朝内部分崩离析之时，果断地统率诸侯联军实施战略奔袭，从而使敌人在战略、战术上均陷于劣势和被动，未暇做有效的抵抗。再次，适时展开战前誓师，历数商纣罪状，宣布作战行动要领和战场纪律，鼓舞士气，瓦解敌人。最后，在牧野决战的作战指挥上，善于做到奇正并用，对敌以巧妙而猛烈的打击，使之顷刻彻底崩溃。

商纣王之所以迅速败亡，根本的原因自然是因为殷商统治集团政治腐朽、横行暴敛、严刑酷法，导致丧尽民心，众叛亲离。其次是对东方进行长期的掠夺战争，削弱了力量，且造成军事部署的失衡。再次是殷商统治者对周人的战略意图缺乏警惕，放松戒备，自食恶果；最后是作战指挥上消极被动，无所作为。加上军中那些临时仓促征发的奴隶阵上起义，反戈一击，其一败涂地也就不可避免了。

牧野之战是我国古代车战初期的著名战例，它终止了殷商王朝六百年的统治，确立了周王朝对中原地区的统治秩序，为西周礼乐文明的全面兴盛开辟了道路，对后世历史的发展产生了深远的影响。而其所体现的谋略和作战艺术，也对古代军事思想的发展具有不可低估的意义。

悔不当初，鹿台自焚

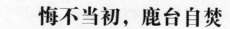

纣王悔不当初，鹿台自焚

商纣王本以为人多势众，周武王哪是自己的对手，满以为稳操胜券。突然传报商军大败，周军正向朝歌攻来。商纣王闻讯大惊，知道自己的末日到了，纣王见大势已去，形势不可挽回。他登上鹿台，直视远处。周军往来厮杀，烟尘蔽日，一直冲至朝歌城下，将城紧紧围住。纣王已经无力回天，无路可走了。

可他临死还不肯放弃他的财宝，于是命人将宫里的珍宝全部搬到鹿台上，自己用菱罗缠身，躺在珍宝中，点火自焚而死，结束了他罪恶的一生。

周武王带着伐纣大军冲进了朝歌，朝歌的老百姓都来到外面，迎接和慰劳周武王的军队。周武王一进城，百姓齐声欢呼，感谢他把他们从商纣王的暴政下解救了出来。

武王来到鹿台，不禁大吃一惊。鹿台上的亭台楼榭已成一片焦土，没烧尽的宫梁殿柱还冒着缕缕青烟。武王便下令士兵们寻找纣王的下落。不一会儿，武士们果然发现在灰烬里有一具尸体。那尸体倒在许多珠宝玉器堆中，相貌还依稀可辨，正是罪大恶极的商纣。武王怒不可遏，对着这个死去的敌手连射三箭，并用剑砍纣王的尸体，然后命令士兵用"黄钺"将纣王头颅砍下，挂在大旗杆顶上。稍后，他又看到两个上吊自杀的纣王之妾，武王又对着这两具女尸连射三箭，用剑

砍击尸体，然后换了一柄"玄钺"将她们的头割下，挂在小白旗上。

天下百姓得知纣王已经死的消息后，都十分高兴，纷纷庆祝。

随后，周武王举行了隆重的祭祀仪式，庄严地宣告伐纣战争胜利结束，商朝已经灭亡。他建立了周朝，自称为天子，定都于镐，得到各诸侯国的拥戴。周朝是我国历史上第三个奴隶制国家，在周朝，社会生产力又有了很大发展，是奴隶制社会最兴盛的时代。

商朝破落，妲己断魂

历史证明妲己的确是一个毒辣妇人，《尚书》里讨伐纣王的一句"听信妇言"开始，到《国语·晋语》："妲己有宠，于是乎与胶鬲比而亡殷。"再到《吕氏春秋·先识》："商王大乱，沉于酒德，妲己为政，赏罚无方。"都还是不太离谱的合理推断，再到后来，年代愈久，想象力就愈浓厚，写出来的史料也就愈生动。

妲己进入帝辛的生活领域时，正是商朝国力如月中天的时候，那时新的都城正在风光明媚、气候宜人的朝歌（河南淇县）建造起来，四方的才智之士与工匠也纷纷向朝歌集中，形成了空前的热闹与繁荣。离宫别馆次第兴筑；狗马奇物充盈宫宝；以酒为池，悬肉为林；丝竹管弦漫天乐音，奇兽俊鸟遍植园中，从此戎马一生的商纣王帝辛，终于在妲己这个小女人的导引下，寄情于声色之中。

但是也有人为妲己鸣不平的，周文王和周武王立誓要灭掉商朝，是基于政治发展与私人仇恨所产生的态度，丑化妲己只是一种政治手段。商朝的灭亡是因为大力经营东南，重心已经转往长江下游地区，使得中原一带空虚，周人才得以乘机蹈隙，硬是把商朝的亡国，推到一个女人身上，就常识的观点看，也是很难使人苟同的。顶多只是苏妲己入宫以后，由于争宠而与其他的妃嫔引起纷争，那些失宠的妃子各有氏族背景，因而加深了纣王与诸侯小国之间的冲突而已；如果硬要说苏妲己是亡国的祸水，未免太高估了她啊！妲己之所以留下如此

恶名，是因为周人怀恨纣王而宣传的。理由是：据现有的甲骨文献中，未有记载妲己恶行的篇章，只有纣王恶行的记录。所以妲己只是纣王晚年的伴侣，并无任何恶行。

但是在世人的心中妲己仍然是罪不可赎的千古祸害，传说武王令刽子手斩妲己的时候，因为妲己容颜过于娇媚，以致刽子手都不忍心下手，另换刽子手也是如此。刽子手都不忍心杀妲己，愿意替她死。姜太公说："我听说妲己是妖怪，不是人。"就命人高悬起照妖镜，妲己这才显露出真相，原来是个九尾金毛狐狸。刽子手手起斧落，斩杀了妲己。

第五章

周朝建立与巩固

　　周人灭商以后，建立了我国历史上的第三个奴隶制王国——西周。武王死后，其子姬诵即位，王叔周公旦掌握着实际权力。当时的形势为"天下未集"，商人及东方各族并未真心承认周的共主地位。所以，周朝政权的巩固，内忧外患的治理便成了当时的重中之重。

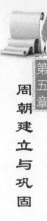

武王分封，周公辅政

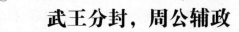周武王分封天下

　　周军虽在牧野之战中大获全胜，但是殷商疆域辽阔，残余势力仍然强大。殷商的贵族时时刻刻都在图谋复辟殷商王朝。所以，怎样治理殷民是一个非常尖锐、刻不容缓的大问题。

　　况且，周朝的本土在遥远的西部，人数也远远比殷民要少；周军的将领在伐商成功后皆想衣锦还乡，不想长期在殷地驻守；此外，长期以来，周商之间纠纷迭起，假若西周态度倨傲，以征服者自居，常驻商地，势必会引起殷人的反感，遭到他们的反抗，并使矛盾升级。

　　周武王为了安抚民心，保护来之不易的战果，巩固新生的政权，殚精竭虑。首先，他请教太公望。太公说："我听说过，爱屋及乌。如果相反，人不值一爱，那么村落里的篱笆、围墙也不必保留。"意思是不光杀掉殷纣，连敌对的殷人也不能保留，而要统统杀掉。周武王不同意。又找来召公商量。召公说："有罪的杀，没罪的留下。"武王说："不行。"于是又找来周公。周公说："让殷人在他们原来的住处安居，耕种原来的土地。争取殷人当中有影响有仁德的人。"周公这种给予生路，就地安置，分化瓦解的政策，深得武王的赞许他很欣赏这种原地安置、留民生路、逐步分解的策略。因此，周武王对殷都故地采取了"以殷治殷，分而治之"的策略，对殷商的遗民加以安抚笼络。他将纣王的儿子武庚封为殷侯，命他继续管理殷商的遗民。

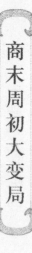

同时，武王还将商都周围千里的地盘划分为卫、庸、邶三个小国，分封给自己的三个弟弟，命他们悉心管理，并肩负起监视武庚的重任，号称"三监"。武王下令，释放纣王监押的所有百姓，整修商朝忠臣比干的坟墓，释放贤臣箕子等并让他们官复原职。对于纣王用于享乐的财物、粮食，武王一一散发，接济那些青黄不接的饥民和贫困的百姓。

自从武王实施了这些措施后，殷地不久就稳定了。对于其他的地方，武王采取了封邦建国的策略，来统治整个国家。

为了治理好天下，武王特意命人将箕子接到镐京，虚心向他请教治国安邦之道，以免重蹈殷商的覆辙。依据箕子阐述的道理，武王同姜太公、周公旦等人商量后，决定进一步完善和明确宗法制度。这些宗法制度古已有之，只是尚未完全定型。

武王的具体做法是：把全国划分成若干个诸侯国，由周国君主分封给在伐商中贡献突出的姬姓亲族和有功之臣；允许各诸侯拥有军队，但务必时刻听从周天子的差遣，按期向天子献贡、朝贺；准许诸侯世代因袭，并可以在封国内分封卿、大夫；对各诸侯天子有生杀予夺的大权，对封国中分封卿、大夫等事，天子也有权过问。

毋庸置疑，相较于商朝那种原始邦国林立的局面，武王实施封邦建国方略是一个非常明显的进步。分封制是周朝社会的基本框架，它使得以周天子为首的等级制度形成，的确有统天下于一君的意义，在当时对全国的统治起到了巩固和加强的作用。秦以后尽管实行的主要是郡县制，但是在一定范围内，分封制依旧存在。

周朝推行分封制，造就了一个范围广阔、为天下人共同拥有的文明体系。在这一体系中，假若中原诸侯国附近的小国没有融入周朝的文化圈中，便被当成异端，被叫作戎、狄、夷之类。所以，有一些夷狄一旦强大兴盛了，便会自动地融入这个文化体系中，比方说楚国。也有一些夷狄，没等到羽翼丰满就被消灭了。

后来，随着周王室的日渐衰落，各诸侯国展开了生死存亡的激烈竞争，各诸侯国绞尽脑汁要发展壮大，各种各样的新思想便应运而生。于是各诸侯国之间上演了人才大战，形成了争夺人才、重用人才的社会风气。

正是由于这个文明体系内部产生了激烈的竞争，中华文明才得以迅速发展。自从秦朝统一天下后，历史上就再未出现这种百家争鸣、百花齐放的壮观局面。周王室开创出这个局面，无意间竟造就了亚洲最伟大的文明体，它也堪称世界上最伟大的文明体之一。

中国奴隶制政治制度的特点之一便是分封制。在特殊的历史条件下，分封制和"郡县制"起着相同的作用，既有长处，也有短处。

因为分封制是在宗法制的基础上建立起来的，所以伴随着人类的繁衍，人口逐渐增多后，大宗与小宗、周王室与各诸侯之间的关系都愈来愈淡漠。尤其是那些处于荒凉偏远之地的诸侯国，交通不便再加上经济发展落后，它们与周王室的关系更是日渐疏远。

由于生产力水平有高有低，这就给各地区带来了分散性，逐渐形成了区域差距。久而久之，诸侯国的离心倾向日益加大，独立性也渐渐增强，不再满足于自己狭小的疆域。一些相对发达的诸侯国更是不安现状，它们争相侵吞土地，抢劫财物，最后发展到兼并小国，导致了战乱频繁，开始了长达五百多年的争霸混战。战火纷飞使民不聊生，生灵涂炭。这都是后话。

武王为了维护自己的统治，稳定政权，日理万机，寝食难安。当时的人们认为，地处天下中心的是洛邑，即今天的河南洛阳市内。为此武王与周公旦商议，在洛邑兴建东都，以便更好地掌控东方。遗憾的是，灭商两年之后，武王还没来得及将这个打算付诸实施便与世长辞。

西周·铜甬编钟

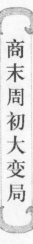

周公辅政，鞠躬尽瘁

开国之君，经常殚精竭虑，患得患失，既不忘祖祖辈辈创业的艰难和辛酸，也要密切注意反对派的一举一动，防备遗民的复辟图谋，保卫自己辛苦打下的江山，还想使帝位稳固，传至子子孙孙。武王亦这样，他夙兴夜寐，彻夜难眠。

因为处心积虑，寝食难安，武王积劳成疾，健康状况愈来愈差，在统一天下的次年便染病在身，而且逐渐恶化，病入膏肓。武王思来想去，觉得自己大限将至，但是儿子年幼无知，很难担当起治理国家的大任。为了大周的江山社稷，他想到了德高望重的弟弟周公旦，打算让他即位。周公闻悉后感动万分，他一边婉言谢绝，一边同召公、姜太公占卜吉凶。

要想占卜吉凶，必须在祖庙卜卦，周公说道："还是在祭祀之前预先打动先王。"

于是，周公命人修建了三座祭坛，用来祭奠太王古公宣父、王季和文王。供奉好这三位先祖的灵位，周公便携带玉璧和玉圭，真挚而诚恳地向三位先祖祷告："您们的嫡亲子孙姬发，由于日理万机身患恶疾，如果是因为三位先祖犯下了逆天的罪行，需要有一个后世子孙来承受报应，那么，请让我姬旦替代姬发，让这报应落到我身上吧我姬旦文武双全，才艺俱佳，机灵敏捷，最适宜伺候鬼神。而武王姬发比不上我心灵手巧，侍奉鬼神不太相宜。假若你们能够听从我的祷告，庇护姬发病愈，天下人就会恭敬有加，先祖的灵魂也会由于国泰民安而有所归附，长期享受供奉。现在，我准备用神龟来占卜吉凶，倘若你们听从我的祷告，我便恭敬地献出玉璧和玉圭，否则，我便会击碎玉璧和玉圭。"

周公祷告完毕，史策便接着祈祷，恳求让周公替武王生病，此后，他们在三王的灵位前占卜，结果得了上卦，卦象大吉。因此，周公兴奋地拜见武王，祝贺他得此吉兆，并且把自己祈祷以己身替代武王遭

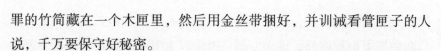

罪的竹简藏在一个木匣里，然后用金丝带捆好，并训诫看管匣子的人说，千万要保守好秘密。

周公于武王病危之时，以天下大局为重，向三位先王虔诚地祷告，愿以身代替武王受难的高尚情操，的确弥足珍贵。

尽管周公虔诚地向先祖祈祷，想代替武王承受苦难，但是天命难违，周公还是未能留住武王的性命，这位一举灭商建立西周的君主还是与世长辞了。武王英年早逝，此时其长子诵年仅十三岁，还是个幼稚的孩童。在周公、太公、召公等众臣的拥戴之下，姬诵承继了王位，这就是历史上的周成王。

周朝灭商后新建的天下，表面上看来风平浪静，但事实上激流暗涌，国家并不太平，商朝的残余势力仍在摩拳擦掌，伺机反扑。另有许多商朝遗民或明或暗地反抗新政权，比如说德才兼备的伯夷与叔齐，他们就义不食周粟，这样的遗民尚有很多，更何况纣王的儿子武庚还在，随时都可以振臂一呼，说不定就会应者如云。

在这种复杂的局势下，武王英年早逝，就必须推出一位德高望重、地位显赫的人来摄政。而周公身为武王的弟弟、辅政的公爵，水到渠成地成为周朝政权的核心人物。周公看到成王年幼无知，不能担当起治国重任，也不能驾驭复杂险恶的局势，为周朝基业着想，果断决定由自己出面代替成王摄政，处理国家事务。

在招揽人才、用人唯贤方面，周公被历代从政者当成学习的榜样。周公担心会错过世间的贤者，即便在沐浴之际，但凡有人前来谒见，阐述治国方案，他都会握着湿漉漉的头发及时出来接待；就是吃一顿饭，也会多次吐出嘴里来不及咽下的饭菜，急不可待地去接见贤者。这即是"一沐三握发，一饭三吐哺"的来历。后世的曹操《短歌行》中的句诗"周公吐哺，天下归心"，就是运用了这个典故。

周公无微不至地关怀年幼的成王，有一次，成王病得厉害，周公很焦急，就剪了自己的指甲沉到大河里，对河神祈祷说：今成王还不懂事，有什么错都是我的。如果要死，就让我死吧。成王果然病好了。

周公主政七年时，成王已经成年，所以周公将政权还给成王，自己则重回大臣的职位，恭顺地谨守臣下的礼节。当然，周公并未由于归政而撒手不理政务，这一方面是因为成王对他殷殷相留，另一方面更是因为周公念念不忘他身为名臣良相的职责，仍旧不断地向周成王上书进献忠言，教导周成王要广纳贤才，从谏如流，时时事事以国家、百姓为重，切忌好逸恶劳，虚掷韶华。

周公的谏书中，最负盛名的是《尚书·毋逸》。周公开篇讲道，知晓农业生产的艰辛，才会明白农民遭受的苦楚。父母勤恳耕作，但他们的儿女却不知稼穑之艰，于是过着悠闲的舒服生活以至于不务正业，甚而看不起父母，出言不逊："老年人没有一点见识！"在当时看来，这种话纯属不孝，是大逆不道的。

周公在《康诰》中说，要惩戒那些不孝不友的人。作为一国之君，要及时体恤民情民意，否则就会高高在上，行事怪诞不经。其后周公列举了殷代的贤君中宗太戊、高宗武丁、商汤之孙祖甲，他们要么不怒而威，严于律己，"不敢荒宁"，要么为农民做实事，使百姓受到实惠，鳏寡皆受到尊敬，因此，他们在位时，国家长治久安。接下来的殷王，一出娘胎就养尊处优，不懂从事农业生产的辛苦，一味好逸恶劳，骄奢淫逸，所以他们不能长期安居君位。然后，周公又继续举例，他说周的太王、季历都谦恭勤谨，周公还特意提及文王，说文王衣着朴素，勤俭节约，他亲自参加田间耕作，能够"怀保小民，惠鲜鳏寡"，有时候已经过了正午，他这一天还没有吃过饭，这是因为他一直心系百姓。文王不敢沉溺于声色犬马，也不敢安逸享乐，从不向百姓求索额外的东西，因此，他也长期在位。周公劝诫成王说，切忌沉湎"于观、于逸、于游、于田（田猎）"，也不能纵容自己"现在先姑且享乐，就一会儿"，切忌如纣王一样沉迷于酒色。倘若不肯遵从，便会弄乱先王公正的法律，遭到老百姓的咒骂憎恨。假若有人前来说，"小人在恨你、骂你"，你就要有知错就改的勇气，深刻地反省自己，务必心平气和，切忌雷霆震怒，草菅人命，滥施刑罚。否则，你就会引起万民公愤，落得悲惨的结局。

周公劝诫的文章一部分存留于《史记》，在历代宰相劝谏君主的忠

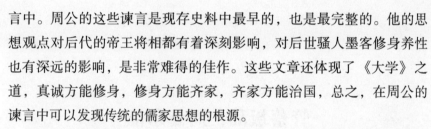

言中。周公的这些谏言是现存史料中最早的，也是最完整的。他的思想观点对后代的帝王将相都有着深刻影响，对后世骚人墨客修身养性也有深远的影响，是非常难得的佳作。这些文章还体现了《大学》之道，真诚方能修身，修身方能齐家，齐家方能治国，总之，在周公的谏言中可以发现传统的儒家思想的根源。

我们通过周公用心血写就的诸多重要文献，可以窥见周公脚踏实地的敬业精神，同时，也可以彰显他襟怀宽广的政治家的风范。经过周公的悉心辅佐，周成王取得了突出的政绩。在中国的历史上，为了争夺皇位，屡次上演子弑父、父杀子的血腥场面，而周公却以他宽广的胸襟、高深的睿智辅佐侄子姬诵。新王朝刚步入正轨，他又将国家大权慷慨地归还给道德、正义、规则和传统理念。

周公还政三年后，便在丰京颐养天年，没过多久就患了重病，他临终时说："我去世后，请将我葬于成周，向上天表白我不敢远离成王的心迹。"这是周公临终的心愿，他一生为周朝呕心沥血，鞠躬尽瘁，到死仍不瞑目，依然心系周朝。周公赤胆忠心，毕生勤勉谨慎，兢兢业业，不愧为后世宰相的楷模。

但周成王深知，周公劳苦功高，既是开国元勋，又是自己的叔叔，岂能让他给自己陪葬呢因此，他下令将周公厚葬于毕，让他给文王陪葬。由于周公是文王之子、武王之弟，成王将周公葬于文王墓侧，就是想说明，成王从未将周公看作大臣。这算是君王对待丞相的至高礼节了。

管蔡叛乱，周公东征

谣言四起，周公平息

周王朝取商代之后，面临着严峻的形势：商朝的遗老遗少们时刻准备着复辟，周公摄政又违背了王位世袭制中父死子继的原则，所以周室统治集团内部也是矛盾重重。

由于周公主政，导致了周朝一片哗然。管叔、蔡叔是武王的另外两个弟弟，他们在殷地担任纣王之子武庚的师傅，督促训导武庚。这次周公成为周王室政权的中坚力量，他们却遭到冷落，便非常不悦。管叔、蔡叔认为，都是武王之弟、文王之子，如今姬旦大权在握，而他们自己却要在殷地受苦，这是为什么？

管叔、蔡叔既是地方诸侯，又是朝廷命官，兼有双重身份，牢牢掌握着控制殷地的大权。此外，管、蔡之地的地理位置很重要，是周王朝掌控东部地区的纽带。当初将官、蔡分封于此，尽管能够使周王朝更好地掌控殷地，但也使管、蔡二人与武庚的关系更加紧密，埋下了后来反叛的隐患。

早在建国初期，管、蔡二人便备受重用，满心希望以后会握有更大的权力，享有更多的利力。因此武王逝世后，他们见周公主政，而自己却仅仅掌管着一个小国，又怎么能甘心呢？

管叔、蔡叔心怀不满，但他们并不局限于腹诽，而是采取行动四处传播流言飞语，说："周公现在摄政，目的就是图谋篡位。"他们想

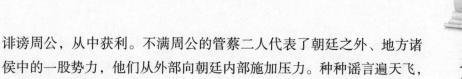

诽谤周公，从中获利。不满周公的管蔡二人代表了朝廷之外、地方诸侯中的一股势力，他们从外部向朝廷内部施加压力。种种谣言遍天飞，许多人不明真相，信以为真。

太保召公姬奭，当时已位列"三公"，他也不满周公主政，并对周公心怀猜忌。召公姬奭与周王室同姓，也是武王权力阶层的中坚人物。伐商之际，召公与周公一起保护武王，灭商之后，武王将召公封至燕国。武王归天后，召公又被封为太保，负责教导成王，位列"三公"，威望与势力同周公不分伯仲，召公管理着陕以西的地盘，权势熏天。召公担忧周公摄政之后，乘机扶持自己的势力，最后篡权夺位。疑忌重重的召公代表了朝廷之中的一股势力，他们在朝廷内部同周公相抗衡。

管叔、蔡叔这个小团体企图篡权夺位，他们勾结了蠢蠢欲动、妄想复辟的武庚等遗民及一些唯恐天下不乱的东夷诸侯国，乘周朝内部产生矛盾之际举起反对周公的大旗，兴兵作乱，历史上称为"管蔡之乱"，也叫"三监之乱"。

根据《书经·大诰》记载，三监叛乱，其声势浩浩荡荡，波及了东方的徐、熊、奄、盈等规模不小的部族和国家，其范围大概相当于今天的河北、河南、山东、安徽等地；与此同时，周的本土之内也发生了暴动。一时间，内忧外患对刚诞生的周王朝政权产生了严重的威胁。假若不能平息叛乱，周王朝就会陷入窘境，周文王苦心孤诣创建的基业就会毁于一旦。

此时，外有管叔、蔡叔等诸侯的反叛，内有召公等权臣的疑忌，面对这种严峻的局势，周公首先维持内部的安定团结，他命人邀请来姜太公和召公奭，向他们表明自己的心迹，周公诚恳地说："我出面摄政，不加回避，就是因为如今天下动荡，四海不平，成王又年幼无知。一旦爆发动乱，丢了江山，我们有何颜面去见列祖列宗呢？三位先王兢兢业业，经过呕心沥血才拥有天下，如今武王英年早逝，我只好不顾嫌疑出面主政，只有大周江山永固，我们才能对得起三位先王与武王，这便是我的良苦用心啊。"

周公还摆事实，讲道理，一一列举了前朝辅佐幼主的伊尹、伊陟

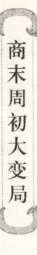
等贤相——这些人都是全心全意辅佐幼主，尽管他们出面摄政、大权在握，但他们都一心为国为民，等到幼主成年，又交还了政权，周公费尽心机地说明，一旦成王长大，自己必定归还大权，绝不贪恋王位。

周公通过耐心的交流，终于打消了召公等的疑虑，他们冰释前嫌，一块辅佐成王平息了叛乱。召公悉心打理所辖的西部，使西部井然有序，人民安居乐业。

周公东征

为了捍卫周朝的政权，周公打消了周朝上层内部的猜忌后，采取了雷厉风行的手段，飞速昭告天下，打算平息管蔡的反叛，历史上称作"周公东征"。

周公于出征前，发布了讨伐叛军的公告，后人编撰史书时，将这篇檄文收入《尚书·大诰》。周公在檄文中剖析了当时的危难局势，称周王朝突遭"天降大祸"。通过占卜，周公得到了出兵平定叛乱大吉的卦象。周公决定替天行道，巩固文王、武王的基业。他借助他们的积威，鼓动大部分诸侯和周民，组成了一支东征的大部队。周公亲自担任统帅，率领部队沿着大道声势浩荡地开赴黄河以南。

东征首先是平息武庚之乱。周对殷民比较宽厚，并没有加以歧视和虐待，所以武庚反叛不得人心，人们反倒认为武庚背信弃义，因此周军势如破竹，"殷大震溃"。武庚被杀死了，也有人说是逃走了。与此同时，周公另外派遣了一支部队奔赴管叔的领地，迅速占领封地，杀死了兴风作浪的管叔。接着，周军又进军蔡叔领地，将蔡叔生擒并放逐。霍叔投降归顺。周公很快就平息了武庚和"三叔"的复辟与反叛，东征之战的第一阶段取得了决定性的胜利。

当时，周并没有牢牢地控制住东方和东南方，以徐为领导的东南"九夷"也纷纷卷入了叛乱。"九夷"位于淮河下游，地势较低，河道如蛛网，周军的大队人马到来后，水土不服，行动不便。经过旷日持久的交战，周公终于平定了徐等"九夷"之乱，"凡所征熊盈族十有七国，俘九邑"。接着，周军乘胜北上，挥军赴奄。奄跟随武庚兴兵作乱后，由于是东方势力较强的诸侯国，所以成了周朝的一个强敌。周军相继占据了奄的西面与南面的邻国，使奄陷入孤掌难鸣的境地。周军已经打了几次胜仗，声名远扬，这次直逼奄的都城，也就是今天的山东曲阜一带，奄的国君被逼无奈，只好求和。奄降周之后，蒲姑等山东北部和东部的诸侯国也都纷纷投降。

　　周公早年追随武王南征北战，还制定国家的军政方针和策略，因此对国家的时局一清二楚，所以周公决断及时而英明，战略部署周到而准确。在平叛中，周公"擒贼先擒王"，在消灭元凶后，又采取正确的方针，先攻克小而弱的敌人，再进攻大而强的敌人；捷报频传后，又制定了以精兵威胁为主、政治诱降为辅的策略，这些皆是周公东征大捷的原因所在。因此，周公不但是西周初期杰出的政治家，也是卓越的军事家。

　　在"三监之乱"中，因为反叛一方有着错综复杂的政治、民族等关系，所以并未形成规模巨大、组织严密的反抗周军的战争。尽管如此，周军也经历了将近三年的艰苦而惨烈的激战。

　　《诗经·豳风·破斧》说："既破我斧，又缺我斯。周公东征，四国是皇。哀我人斯，亦孔之将。"战士们追随周公东征，斧子的刀刃都砍卷刃了，纵然历尽战斗的艰辛，但是能够生还，便已经非常幸运。东征的军士怀念故乡，一旦他们解甲回乡务农，心中便浮想联翩，满怀希望。《诗经·豳风·东山》便形象细致地刻画了这种心理。那时候，周朝早已消除内忧外患，再不是战前那种"风雨所飘摇，予唯音嘵嘵"的局势了。

　　为了巩固东征的胜利果实，周王朝实行了一套重要的政治、军事政策。对于殷商旧民中顽冥不化的势力，周公逼迫他们迁到洛邑一带，并修筑了周城供其定居，还挑选周人编为军队，在周城驻守，号称"成周八师"。此外，周公还收编了"三监"的残余武装力量，又从被征服区域征集了许多人编为"殷八师"。周朝征服黄河下游和淮河流域的各个部族，依靠的主要的武装力量就是"成周八师"和"殷八师"。

接着，周公东征宛如犹风暴雨扫过了大河下游，将民族部落原本的格局打破。徐国人逃到了江南，即今天的江西；有的东夷被驱赶到淮河流域；嬴姓向西迁徙；楚逃窜至丹水流域。所有这些，都有利于促进各个民族的大交融。

当年武王尽管一举灭商，但是仅仅痛击了商王朝的核心势力，事实上，他并未彻底地掌控殷商的领土，周围的戎狄又乘势拓展地盘，侵占了中原的很多疆土。周公经过三年东征，大体清除了殷商的残余势力，并且征服了东夷诸国。应该说，周公东征获胜，才真正使周朝完成了统一天下的基业。所以周公东征尽管发生在牧野之战两三年后，但也应该看作是周伐商之战的延续和扩展。经过这次东征，周人已不再是西方的"小邦周"，而变成了一个泱泱大国，其疆域东到大海，北至辽东，南至淮河流域。

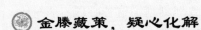

金縢藏策，三海康叔

金縢藏策，疑心化解

周公率军东征，成王在朝也寝食难安，既担心周公军事失利，又担忧周公拥兵自重，倘若周公与管叔蔡叔同谋倒戈一击，那么周朝也就到了末日。

一些居心不良的野心家嫉妒周公，常常在暗地里蛊惑少不更事的成王，说周公心怀叵测，要篡权夺位。成王起先并不信，但众口铄金，成人尚且不辨真伪，更何况一个无知的孩童。

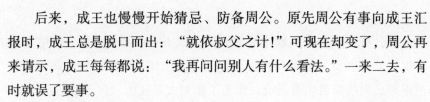

后来，成王也慢慢开始猜忌、防备周公。原先周公有事向成王汇报时，成王总是脱口而出："就依叔父之计！"可现在却变了，周公再来请示，成王每每都说："我再问问别人有什么看法。"一来二去，有时就误了要事。

于是，成王的一个叫唐叔的弟弟想出了一个主意，他寻到一秆双穗的稻子敬献给成王。在古代，双穗的稻子被看作是上天降下的吉兆，成王便特意遣唐叔将这株天降的祥瑞之稻赐给东征的周公，并写了一首诗《馈禾》，大意是说，周公啊我的叔叔，您看，天降吉祥之兆，保佑您早日平息反叛，我们共同过上幸福安宁的生活。

看到成王派遣亲弟弟赠给自己一根稻子，周公立刻恍然大悟：成王并不放心自己拥兵在外。于是，周公毕恭毕敬地依照臣子的礼节，也写了一首诗《嘉禾》，意思是颂扬天子之命，借此向成王表明心迹，请成王宽心，他一定会鞠躬尽瘁平息反叛，而且一片丹心，只要凯旋，便告老还乡，安度余年，请成王万勿担忧。

周公平息叛乱归来，有关他篡权夺位的流言蜚语甚嚣尘上，说周公剿杀管叔、放逐蔡叔，就是架空成王的一个步骤。因此，成王愈发猜忌周公了。

周公为了表白心意，就回皇宫亲自向成王报告情况，而且还写了一首诗明志，这便是经典巨著《诗经》中的一篇佳作《鸱鸮》，原诗如下："鸱鸮鸱鸮，既取我子，无毁我室。恩斯勤斯，鬻子之闵斯。迨天之未阴雨，彻彼桑土，绸缪牖户。今女下民，或敢侮予？予手拮据，予所捋荼。予所蓄租，予口卒瘏，曰予未有室家。予羽谯谯，予尾翛翛，予室翘翘。风雨所飘摇，予维音哓哓！"

《鸱鸮》的大意是：鸱鸮啊鸱鸮，你既已夺走我的幼子，勿要再毁坏我的穴巢，我含辛茹苦费尽心，生养孩子多可怜。乘着老天未下雨，桑树根上剥些皮，窝里缝隙都修理。如今树下这些人，还有谁敢将我欺？为揪取茅草花铺巢，我脚爪早就无力，为积攒存蓄干草，我嘴角早就磨破，但是我的窝仍未修好。我的羽毛零落稀疏，我的尾巴干枯无泽，我的巢在危枝上摇摆。它在风雨飘摇中晃悠，我唯有惊恐无助

地尖呼！

周公在诗中，将武庚比喻成鸱鸮，成王喻成雏鸟，将自己喻成辛苦保护幼鸟和巢穴的大鸟，将周朝的江山比作风雨飘摇中的鸟巢，世道艰难，大鸟早就满身伤痕，而为了保卫大好江山，自己也呕心沥血，历尽艰辛与挫折。周公希望成王能够领会诗中的寓意，趁着时机未晚"未雨绸缪"，抓紧时间让他回来处理朝政。成王读了此诗，仍未彻底明白周公的心意，随手将诗束之高阁。

周公认为，形势如此不利，他再继续摄政大概会落个凄凉下场，便主动地向成王提出，他想返回自己的封地鲁国。

成王觉得周公终于灰了心，不再热衷名利了，便爽快地答应了周公的要求。

转眼秋天到了，却发生了天变。当庄稼已熟、正待收割之际，忽然间电闪雷鸣，狂风大作，农田里的所有庄稼都被吹歪，甚至有的大树也被连根拔起，一时间。整个国家人心惶惶。

成王看到天气如此反常，认为是老天发怒，心想老天爷既然如此，说明周国肯定发生了不寻常的大事。此时，那些捏造流言蜚语的小人又蛊惑成王说："天变是否在提醒大王，要警惕周公谋位呢？否则，怎么会如此反常呢？"

成王听了这些流言蜚语，反觉得颇有道理。因此，他命人开启珍藏中央文书的金柜，盼望能发现应付周公夺位的对策。不料却在金柜中，意外地找到了周公曾经写下的祷告文书。

文书的内容是武王病危之际，周公向上天祷告，希求将武王的重病转移到自己身上，甚至愿意一死。

成王还看到了另一篇祷文，那是有一次成王病重，周公非常焦虑才写下的。当时周公剪下了自己的指甲扔到河中，向河神祷告说："如今成王年幼无知，假若有什么过错都是我造成的。倘若要死，请允许我去死吧！"这些都表明了周公对年幼的成王关怀备至，体贴入微，也表现了他的满腔赤诚。

于是，太公、召公和成王就找到众史官以及其他有关官员相询。

他们答道："的确如此。咳！周公曾警告我们，千万要保密。"

成王终于明白，周公对王室的赤胆忠心是千真万确的，他手捧祷文痛哭流涕地说："以前，周公为王室鞠躬尽瘁，功高盖世，我年幼无知，并不知情。如今上天终于发怒了，以此为周公抱不平，小子我要亲自去迎回周公，按国家的礼制也理应如此。"

据说，他的话音刚落，雨便停了，风也改向了，吹倒的庄稼又都立了起来。

成王急忙遣人赶到鲁国，真诚地邀请周公重新出山。见到周公后，成王恳切地对他说："叔父，您历来为国家呕心沥血。侄子我少不更事，竟然轻信了谣言，招致了天怒，我恳请您宽宥我。"

此后，成王成熟了很多，对周公完全放心了，而周公也继续辅助成王，处理西周的朝政。

后来，人们将这件事称叫"金滕藏策"。

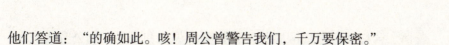

周公三诲，康叔铭记于心

康叔叫封，是武王的同母弟弟。武王刚打下江山大肆分封之际，将封封到了康国，因此，封被称叫康叔。

武王逝世之际，成王尚年幼，周公便出面主政。管叔、蔡叔二人勾结武庚发起了叛变，被周公彻底平息。其后，怎样治理殷商旧地就成了战争获胜后的重大难题。武庚和奄国、淮夷的暴动充分说明，战略要地不宜再任用原来的氏族首脑，而应当派遣周族中值得信任的人前去治理——这已和武王分封有着本质的区别。

周公将弟弟康叔封到原本由殷商治理的核心地带，定都朝歌，即今天的河南淇县。康叔负责管理殷商的七个氏族：陶氏、施氏、繁氏、锜氏、樊氏、饥氏和终葵氏，他们大部分都有着某种手工艺特长。康叔不但拥有广袤的封地，而且还统帅着八支部队，用来提防殷民再次发生叛乱。康叔还被改封成卫君，身份地位愈发尊贵。周公封了康叔，又先后三次到洛邑同他促膝长谈，周公对康叔可谓用心良苦，他循循善诱、苦口婆心地提醒康叔要警惕哪些失误和恶果。周公身为长兄，大权在握、宵衣旰食，竟然如此关爱呵护自己的弟弟，让人钦佩不已。后来，史官加工整理这三次谈话的记录，写成了《康诰》《酒诰》《梓材》三篇法辞。

这三次告诫尤为紧要，它既指导着康叔管辖殷商故土，也是周朝治理殷商故土的基本方针。

周公首次和康叔谈心时，告诫他说："弟弟啊，你尚年幼，周国依靠文王的厚德、武王的圣贤推翻了商朝统治，才让你有幸受封到东土。如今，群众的眼睛都盯着你的举止，看你能否沿袭文王的良好风尚，能否发扬众口称赞的文王的办事风范。你要明德慎罚，拜访商朝遗民中的高人，对他们的政治观点仔细考虑，体察民情民意，弄清楚自己怎么才能教化百姓。你还要睿智豁达，心胸宽阔，用谦和的品德来修身养性，小心谨慎地履行自己的职责，执行国君的命令。"

周公一再劝告康叔，要兢兢业业，切忌好逸恶劳。但凡百姓口出怨言，不管怨恨大小，都必须郑重处理，只要方式得当，什么怨恨都会冰雪消融。倘若由于百姓心怀的怨恨微小，而疏忽大意，那么发展下去小怨恨或许就铸成大祸。此外还要胸襟宽广，尽量教化殷民，让他们成为听从周朝命令的新民。

周公还劝诫康叔务必秉公执法，公正廉明。特意犯法，即使罪行不大也要严惩；过失犯法，即使罪行不小，如能痛改前非，也可宽大处理。执行法律要有根据，才能收到杀一儆百的效果。依据商朝旧律，确定新法，让有关部门把握。还要仔细斟酌案件，弄清楚每一个疑点才能定案，切忌草菅人命。如发现不依法办事、作威作福、横行乡里的官员一定严惩不贷。

这次谈话被整理成《康诰》。周公谈话的用意就是告诉康叔，对于殷民要宽宏大量，稳定民心，以此为重点，希望康叔"明德慎罚"，兢兢业业，切忌好逸恶劳。但是"明德慎罚"并非墨守成规，而是参考殷之旧法，颁布周之新法，让殷人成为周之新民。

周公第二次与康叔交谈的记录，被整理成《酒诰》。周公在谈话中归纳了商朝灭亡的经验，在他看来，纣王酗酒过度，全国上下都喝酒成瘾，这是商朝灭亡的基本原因。因此，周公苦口婆心地劝诫康叔，为了避免众人酗酒滋事，维护社会治安，一定要采取严厉措施强制百姓戒酒。周公谆谆教诲道："封啊，我的弟弟，文王生前屡次警告我们，唯有祭祀之时方能喝酒。上天令人们掌握了造酒的技术，是因为祭祀要用到酒。可是百姓不明原委，酗酒成风。殷商亡国的原因，就是由于国人沉湎于酒。"

但周公也不是一概禁酒，他教导康叔说实行禁酒应该结合殷商故土的客观现实，不可以莽撞行事，应号令百姓专心从事农业生产，在农闲时节，驾车乘马，从事贸易，用来供养父母。一旦父母逢喜庆之事，才可以喝酒。若有殷商遗臣能做到精忠报国，你可以赐给他们美酒，但要时刻铭记纣王酗酒亡国的教训。你一定要听我的告诫，勿许百姓酗酒，以免重蹈商朝灭亡的覆辙。对于大大小小的官员，你一定严命他们戒酒。对那些聚众酗酒的人，一律杀无赦。"

武庚兴兵作乱，波及的范围非常广泛，有很多殷商的旧民都牵连在内。周公认为，一定要以安定团结的大局为重，对那些犯有过错的殷民如果不能宽宏大量，势必让他们惶惶不可终日，结果会激起又一次叛乱。所以，周公在康叔出发前夕，特意针对这个问题再次告诫，这便是第三次谈话，被整理成《梓材》。

周公说道："封啊，我的弟弟，如今你要动身到卫地去了，凡是曾经参加过造反、品行不端的人，凡是杀过人或者乘虚劫掠犯过扰乱百姓罪行的人，一律要从宽处理，推行仁政德政来感化教导殷商刁民，让他们心服口服地协助你履行老天赋予你的统治国家的使命。"周公在此次倾谈中，把治理国家比喻成木匠打造器物，既然已耗费了很多精力砍啊刨啊，那就应该坚持到底将它做完，直到成型后涂上彩漆。要想江山永固，就一定要坚持不懈地付出心血。

周公依次赠给康叔三篇法辞《康诰》《酒诰》《梓材》，这些文章对维护周朝的统治，教化殷商的旧民，作出了突出的贡献。周公在许多受封者中，仅对康叔有如此苦心，究其原委，一方面是康叔管理

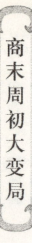

的地域是殷商故土，情况最复杂。矛盾最尖锐；另一方面，周公最先收服的就是殷商故土，那里也是"三监"叛乱的大本营，而周朝取得战争大捷后，康叔也很早便受封了。

后来，康叔没有辜负周公的殷殷厚望，他将曾经图谋叛乱的殷民治理得心悦诚服，实现了周公"化敌为友"的初衷，卫国的建国大业得以圆满完成，周朝的统治也得到了巩固。所以，康叔也声名鹊起，待到周成王亲政的时候，康叔被推举为司寇，执掌着生杀的重权，地位也远高于其他诸侯，权势熏天。他死后，谥号"康"。后来，其后代就以他的谥号为姓氏，这就是康氏。唐朝林宝在《元和姓纂》中记载道："康，卫康叔之孙以谥为姓也。"

 周公建都，太公治齐

周公营建新都

武王一举消灭商朝后，班师回到镐京，在那里建立了周王朝。武王心里明白，尽管他灭亡了殷商王朝，但并未彻底摧毁商朝的力量。为了便于控制东边的殷商残余势力，避免殷商遗民反叛，武王决定在东面营建新的都城。他亲自前去察看地形，最终决定将新都建在洛邑。

洛邑位于伊水和洛水流经的伊洛盆地中心，气候温和，地势平坦，土壤肥沃，是天然的粮仓。它南望龙门山，北倚邙山，群山环抱，地势险要。它东有虎牢关，西有函谷关，据东西交通的咽喉要道。伊、洛、湛、涧四河蜿蜒汇流于其间。从洛邑顺大河而下，可达殷人故地。

顺洛水，可达齐、鲁。南有汝、颍二水，可达徐夷、淮夷。所以，洛邑被看作是天下的中心，确实是定都的好地方。

不幸的是，新都的营建工作还没来得及展开，武王就身染重病，卧床不起。临终前，他托付周公办理此事。可是，由于国无宁日，周公也一直未能将此计划付诸实践。

管叔、蔡叔二人勾结武庚的谋反，为周公敲响了警钟。他深感镐京离东方太远，东都的营建势在必行。所以，当他挥师东进、平息了管步、蔡叔叛乱之后，立即着手帮助成王完成武王建立新都的心愿。

周公先是命召公进一步为新都选址。召公先来到洛邑，经过占卜，把城址确定在涧水和洛水的交汇处，并进而规划城郭、宗庙、朝、市的具体位置。然后，他重新占卜。卜兆表明湛水西和湛水东，洛水之滨营建新都大吉。于是，他向周公做了汇报。

周公得报，又亲自进行了实地勘察。然后，他向成王敬献所绘的地形图并汇报了占卜情况。得到成王的首肯之后，周公组织起了大量人力，亲自率领他们前往目的地，展开都城的建造工作。

经过一年左右的时间，新城终于建成。城方一千七百二十丈，外城方七十里，城内宫殿富丽堂皇。新都叫"新邑"或"新洛邑"，因此地原有鄂邑，北有郏山，故又称"郏鄏"。

至于建造成周的具体时间，《尚书大传》的说法是周公主政五年，《史记》的说法则是周公主政七年。《尚书·洛诰》记载说"惟周公诞保文武受命，惟七年"，按照王国维的诠释，上句是说周公为巩固文王与武王创下的基业，停留洛邑控制东方一带，下句采用的是周朝灭商的纪年，即武王灭商后第七年，也就是周公主政五年。1963 年，在陕西宝鸡发掘出何尊，其上的铭文证明王国维的推断是正确的。

建成洛邑后，由什么人在此管理的问题提上了周朝的议事日程。周公和召公都期待成王能够居住洛邑，处理朝政治理天下。成王考虑到民意，觉得百姓仍怀二心，必须让周公接着居住在洛邑方能震慑东方。

关于此事，成王和周公一再斟酌，最终决定让周公仍旧居住在洛邑，统治东土。成王七年，在洛邑举行隆重的冬祭活动时，成王乘机公布了这个重要决定。史官记录了周公与成王多次商讨的谈话内容和洛邑冬祭的场景，并编辑成《洛诰》，诏告四方。通过他们的谈话，可以看到周公的精忠报国与成王对周公的信任依赖，谈话也反映了群臣无猜忌的和谐关系。一些诸侯闻悉《洛诰》的内容后，打消了叛逆之心。《洛诰》是维护周朝政权的重要文诰，也为"成康之治"打下了坚实基础。

周公逼迫"殷顽民"，也就是殷人当中的上层分子迁徙至洛邑。他此举的目的，一来是使他们脱离原来的住地，失去社会影响力，二来是为了便于看管。周公命人对他们进行严密的监视，告诫他们要做周王室的顺民。另外，他又安排了"成周八师"（每师二千五百人）驻扎防守。于是，洛邑成为管理东土的基地，对于周王朝管理整个国家，起到了突出的作用。

姜太公治齐

武王伐商后，经过与姜太公、周公旦等人商量，将全国划分为许多地块，然后一一分封给在伐商中战功卓越的姬姓亲族和功勋盖世的大臣，让他们在封地建诸侯国，以便拱卫周朝的统治核心，此即"封建亲戚，以藩屏周"。

姜太公由于在伐商中作出了卓越贡献，而率先被封到齐地营丘，即今天的淄博市临淄区。太公成了齐国的开国之君，保卫着周朝的东大门。

太公领旨后，向东出发去自己的封地，由于年迈体衰，他每天不到黄昏就歇息，上午迟迟才动身，走路迟缓，每宿都逗留。

有人便对太公说："听人说机不易得，失去却不难，你是一个过客，却在途中的旅店中享受安逸，一点都没有走马上任的架势。"

一席话令太公幡然醒悟，于是他日夜兼程赶往营丘。

黎明到来时，姜太公一行人终于风尘仆仆地抵达营丘，恰巧碰到莱国部队渡水跑到营丘来。

莱国原本是商朝的方国，和营丘距离不远。这次，莱侯想趁太公初来乍到之时，侵占营丘。于是双方人马在淄河西岸进行了决战，姜太公谈笑自如，运筹帷幄，指挥兵将们奋勇杀敌，将莱军杀得落花流水，溃不成军。

由于姜太公及时赶到，平定了叛乱，齐国的新政权得以稳固。

作为齐国的开国之君，姜太公治齐第一步就是依法治国，稳定人心。据《春秋繁露》说，姜太公曾请教表里不一的司寇营荡怎样治理齐国，营荡认为应当靠仁义治理齐国。姜太公接着问什么是仁义，营荡回答仁义便是"有子不食其力，妻长而夫拜之"，姜太公听了大怒，觉得营荡胡说八道，蛊惑人心，当即将他斩首，以正视听。姜太公为何如此气愤呢？因为营荡并未遵守"父父子子"的"亲亲"原则、"妻子应当遵从丈夫"的"尊尊"原则，而是坚持"父子地位平等，丈夫应当尊敬妻子"，这与周礼背道而驰。由此可知，姜太公具有相当强烈的宗法制理念。

西周·战车（模型）

《韩非子》也说，东海上有狂矞、华士两弟兄，被世人尊为"贤人"，这兄弟俩"不臣天子，不友诸侯"，隐居乡里，但愿自力更生，不想出山为官，对新建的齐国，他们态度消极，既没有奋起反抗，也不肯迎合，姜太公觉得他们以利己主义为中心，心胸狭隘，不愿为国家贡献力量，是"害群之马"，便置周公"勿杀贤者"的警告于不顾，借口"不仕则不治，不任则不忠"将他们杀掉了。自此，齐国人再也不敢违法乱纪不遵政令，齐国呈现出安定的社会局面。

　　齐国建立后，姜太公开始执行尊贤尚功的方针，就是重用有真才实学的人，他从本地东夷土著中选拔了大量的栋梁之材管理国家，这些人担任国家的官职，积极参与到齐国的经济建设中去，使社会呈现出"我中有你，你中有我，不分彼此"的安定团结局面。姜太公任人唯贤，凡是经过考察称得上贤才的人，无论身份地位如何都量才使用，让他们得以施展抱负。原本，西周的用人政策遵循以血缘关系为基准的"尊尊亲亲"传统，太公这种选拔人才的政策摆脱了原有的桎梏，导致"民归齐若流水"，齐国的政治经济开始平稳发展。

　　姜太公出身于东夷，原本就很清楚齐国的民俗风情。等齐国平稳发展以后，他着手进行政治制度的革新。在姜太公看来，假若在齐国强制推广周礼，可能会导致民族冲突，破坏国家的安定团结。他审时度势，决定尊重民俗，逐一简化周朝的烦琐礼节，执行"因循为用"的务实方针。

　　齐国的自然环境非常恶劣，但却拥有丰富的矿藏、鱼盐等自然资源。姜太公从实际情况出发，一边大力培植粟、稻等农作物，一边重点发展冶炼业、丝麻纺织业、渔盐业等工业；他还充分发挥齐国交通便捷、商业发达的长处，积极扶持商业，充分开展与各诸侯国的贸易。

　　由于齐国执行"农、工、商"三宝并重的宏观经济政策，齐国的服装、鞋履到处盛行，鱼盐也畅销各诸侯国，齐国的黎民百姓衷心拥护太公，各路诸侯也争相朝拜齐国。齐国早已不是偏远荒僻的贫穷弱国了，而变成了盘踞东方的富强之国。太公仅用了五个月便去向周公"报政"，也就是向周公报告自己治国的政治功绩。

　　周成王统治期间，管叔、蔡叔二人叛乱，淮河一带的土著认为有机可乘，也发动了叛乱，周公命令姜太公："东起大海，西至黄河，南起穆岭，北至无棣，不管是侯王还是伯男，如有叛乱，你均有镇压他们的特权。"此后，齐国逐渐发展成一个大国，拥有的国土愈来愈多。

　　姜太公建立齐国后，在镐京度过了很多岁月，担任周朝政权核心的"太师"，悉心辅助周成王姬诵。周成王逝世之际，托孤于姜太公父子，太公父子又拥立太子姬钊即位，姬钊便是历史上的周康王。姜太公享年一百多岁，但后人不知他葬于何处。

姜太公深谙兴国安邦之道，他给齐国制定了"因其俗，简其礼，通商工之业，便鱼盐之利"的国家政策。此后的几百年中，历代齐国君主都执行这一政策，使齐国繁荣富强，不但创造了光辉灿烂的齐文化，而且为春秋时代齐桓公"九合诸侯，一匡天下"，成为"春秋五霸"之首打下了雄厚的基础。

姜太公辞世已有三千多年，人们怀念他的杰出贡献，佩服他的高风亮节，所以用满腔真情赞美他，为此创造了许多关于姜太公的神话故事。传说姜太公曾学道于昆仑山，后来遵师父之命下山扶周伐商，倾商后又遵师父之命张榜封神。在《太平御览》和《封神记》等书中，太公逐渐被神化。至明代，许仲琳对太公的崇拜已无以复加，他编撰了一部古典文学巨著《封神演义》，声称太公是众神之首，掌管天下所有的神。太公神秘奇特，威厉而严肃，已化身为扶正祛邪的偶像。尽管这歪曲了历史真相，但却从侧面体现出姜太公在百姓心中的位置无与伦比。

伯禽治鲁，铭记召公

 伯禽治理鲁国

伯禽又叫禽父，是周公旦的长子，也是鲁国的首任君主。起初武王将鲁封给周公，由于周公在朝廷主政，所以派伯禽代替周公治鲁。周公东征获胜后，成王还将殷民的六个氏族和旧奄国的领土和国民都

分封给他，并且赐给他大量的文物典籍、珍宝仪仗。

周初分封了很多诸侯国，但鲁国的地位与众不同。首先，鲁国获得了最丰厚的赏赐，还拥有运用天子礼乐的特权；其次，鲁国位于地理位置得天独厚的曲阜，其绝大多数领土是平原，土地富饶，水源充足，非常适合发展农业、畜牧业、蚕桑业。早在远古时，鲁地便成为人们的聚居区，历史悠久，文化先进。此外，诸侯国排位，鲁国也高居榜首。《国语·鲁语（上）》："鲁之班长。""班"指周代诸侯国的排位序列，"班长"就是说鲁国高居诸侯国之首。这些都反映了鲁国在周王室心中的重要性。

对鲁公伯禽，周公寄托了殷殷厚望，期盼鲁公能担当大任，把守住周王室的东大门。周公屡次叮咛伯禽，要小心翼翼地做事，礼贤下士。据《史记·鲁周公世家》记载，伯禽动身前夕，周公对他谆谆教诲："我是文王的儿子，武王的弟弟，成王的叔父，身份地位都比较尊贵。可是我经常洗一次头提三次头发，吃一顿饭吐三次嘴里的饭菜，起来去招待世间的贤才，即便如此，我还常常担心会漏掉天下的贤才。你到达鲁国后，千万不要因为你是一国之君而目空一切。慢待士人。"周公期望伯禽用人唯贤，广纳贤才，使鲁国繁荣富强。

伯禽刚到鲁国即位，东方就爆发了武庚与管叔、蔡叔的叛乱，徐戎淮夷、南方的熊盈及纣王的虎将蜚廉也趁机进攻鲁国。伯禽率领军队抵达费地，亲自写了《费誓》，用来严肃军纪，提高作战能力。在三军将士英勇厮杀及齐军的大力援助下，双方形成了僵持局面，当武庚、管蔡之乱被平息后，齐、鲁、周三军会合，历经两年鏖战，终使鲁国局面得以安定。

伯禽担任鲁国之君长达四十六年，坚持用周礼来管理鲁国，将血缘宗法礼制定为基本国策，大力倡导国民恪守以血统为基础、上尊下卑的礼制，极力弱化地方派的力量，使鲁国的政治与经济都呈现出欣欣向荣的景象。鲁国疆域也逐渐扩大，北到泰山，南至徐淮，东达黄海，西至阳谷一带。由此，鲁国逐渐成为周王朝借以掌控东方的主要诸侯国，且有着"礼仪之邦"的美誉。

伯禽极力推行周礼、移风易俗，却受到商奄之民的强烈反对。鲁国当地的文化传统是长期积淀下来的，并非依靠行政律令就可以废止，因而周礼也未能彻底实施。后任的鲁国之君只好对此政策有所变通，保留了一部分商奄之民的礼俗。伯禽过分地因循守旧，尽管使得鲁国政权比较稳固，但是却限制了鲁国的发展。周公去世后，鲁国屡屡成为其他诸侯国欺压的对象。

据《史记·鲁周公世家》记载，伯禽被封三年之后，才向周公汇报工作。周公问道："你为何这么晚才来汇报工作呢？"伯禽答道："我革新鲁地的习俗，废止鲁地的旧礼，按照礼制，这需要服丧三年方能汇报工作，所以就晚了。"姜太公和伯禽同时被封，领地是齐国，可是太公仅过了五个月便来向周公汇报工作。周公问："你为何如此快捷呢？"太公答道："我将群臣之间的繁文缛节一律简化，坚持入乡随俗来管理齐国，因此这么快就来汇报工作了。"周公因而感慨："啊！将来的鲁国肯定要向齐国俯首称臣了！治理国家倘若不简化程序，老百姓就会疏远当权者；治国之策简洁易行而又贴近大众，老百姓便旨定衷心拥护。"

由此可知，伯禽在鲁国不遗余力地推行周礼，完全改变商奄之民原有的礼制和风俗的做法，是有悖于周公的初衷的。

召公德高望重，永垂不朽

召公本姓姬，叫奭，其生母是周文王的姜。由于召公的采邑曾经在召，即今天陕西岐山的西南，因此人们称他召公或者召伯。周将召公封到燕地，目的是让他掌控活跃于燕山南北和辽西等地的戎翟部落。

对于疆域内的所有部族和方国，召公均实行"启以商政，疆以周索"的政策，让他们保存原有的部族或领土，向召公为首的燕侯家族俯首称臣。如今人们猜测北京房山区琉璃河乡董家林村的古城遗址便是初期的燕都城址。

周初发生了几件重要事情，召公不但都亲自参加，并且还发挥了

关键作用。在军事、外交和行政事务等领域，召公却有过人的能力，所以，在武王讨商时，召公能"日辟国百里"。

后来，召公还奉旨到处办事，一会儿去"省南国"，到江汉地带宣传君命；一会儿北上，平定诸侯等的反叛；一会儿东征，平定东夷的叛变；一会儿赴中土洛邑"相宅"；一会儿又在宗周的重大祭祀活动中现身。实际上，他在西周史上立下的功勋，远远不是"燕召公"这一个称呼所能表达得出的。

召公奭在周成王时任太保一职，位列"三公"，显露了他不凡的组织能力。

召公和周公将周朝分为两部分，周公治理陕东，召公治理陕西。召公遣大儿子管辖燕国，他则居住在镐京，即今天的陕西省长安区西北，召公辖下"自侯伯至庶人各得其所，无失职者"。

周初时局动荡，召公身为文王之子，在周公的开导下主动发挥自己的作用，与周公共同平定了"三监"之乱，拯救了势如危卵的周王朝。召公将江汉地带营造成周之南国。

到成康之时，周朝的开国元勋师"尚父"太公望与周公旦相继逝世，于是，召公便成为政界泰斗。由于他声望甚高，所以在政坛上起着至关重要的作用。

据叔卣铭文记载，有一次在宗周进行祭祀，成王的王后王姜差遣叔去探望太保召公，召公向叔赠送了香酒、白金等礼物，由此可见召公身份的高贵。

成王在临终之际，"惧太子钊之不任"，于是将太子托付给召公与毕公。成王逝世后，"二公率诸侯，以太子钊见于先王庙，申告以文王、武王之所以为王业之不易，务在节俭、毋多欲，以笃信临之，作《顾命》"。据《史记·周本纪》记载，康王就位后，又"遍告诸侯，宣告以文武之业以申之，作《康诰》"。

传说，成康主政期间有四十年没有动用刑法，社会上呈现出罕见的稳定局势。所有这一切都离不开当时采取的一系列政策方针，也和召公的辛勤与奉献密不可分。

　　周公规定了礼乐制度，给西周王朝建立了一套巩固奴隶制政权的体制，他自然起着至关重要的作用。但是，召公身为行政部门的最高长官，是种种方针和礼乐制度的实际执行者，也一样发挥了极其关键的作用。尤其是周公去世后，召公成为礼乐等制度的捍卫者。所以召公在位的几十年中，他的努力也变为维护社会安定的关键因素，为维护周王朝的统治奠定了雄厚基础。所以，在西周初期的政界中，说召公与周公并驾齐驱，其作用不分伯仲，也是毫不夸张的。

　　康王时期，周王朝的统治已经非常稳定，召公逝去了。他历经文、武、成、康四代，为了巩固西周的政权呕心沥血，其斐然的政绩在岁月的冲击下仍不褪色。被后世永远铭记。

制作礼乐，让位成王

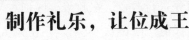 制作典章礼乐

　　东都洛邑建成之后，周公旦召集天下诸侯举行盛大庆典。在这里正式册封天下诸侯，并且宣布各种典章制度。

　　这也就是所谓"制礼作乐"。为了巩固周的统治，周公先后发布了各种文告，从这里可以窥见周公总结夏、殷的统治经验，制定下来的各种政策。周公曾先后给卫康叔《康诰》、《酒诰》、《梓材》三篇文告。

　　《康诰》的目的是安定殷民，全篇内容不外乎是"明德慎罚"。周文王因为"明德慎罚，不敢侮鳏寡"才有天下。殷代"先哲王"也是安民，保民。"明德"的具体内容之一就是"保殷民"。"慎罚"，是依法行事，其中包括殷法的合理成分。刑罚不可滥用，有的案情要考虑五六天，十来天，才能判定。至于杀人越货，"不孝不友"的，要

"刑兹无赦"。文告中反复强调"康民"、"保民"、"裕民"、"庶民"。告诫康叔要勤勉从事，不可贪图安逸。"天命"不是固定不变的，能"明德慎罚"才有天命。"明德慎罚"也不是一切照旧，而是参照殷法，推行周法，使殷人"作新民"。

《酒诰》是针对殷民饮酒成风而发的。酿酒要用掉大量粮食，这种饮酒风气在以农业起家的周人看来，简直无法容忍。周公并非完全禁酒，只在祭祀庆典的时候还是可以喝一点。群饮是不行的，不可放过，要统统捉来"以归于周"，"予其杀"。"予其杀"是我将要杀，未必杀。所以"归于周"，是不要给殷人以象"小子封刑人杀人"的印象。这同"保民"、"安民"是一致的。应该引导殷民去"艺黍稷"即种庄稼，也可"肇牵牛，远服贾"，去经商养父母。殷代先王，从成汤至帝乙都不敢"自暇自逸"，更何况敢聚会饮酒了。至于工匠饮酒，则另当别论，不要杀，姑且先进行教育。在政策上区别对待是十分鲜明的。

《梓材》也还是提倡"明德"，反对"后王杀人"。至于民人之间，也不要相残害，相虐待，乃"至于敬寡，至于属妇，合由以容"。上上下下不虐杀而"敬寡"，而"合由以容"，自然会出现安定的局面。这种局面的形成不是轻易可以得到的，要像农民那样勤除草，整地，惰整田界水沟；象维修居处那样，勤修垣墙，壁上涂泥，顶上盖草；又如同匠人治器，勤事修斯，再涂上黑漆和红漆。总之，勤用明德、保民，才能"万年惟（为）王"。

三篇贯穿一个基本思想是安定殷民，不给殷民一个虐杀的形象，处罚要慎重，要依法从事。至于改造陋习——酗酒，一是限制，二是引导，三是区别对待。作为统治者，要勤勉从事。

《康诰》、《酒诰》、《梓材》是周公对被征服地区的政治方略，而《多士》是对待迁到洛邑的殷顽民的政策。洛邑建成之后，这批建城的殷顽民如何发落。自是摆在日程上的问题。《多士》是周公向殷顽民发布的文告。全文分为两大段。第一段是攻心，让殷顽民服从周人统治。理由是你们这些殷士不好，上天把大命给了我小"邦周"，绝不是我"敢弋殷命"、"敢求位"。这如同你先祖成汤取代不道的夏桀一样，也是"上帝不保"夏桀。我现在把你们从"天（大）邑商"迁到西土，不要怨我，我是矜怜你们的，这也是天命所在。第二段内容是宣布给以生活出路，让他们就地安居，有你们的田地，有你们的住宅，"尔乃尚有尔土，尔乃尚宁干止。"如果你们能顺从听命，有德，还会被任用。上天会可怜你们，否则，你们不但会失去土地，而且我还会把上天的处罚加在你们身上。

对俘虏进行攻心战术，使之自食其力，恩威并施。这是一整套改造政策。周公反复申明的"天命不是他的创造，而是从远古继承下来的。《墨子·兼爱下》引《禹誓》："用天之罚"，是禹征三苗时发表的誓词。汤在征服夏桀时誓师词中说："有夏多罪，天命殛之。""天"已经不是单纯反映自然力量的神，天神已经干预人间事务。周公在《牧誓》中也提到"恭行天之罚"。对敌人多讲天命的周公，对"天"的观念已经有所发展。"天命"是否转移，怎样才能保住"天命"，取决于有没有"德"，桀、纣失掉天命是因为失"德"，周人要保住"天命"则必须有"德"，因此周公在教导周人时就多讲"明德"。"天命"变成可以保持和争取的了。人不再是盲目地服从"天命"，而有了主观努力的可能了，这是积极的。天子是天的代理人，一方面他具有无上的权威，但不是无条件的，他必须有"德"，不然天命就要转移，因此君主、天子不可以为所欲为的，是有条件、受约束的。纣在灭亡前夕还说"我不是有命在天乎？"周公的思想比他，比殷人要大大前进一步。保住天命的条件之一是"保民"，民的状况不能不成为君主认真考虑的问题。参与建新都的除去殷遗之外，还有"侯，甸、男、邦、伯"，这些多是殷的旧有属国。东都建成，周公除去对殷顽民训诫之外，还对这些"多方"训诫。《多士》强调天革殷命，《多方》则突出殷代夏、周革殷，是由于"不肯戚言于民"、"不克明保享于民"，于是成汤用"尔多方简代夏作民主。"周"克堪用德"，天才让周"简畀殷命，尹尔多方"。对"多方"则反复强调"保民"。针对"多方"

怀念旧殷，不爱周邦，一方面让他们有田宅；另一方面，如果不听周的号令，则"我乃其大罚殛之"。假如内部和睦，努力种田，"克勤乃事"，天要矜怜你们，我有周还要大大地赏赐。有德者，还可以在王廷做官。为期五年为善，你们仍可以回到本土。

周公在扫平叛乱、营建成周之后的问题是，周王朝的长治久安的谋划，也就是"制礼作乐"。这在周公称王的第六年。"礼"强调的是"别"，即所谓"尊尊"；"乐"的作用是"和"，即所谓"亲亲"。有别有和，是巩固周人内部团结的两方面。

礼所要解决的中心问题是尊卑贵贱的区分，即宗法制，进一步讲是继承制的确立。由于没有严密的继承制，周公固然可以称"咸王"，管、蔡也可以因争王位而背叛王室。小邦周不能不考虑大邦殷的经验教训，何况周公对夏殷历史是了如指掌的。殷代从先妣特祭和兄终弟及的人数有限看，是分了嫡庶的，是子以母贵的。殷是传弟和传子的并存，曾导致了"九世之乱"。传弟终究还要传子，这本来是生物的规律。传子和传弟有传长、传幼和传贤的矛盾。传弟更有传弟之子和传兄之子的矛盾。这些矛盾的存在，往往导致王室纷争，王室纷争又会导致王权衰落、国祚不久。殷代从康丁以后，历经武乙、文丁、帝乙、帝辛（纣），明显地废除了传弟制而确立了传子制。周在周公之前也没确立嫡长制，继太王的不是泰伯和虞处，而是季历。武王有兄名伯邑考，文王却以武王姬发为太子。自周公以后，历"成王、康王、昭王，穆王、共王、懿王"，除去孝王外直到幽王都是传子的，这不是偶然的，这种制度即嫡长子继承制的确立应归功于周公。嫡长子继承制确立以后，只有嫡长子有继承权，这样就由法律上免除了支庶兄弟争夺王位，起到稳定和巩固统治阶级秩序的作用。嫡长子继承制是宗法制的核心内容。周公把宗法制和政治制度结合起来，创立了一套完备的服务于奴隶制的上层建筑。周天子是天下大宗，而姬姓诸侯对周天子说来是小宗。而这些诸侯在自己封国内是大宗，同姓卿大夫又是小宗，这样组成一个宝塔形结构，它的顶端是周天子。周代大封同姓诸侯，目的之一是要组成这个以血缘纽带结合起来的政权结构，它比殷代的联盟形式前进了一大步。周代同姓不婚，周天子对异姓诸侯则视为甥舅关系。血缘婚姻关系组成了周人的统治系统。到春秋战国时代暴露了它的弱点，郡县制代替了分封制，但在当时的具体条件下，无疑形成了一种以华夏族为主体的层次分明的政权机构，一种远较殷人的统治为进步的机构。由宗法制必然推演出维护父尊子卑、兄尊弟卑，天子尊，诸侯卑的等级森严的礼法。这种礼法是隶属关系的外在化。反过来，它又起到巩固宗法制的作用，其目的是维护父权制，维护周天子统治，谁要是违反了礼仪、居室、服饰、用具等等的具体规定，便视为非礼、僭越。

　　周天子能授民授疆土，则必以土地国有为前提。"普天之下，莫非王土，率土之滨，莫非王臣。"（《诗经·小雅·北山》）在周公文治武功盛极一时的时代，并非虚构。由此引申出来的"田里不鬻"；土地不许买卖，恐怕也出自周公。周公能授给姜太公以专征专伐的特权，那么，"礼乐征伐自天子出"恐怕是周公时代或更早确立而为周公所法定下来的。为了加强中央王朝对地方的统治，册封、巡狩、朝觐、贡纳等制度，也很可能是周公在总结前代经验的基础上确定下来的。

　　为了进一步巩固周朝政权，周公旦还"制礼作乐"，制定和推行了一套维护君臣宗法和上下等级的典章制度。主要有"畿服"制、"爵谥"制、"法"制、"嫡长子继承"制和"乐"制等。其中最重要的是嫡长子继承制和贵贱等级制。在殷商时，君位的继承多半是兄终弟及，传位不定。周公确立的嫡长子继承制，即以血缘为纽带，规定周天子的王位由长子继承。同时把其他庶子分封为诸侯、卿大夫。他们与天子的关系是地方与中央、小宗与大宗的关系。周公旦还制定子一系列严格的君臣、父子、兄弟、亲疏、尊卑、贵贱的礼仪制度，以调整中央和地方、王侯与臣民的关系，加强中央政权的统治，这就是所谓的礼乐制度，孔子一生所追求的就是这种有秩序的社会。

让位成王

周公制礼作乐第二年，也就是周公称王的第七年，周公把王位彻底交给了成王。《尚书·召诰、周公像洛诰》中周公和成王的对话，大概是在举行周公退位、成王视事的仪式上由史官记下的。在国家危难的时候，不避艰险挺身而出，担当起王的重任；当国家转危为安，走上顺利发展的时候，毅然让出了王位，这种无畏无私的精神，始终被后代称颂。

但是，周公并没有因退位而放手不管，成王固然对他挽留，而他也不断向成王提出告诫，最有名的是《尚书·无逸》。《无逸》，不要贪图安逸，不错，是周公告诫成王的，就是在今天读起来，我们还觉得它是新鲜的。《无逸》开头就讲，知道种地务农的辛劳，才懂得"小人"——农民的隐情。父母辛勤务农，而他们的子弟不知道种地的艰辛，就会贪图安逸乃至妄诞，甚至侮辱他的父母说："老年人，什么也不懂。"这种不孝的话在当时是决不许讲的。《康诰》中还提到，对不孝不友的人要处以刑罚。作一个最高统治者要知道下边的隐情疾苦，否则就会做出荒诞的事情来。周公接着举了殷代名君中宗太戊、高宗武丁、商汤之孙祖甲，不是庄严威惧，勤自约束，"不敢荒宁"，就是久为小人，能保惠小民，不敢侮鳏寡，他们享国都能长久。而后的殷王，生下来就安逸，不知道务农的辛劳，只是贪图享乐，因而他们享国也都不长久。周公接下去又举有周的太王、王季的谦抑谨畏，特别提到文王穿不好的衣服，自奉节俭，参加农业劳动，能"怀保小民，惠鲜鳏寡"，从早到过午有时连饭都来不及吃，为的是团结万民。他不敢盘桓逸乐游猎，不索取额外的东西，因而享国也比较长久。周公告诫后代，不许放纵"于观、于逸、于游、于田（田猎）"，不能宽容自己说：姑且现在享乐一下，不能像商纣那样迷乱于酒。如果不听，就会变乱先王正法，招致人民的恨诅咒。有人告诉说："小人恨你、

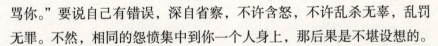

骂你。"要说自己有错误，深自省察，不许含怒，不许乱杀无辜，乱罚无罪。不然，相同的怨愤集中到你一个人身上，那后果是不堪设想的。

周公所说的深入底层，关心民间疾苦，以"无逸"自警或用来教育后代是对的，但是"逸"与不"逸"往往受阶级条件和生活环境所左右，存在决定意识，在没有外界强大压力的情况下，王室成员"生则逸"是必然的，由"逸"而失国也是必然的。

周公致政三年之后，在丰京养老，不久就得了重病，死前说："我死之后一定葬在成周，示意给天要臣服于成王。"死后葬于文王墓地毕，成王说："这表示我不敢以周公为臣。"